更美语文课

王君群文教学课例品读

王君 著

长江出版传媒 | 长江文艺出版社

图书在版编目（ＣＩＰ）数据

更美语文课：王君群文教学课例品读 / 王君著. --
武汉 ： 长江文艺出版社， 2018.11 (2022.11 重印)
（大教育书系）
ISBN 978-7-5702-0495-3

Ⅰ. ①更… Ⅱ. ①王… Ⅲ. ①语文教学－教学研究
Ⅳ. ①H19

中国版本图书馆 CIP 数据核字(2018)第 137262 号

责任编辑：黄海阔　　马　蓓　　　　　责任校对：陈　琪

装帧设计：壹　诺　　　　　　　　　　责任印制：邱　莉　　王光兴

出版：

地址：武汉市雄楚大街 268 号　　　　邮编：430070

发行：长江文艺出版社

电话：027—87679360

http://www.cjlap.com

印刷：武汉市首壹印务有限公司

开本：710 毫米×970 毫米　　　1/16　印张：18.5　插页：1 页

版次：2018 年 11 月第 1 版　　　　2022 年 11 月第 5 次印刷

字数：289 千字

定价：39.80 元

序

钱梦龙

　　早闻王君之名，但缘悭一面，只知道她是一位近年来在语文教坛崭露头角的年轻教师，正在践行和倡导一种名为"青春语文"的教学理念，此外便一无所知。

　　初识王君是 2017 年 4 月在江苏省连云港市的一次讲学活动中。那天，我应连云港市新海实验中学原校长李震先生之邀，去该市参加"中华传统文化融入语文课程学术研讨会"，从特邀专家名单中看到了"王君"这个名字，知道她也是应邀讲学的专家之一。但真正见到王君是在讲学当天晚上进餐的时候，当东道主把她介绍给我的一刹那，我不由一惊：想不到王君这样年轻，这样阳光，这样青春！（自然想到了她的青春语文）尤其意想不到的是，她一见我就硬拉着要我收她为"徒弟"，并且不等我"表态"，也不容我犹豫，就当众宣布："钱老师是我的师傅啦！"并拉我一起拍了一张合影，算是"拜师仪式"圆满结束。在整个"拜师"过程中，她的率性、真诚、天真又带点顽皮、任性的个性给我留下了深深的印象。就在这次会后不久，我在微信朋友圈里读到了她的推文《钱老，是我的师傅啦！》，说出了她一定要认我为师的理由，原来在她初为人师的 1997 年参加全国课堂教学大赛，完全模仿我教《愚公移山》的方法执教文言文《狼》，居然凭这堂课一路过关斩将，所向披靡，从校级赛到区级赛，再到市级赛，直至赛到全国，成为参加全国赛课年龄最小的选手之一。因此，她说拜我为师一直是她"认祖归宗"的"夙愿"，决不是一时的心血来潮。真想不到"拜师"还有这样一段"渊源"！她在推文的最后写道：

　　"在钱老面前，我像女儿，也像孙女。说出二十多年前的前尘往事，拿出'原始材料'——证明我与钱老的渊源，再撒个娇，发个誓，哈哈，搞定！"

　　典型的王君语言、王君风格！率真、诚挚，带点顽皮和任性。我被深深感染了，感动了。我终于知道，青春语文为什么会充满青春活力和生命张力，因为它的践行者、倡导者就是这样一位充满青春活力和生命张力的人。这使我想起王君说过的几句话：教法就是活法。你怎么活，你就怎么教；你怎么教，你就怎么活。"语文行为"和"生命行为"息息相通。"青春语文"的终极目标就在于提升和改变教师和学生的生命状态，让师生双方都永葆青春的激情。

王君对"青春语文"内涵的阐释，正好印证了18世纪法国启蒙主义思想家布封的一句名言："风格即人。"

如果我的理解无误的话，"青春语文"与其说是一种语文教学法，毋宁说是一种教学理念或教学风格，这一理念或风格落实到具体的教学方法，便是群文教学。顾名思义，"群文教学"就是以一篇文章或一个主题为基点，纵向或横向拓展，从而形成一个"文章群"而进行的教学。"群文教学"有利于帮助学生获得单文教学所不可能获得的综合、立体的认知体验。

据资料介绍，"群文教学"是最近两年在我国悄然兴起的一种具有突破性的阅读教学方式，而王君早在本世纪初，就开始思考并进入这个领域，她当时提出了"教材整合"的观点，其实就是"群文教学"的雏型。从"整合"到"群"，标志着对语文教学认识的一次飞跃，但二者的骨子里都是"联结"。她说，当一位语文教师对"联结"有了渴望，在课堂教学中，就会自然而然地去"瞻前顾后"，去"前后勾连"，就会惊喜地发现：从来就没有孤独的语言符号，更没有孤独的文本，各种各样的语言现象，总是在呼唤，在应答。而有字之书和无字之书，更是在互相印证，互相诠释。群文的追求，体现了道家"一生二、二生三、三生万物"的追求，它走向的是一种九九归一的"和""合"之大境界。

真想不到，王君——这位有点顽皮和任性的年轻女教师会有这样博大的胸怀、开阔的视野和卓越的见识！

当然，对语文教学而言，卓越的教学理念犹如人的灵魂，而教学实践便是它的肉身，倘若徒有灵魂而无肉身，灵魂便成"孤魂野鬼"；倘若徒有肉身而无灵魂，肉身便是"行尸走肉"：这两种情况都是不行的。卓越的灵魂只有依附于健壮的肉身，才能成为一个生龙活虎之人。同理，卓越的教学理念只有依托于生动活泼的教学实践，两者才能相得益彰。

那么，王君在这一方面做得如何？她的教学实践是否足以彰显其群文教学的理念？

窥一斑可知全豹。我们不妨看一看几位老师对王君的群文教学课例的射阳县初级中学周忠玉：王君的群文教学，扩大了课堂的教学容量，在师生共同构建的课堂阅读场中，既宏阔了学生的视野，又让课堂有厚度，有宽度，有深度，实现了青春语文从"小我"到"大我"，从"我"到"我们"的精神追求。

许昌市襄城县斌英中学孙秋备：品读王君老师的诗歌整合课，起初感受到的是"山有小口，仿佛若有光"的灵光诱惑，渐读渐进，眼前呈现"豁然开朗"的深广境界。读罢整个课堂实录，不觉掩卷感叹：王君老师的整合教学，大眼光，大智慧，大气魄，创设出语文教学的大美之境。

江苏新沂市钟吾中学陈海波：王君老师基于个人智慧，切入精准，巧析深探，对五首诗词进行了极具针对性的整合，将互不相连的五首词糅成了一个整体，让学生读得有趣，辩得激情，让观者心适意得，击节赞叹。因为有一根主线贯穿，两节课上的师生显得游刃有余，整节课的教学更是给人以浑然天成之感。

……

最后，请允许我回到"拜师"的话题再啰嗦几句。王君拜我为师，其实我怎么敢当？因为事实上她已经青出于蓝。这样青出于蓝的徒弟，在我的徒弟中不止王君一位。长江后浪推前浪，世上新人赶旧人，徒弟赶超师傅，正是语文教学不断前进的希望所在！

阅读场　教学场　生命场

司体忠

　　丁酉年腊月廿七日，收到王君老师从南国发来的微信，嘱予作一文以为书序。予甚为讶异：为王君老师著述作序之人，当为教育界之理论大家，或为语坛一线巨匠，或二维融通之贤达。予乃语坛一粒微尘，何德何能在此重要场合言语？此窃改东坡先生的几句话以记内里之忐忑——横看成岭侧成峰，远近高低景殊同。未叩泰岳以高下，此番垂眷细壤中。然王老师以殷殷之语相勉励，予且贸然捉笔一试，蠡测管窥王老师的智慧结晶。

　　王老师这本著述的核心话题是"群文教学"，这是她自二十世纪初以来就在语文教学中自觉开掘实践的方向，并且是一个自然而然的方向。为什么说是"自然而然"呢？予以为，对于一个极具开创精神和教育情怀的语文教师而言，从单文教学走向群文教学且让二者相融相生、相辅相成是其专业发展的必由之路，也是其"为学生成长计深远"的必然选择。然而，群文常有，关注群文的人却未必有。王老师在这个领域作出的思考和实践不可谓不早、不深、不远、不实，并且不是源于外在驱动，而是源于自我语文教学生活的内在生发，故而我们能够欣赏到王老师那么多经典的群文教学课例以及今天放在我们手边的这本书。客观地讲，王老师最初进行这样的思考和实践或许并不一定想到的是"群文教学"这几个字眼，比如她在文中提到了"联结思想""整合思想"，不过最终殊途而同归。

　　这里我想以"阅读场""教学场""生命场"几个关键词聊聊对"群文教学"的理解。

　　"阅读场"——群文互融、互参形成的语言空间。"群文教学"，个人的理解是根据议题（焦点）选择一组具有一定关联性、序列性、多元性、比较性或者结构性的文本，师生围绕议题（焦点）展开阅读感知、阅读理解、阅读比较、整合归纳、阅读评鉴、阅读表达等活动，最终达成一定共识的过程。相较于单个文本的阅读教学，群文教学最明显的特点就是在议题（焦点）的统摄下，阅读教学的内容由单文本走向了多文本——内容由阅读的点延展为阅读的线、面和立体空间，在一个个"阅读场"中，从读懂一篇走向读通一类。群文"阅读场"大致可以分为两类：同类聚合——常识、常思、常情、常理、常态；异质互参——常中有动、有变、有异、有发展。换言之，因为阅读内容本体的丰富性和差异性，整合、归纳、求同、比异、评鉴、创生才有了先决条件。在王老师这本著述中，无论是常规语文教学的题材——古诗文、现代文、整本书，还是生活元素与语文的联结，无不以多元、生动的文本营构出灵气飞扬、灵韵氤氲的阅读空间。阅读《语言暴力对人的伤害》，你会沉浸于"暴力语言"的世界或忧或怒，进而反思自己的言语方式；阅读《在孙权的朋友圈学有效沟通》，你又会被裹挟在"智慧语言"的世界里，感叹历史伟人言语背后的人性格局；阅读《写作与负能量》，你会惊异于明明一个负能量怎么就在写作中幻化成了满满的正能量；而阅读《腹有诗书文自华》，我们会明白，即使是柴米油盐酱醋茶这些凡物，只要我们自己愿意，亦可以让它们在语言的世界里摇曳生辉……相信在这本书的每一个案例中，你都不会在这个"场"里白走一遭，而会由语言而及人生，由"眼前的苟且"而及"远方的诗意"……

"教学场"——群文理解、探究生成的教学空间。群文教学至少具有三个特点：议题的焦点化，文本的整合化，课堂的生成化。聚焦于一个关键点遴选、整合多元文本，更有利于创设供课堂探究的相对"真实"的阅读情景，也为学生提供更加充分而客观的理解依据；有了这样的情景和依据，课堂自然生成的可能性才更大。否则我们的课堂极容易滑入拔高或者深挖的泥沼，似乎任何一个文本的任何一个词句背后均有"微言大义""言近而旨远"。我们要承认对经典文本的熟读精思、沉潜涵泳、细嚼慢咽非常有意义，然而不是每一篇文本都需要如此对待；同时我们不得不承认一个事实——我们的学生对语文学科的兴趣、热情往往被孤立的文本咀嚼、贴标签似的碎片化的文本解读、单一僵化的教学模式、频繁的环节切换、琐碎的问题转换等因素消耗殆尽，学生在学习过程中往往缺少来源于具有客观性和相对真实性"情景"的发现与思考。而群文教学以"阅读场"延展"教学场"，让学生的感知、理解和探究有了更加开阔的场域，让学生更易于成为课堂建构的主人，群文对于激发学生的思维张力有较为突出的作用。贪多求全是语文教学的通病，少慢差费则是痼疾（这里并非要否定传统语文教学的优良元素）。除了对经典篇章的深耕细作，我想以经典篇目为原点丰富、优化阅读和教学的内容而走向群文状态是具备现实教学意义的选择。在容量恰切、有生成性和沉淀感的"教学场"中，学生眼中的"小美之景"才能走向"大美之境"。

"生命场"——从"群文"走向生活和世界的生命空间。人生读万卷书，行万里路，交万世师，其旨归大抵是一道——寻觅能够照亮内心的那一缕灵妙之光。此光一耀，千江有水千江月，万里无云万里天，格局顿然升华。王君老师从渝州至京都，2017年又辗转至南国广东；阅夔门之雄奇峻伟，览长城之巍峨沧桑，品珠江之摩登旖旎……视界开阔，风景多彩；风景愈多彩，视界更开阔。人生步履若此，其教育心路历程又何尝不是若此呢。在王老师的课堂和讲座中，有几个短语时常萦旋于我的脑际——红尘万象，生命智慧，生命情趣。在课堂上，王老师一次又一次撷取红尘万象中恰切的几"象"构成生命的"在场"，立"象"以尽意，既"出生入死"在语言文字里以生成言语的智能，还生成生活的况味和生命的灵慧。在我们的生活中，大凡生活的智者又有谁不是超脱于纷纷扰攘的万象红尘，化繁为简，只拈拣红尘中能够熨帖自己心灵的那么几抔"尘埃"呢？课堂是生命的小"场"，生命是课堂的大"场"，两相和鸣，方入化境。再则，在我们的生命历程中，识人历事阅书赏景听曲观影冥想悟心，我们所获取的信息无一不是阅读的文本，我们时时刻刻生活于一个又一个不停切换的文本信息场中。以一双慧眼、一颗慧心去体察和观照生活中有意义的文本信息并与语文教学联结整合，于王老师而言这也是自然而然的过程。王老师构建的"教学场"，微观如标点之群、字词句之群，中观如段篇之群，宏观如群书阅读、群媒阅读，看似信手拈来、风雅漫漫，实则海涵地负、岁月陈酿，方得一朝运匠心，妙手偶得之。青春语文"广泛勾连、精粹提炼、人文偕语用、语文为人生"的思想理念也必将开拓群文研究与应用的新格局。

这里还要提及的是，群文阅读、群文教学的思想与理念深植于中华文化的历史根脉里，对于一些研究者动辄给群文戴一顶"洋"帽子，拴一条"海"围巾，"言必称希腊"之取向，窃以为须辩证待之，我们首先应该思考和研究的是中华文脉中的群文思想，再参以国际元素。最终，将群文的思想、理念恰如其分地运用于语文课程内容建构和课堂教学中才是根本。

这里也提点建议。王老师的群文教学研究与实践可谓纵横捭阖、大开大合，本身已是一路风景。然而各个群文小专题之间的层次性、梯度性、序列性尚不甚明晰。故而，进一步建立与常态语文教学内容相契合的群文教学焦点序列，贯通课内外，让群文与单文更好地相融共生、相辅相成，或者可以成为接下来的思考方向，也能够更好地服务于万千语文人的教学工作。

这里还想多言几句。当今教育界理念、模式颇多。当我们从"为学生成长而读""为学生发展而教"（育人）这个根本原点出发，进而思考"读什么、怎么读""教什么、怎么教"这些问题，予思忖诸多的理念大概会万流归宗、大道至简。或许我们可以在"阅读场、教学场"的大小、内容构成及其品质构建上作更多的思考，在"阅读场、教学场"与"生命场"的"肝胆相照"上作更多的探索，在教育的静气和定力上作更理性、更深远的沉淀。

　　青春语文倡导灵性阅读、生命写作、激情生活，追求见自我、见天地、见众生之境界。王君老师讲，群文体现了道家"一生二、二生三、三生万物"的追求，它走向的是一种九九归一的"和""合"之大境界。予以为这两者的"相遇"亦是一种自然而然，群文教学恰是"我"见"我们"、见众生和天地的有效路径之一。汩汩泉眼吞吐，终究没有江海的磅礴澎湃；熠熠恒星闪耀，到底欠缺苍穹的浩瀚宽宏。阅读和语文教育不能只专注于既有的"半亩方塘"而沉吟醉唱一隅之"天光云影"，还需要不断注入源头活水；不能只在"镜花""水月"般的自我观照中茕茕独步，还需要在文本的相互映照和彼此烘托中建立"温度"、同构"意境"！在新时代的语文教学中，当群文教学从个体的研究实践渐而成为学界共识，我们相信由单文、群文、整本书等共同构成的语文阅读和教学生态，必将带给语文教育更加多元、丰富、立体和美好的未来！
　　最后祝愿王老师在语文的大千世界为我们培育出更加绚丽的桃花源。

目 录

群文教学中同类信息整合思想例谈

　　青春语文的教法探索，经历了很多阶段。每一种教法的出现，其实都和我的生命状态有关。教法和活法，是天然对应的。你活成什么样子，你的课堂教学，自然而然地就会投射进这个样子。"活法"像一只神秘的手，指挥着你的课堂。

　　所以，每一种教法的背后，都有某一种鲜明的生命追求的支撑。

　　近两年来，语文界对"群文教学"的研究热情空前高涨。我对"群文"的思考和实践比较早。早在 21 世纪初，我就开始进入这个领域了。"群文"的思想，其实和我 2007 年提出的"整合思想"是一脉相承的。

　　我论述这个问题的第一篇论文是《刍议语文新课程中的教材整合》。北京的《中学语文教学》2007 年第 7 期发表了这篇论文。中国人民大学报刊复印资料《中学语文教与学》2007 年第 10 期进行了全文转载。

　　早期的思考，还比较浅。我只是初步意识到："整合"从视野来看，可以是单文本之内的联结，可以是多文本之间的联结，可以是教材内外文本的联结，可以是各种跨界文本的联结。为什么要整合？整合之后，我们可以更好地见主题，见人物形象，见写作手法，见语言特质，见作品风格……整合教学对师生的分析比较能力、概括推理能力、综合抽象能力、反思批判能力等思维能力都是最好的训练。

　　相对于当初的"整合"，近几年来，我对语文教学的"群"的认识，更加丰富和开放了。

　　"群"的思想，"整合"的思想，骨子里都是"联结"的思想。

　　"联结"就是你听到了其他生命的呼唤，听到了"自我"之外的那个世界的呼唤，你不再甘心于"茕茕独立"，你想打开自己，拥抱其他的生命，拥抱这个世界。当你对"联结"有了渴望，在课堂教学中，你就会自然而然地去"瞻前顾后"，去"前后勾连"，你就会惊喜地发现：从来就没有孤独的语言符号，更没有孤独的文本，各种各样的语言现象，总是在呼唤，在应答。而有字之书和无字之书，更是在互相印证，互相诠释。语文教师，如果眼界开阔，胸怀浩大，那各种语文因素，就会如千军万马，被教师调遣腾挪，排列组合。教材上下，风起云涌；课堂内外，风云际会。语文教学，彻底摆脱了小家子气，而拥有了大格局大气概。

群文的追求，体现了道家"一生二，二生三，三生万物"的追求，它走向的是一种九九归一的"和""合"之大境界。

这也是青春语文的精神追求过程：从"小我"走向"大我"，从"我"走向"我们"。

要进入"群文教学"的设计领域，需要养成相应的思维习惯，掌握相应的操作方法。群文教学最基础的思维特质是"同类信息敏感"，最基础的操作方法是"同类信息整合"。

所谓"同类信息敏感"，就是对同一文本中或者不同文本中具有相同气质和相同意义指向的语言信息具有高度敏感，意识到它们之间的呼应和联系，有把它们共同构成为一个独立的语言场的语言冲动。

而"同类信息整合"则是在教学设计中，让"同类信息"汇聚成富有价值的课堂信息源，相机指导学生以这些信息源为思维抓手，真正走进文本内核。

掌握这种思维方法和操作方法，有一个从易到难，从小到大的过程。在具体操作层面，我现在的研究领域的基本框架是下面这个样子的：

一、基于单篇课文内部的同质信息的整合

1. 群点：形成标点之"群"

2. 群词：形成词语之"群"

3. 群句：形成句子之"群"

4. 群段：形成段落之"群"

二、基于单元之内进行的文本整合

三、基于单元与单元之间的文本整合

四、基于多册教材之间的文本整合

五、基于教材内外文本的整合

六、基于同一作者的异质文本的整合

七、基于不同作者同质文本的整合

八、基于各种经典影视作品的整合

……

下面逐一例谈具体技巧。

一、基于单篇课文内部的同质信息的整合

1. 群点：形成标点之"群"

【举例】

画眉在树林边宛转地唱歌；锯木厂后边草地上，普鲁士兵正在操练。这些景象，比分词用法有趣多了；可是我还能管住自己，急忙向学校跑去。

这是《最后一课》中的句子。似乎很寻常，但如果我们把这个句子中的两个"分号"建筑成一个"群"，意思就出来了。你看，小弗朗士出场的时候，看到的，听到的，是"画眉在树林边宛转地唱歌"。我们可以用"咬文嚼字法"对每个词语进行追问：为什么必须是画眉？可不可以随便换作"鸟"？回答：不可以。因为画眉在中外文化语境里，都是一种很特殊的鸟，这种鸟是和美好幸福愉悦相关联的。"树林边"可不可以换作"树林里"？回答：不可以。鸟儿飞到了树林边和一直待在树林里，是不一样的。"树林边"说明鸟儿和人的关系非常和谐，人鸟同玩同乐呢。"宛转"可不可以换作"大声"？回答：肯定不好。"宛转"有音质柔美甜润动人之意，"大声"是没有的。"唱歌"可不可以换作"叫"？回答：当然也不可以。"唱"和"叫"不仅是用不用修辞手法的问题，而是在小弗朗士的眼里心里，鸟儿的生命状态的问题。

这是个普通的句子，但传达了一个很重要的信息，小弗朗士那天早上上学，虽然已经要迟到了，但是他心情大好，眼里是风景，耳边是风景，开心快乐得很呢。这个时候，"分号"就显示出了重要作用了。对于这个孩子而言，"普鲁士兵正在操练"和"画眉在树林边宛转地唱歌"是并列的，都不过是好

玩的风景而已。这两个分号让我们看到了这个孩子对侵略者的入侵是没有概念的。他还是一个很天真很幼稚，完全不谙世事的小孩子。这个小孩子，虽然淘气，但"还能管住自己，急忙向学校跑去"。他还是有基本的自我控制能力的，不是一个完全乱来的孩子。

正是这样的一个孩子，经历了短短的"最后一课"之后，他的思想，才会发生巨大的变化。我们可以想象，当他下课后，如果画眉还在叫，如果普鲁士兵还在操练，但他的眼前，他的耳边，恐怕就不是早晨的那幅场面了。人的心变了，他的所见所闻是一定要变化的。这就是我们常说的"一切景语皆情语""万物皆备于我"。

研究这两个"分号"，其实就是研究小弗朗士的"起点"。不把这个"起点"研究透，之后他的变化就不会那么震撼人心。

又比如，《社戏》中的这个句子中的两个"分号"也形成了一个信息群——

【举例】

在这迟疑之中，双喜可又看出底细来了，便又大声地说道，"我打包票！船又大；迅哥儿向来不乱跑；我们又都是识水性的！"

上课时，我问学生："为什么双喜的话作者用了分号？可不可以就用句号，或者逗号？"学生回答说用分号最好，因为分号停顿长一些，有强调的感觉，显得双喜想得很清楚，表达很慎重。我追问："被分号隔开的三点，可不可以调换顺序？"学生说不能。"船大"是物质条件，"不乱跑"是人的条件，"识水性"是紧急状态下的预案。双喜思路缜密，考虑得非常周全，所以才能说服外祖母和母亲。这就是"分号群"的作用。你看奇妙不奇妙。

再看一个例子——

【举例】

"晚饭做好了。"

"听我说吧，"我父亲说，"不要想着距离有多远。你只要想着你是在走一小步。你能办得到的。……"

"现在你把左脚踏到那块岩石上。不要担心下一步。听我的话。"

"现在移动右脚，把它移到右边稍低一点的地方，那里有另外一个落脚点。"

这些句子出自《走一步，再走一步》。"我"被困在崖上，父亲在紧急关头赶到，这些是鼓励"我"启发"我"的语言。在课堂教学中，遇到人物语言，一定要有朗读的意识。如何朗读，是不能不关注每一句话的标点符号的。因为外看标点符号，涉及语言的语气语调，是读好的关键。深究，是人物思想和情感的折射。优质的文本中，作者对标点符号的使用是极为精妙的。在这里，密集的"句号"形成了一个群，和整个场景中"我"的紧张和绝望形成了鲜明对比。研究这个"群"，父亲的形象就出来了。在这么紧急的时刻，父亲一直保持语气的常态化，自始至终没有指责、抱怨、批评、愤怒，而是冷静、沉稳、理性、温和。这些句号，对塑造父亲的形象起到了很重要的作用。

2. 群词：形成词语之"群"

我们如果把一个文本中具有相同气质的词语整合在一起，也常常能够看到日常看不到的东西。

【举例】

21 日下午五时起，我西路军开始渡江，地点在九江、安庆段。

和中路军所遇敌情一样，我西路军当面之敌亦纷纷溃退，毫无斗志，我军所遇之抵抗，甚为微弱。

我东路 35 万大军与西路同日同时发起渡江作战。

至发电时止，我东路各军已大部渡过南岸，余部 23 日可以渡完。

……在 21 日下午至 22 日下午的整天激战中，我已歼灭及击溃一切抵抗之敌……

我军前锋，业已切断镇江无锡段铁路线。

这是《人民解放军百万大军横渡长江》中的一个片段。在教学中，我向学生提出"在文中，有一个词语反复出现，在许多时候，这个词语甚至完全可以不用，但是它的表现力是极其强大的，哪一个词语？"这样一个功能非常强大的问题，需要学生辐射全篇进行高强度的信息提炼。教师要能问出这样的问题，必须在备课研磨教材阶段对文本进行深度的研究才行。而这样的问题，因为极具挑战性，所以思维训练的力度比较大。学生如能抓住这些句子中的"我"做评析，这则"伟大的新闻"背后的"伟大的人物形象"自然而然就出来了。

又比如我经常提到的案例——

【举例】

> 我绝不轻易放过这件事！
>
> 我要拿点颜色出来给那些放出狗来到处乱跑的人看看。
>
> 我要好好地教训他一顿！

这是《变色龙》中奥楚蔑洛夫的语言。如果抓住这个反复出现的"我"指导学生演读，并且和后文中"我"的缺失和虚化进行比较，教和学便都能情趣盎然，奥楚蔑洛夫的"有标准而失标准"的"假我""无我"之奴才形象，就入木三分了。这样教，既教了方法，又教了情怀，做到了工具性人文性非常完美的统一。

教《老王》也有这样的一个环节。

【举例】

> 他靠着活命的只是一辆破旧的三轮车。
>
> 他只有一只眼。
>
> 他只好把他那辆三轮改成运货的平板三轮。
>
> 开始几个月他还能扶病到我家来，以后只好托他同院的老李来代他传话了。
>
> 他只说：我不吃。

这些句子中的同类信息是"只"字。只要带领学生朗诵这个同类信息群，学生就能够对老王"无可选择、走投无路"的"活命状态"有清晰的认识。

讲《背影》也是这样，"词群"功能强大——

【举例】

> 他再三嘱咐茶房，甚是仔细。但他终于不放心，怕茶房不妥帖；颇踌躇了一会。
>
> 其实我那年已二十岁，北京已来往过两三次，是没有什么要紧的了。他踌躇了一会，终于决定还是自己送我去。
>
> 我那时真是聪明过分，总觉他说话不大漂亮，非自己插嘴不可，但他

终于讲定了价钱；

　　但最近两年不见，他终于忘却我的不好，只是惦记着我，惦记着我的
儿子。

【举例】

　　父亲是一个胖子，走过去自然要费事些。

　　他触目伤怀，自然情不能自已。情郁于中，自然要发之于外。

　　这两组句子中词语出现最频繁的是"终于"和"自然"。抓住这些句子中
的四个"终于"和三个"自然"，父亲的爱子形象，以及儿子真正成年之后对
父亲情义的理解就跃然于课堂了。

　　实际上，除了"终于""自然"之外，《背影》中，两个"再三"，两个
"踌躇"，两个"忙着"，两个"惦记"，深入挖掘，都会成为课堂教学绝佳的
资源。

　　"词群"的形成，可以让课堂的训练非常扎实，比如在教授《松鼠》时，
我让学生研究这些"词群"：

【词群一】

　　清秀　矫健　轻快　敏捷　美丽　机警　漂亮　玲珑

【词群二】

　　翘起来　躲在尾巴底下　竖着身子　用前爪往嘴里送东西吃

【词群三】

　　非常敏捷　非常机警　格外漂亮　尾巴老是翘起来　常常直竖着身子

【词群四】

　　全文中还有不少"就"，请大家读一读这组含"就"的句子，品一品
它们的表意效果。

　　这就是根据文本中描绘松鼠的精妙的"形容词""动词""副词"集中出现
现象创设的同类信息群。这样的整合对培养学生的语感有立竿见影的效果。所

以，学语言其实并不玄妙。一个文本之所以优秀，一定在"语言形式"上有独到的地方。老师有义务首先发现这"独到"，然后通过灵动的教学方式传递给学生。

"词群"其实是一种"大数据分析"。这样的分析很能让我们窥见作家的写作风格。比如我们如果做这样的一组词语朗读训练，你就基本可以看出《紫藤萝瀑布》中宗璞的语言习惯——

【词群一】

闪光　沉淀　绽放　辉煌　繁密　花舱　发端　终极　酒酿　繁密
依傍　伶仃　稀零　遗憾　沉浸

【词群二】

春红已谢　蜂围蝶闹　忍俊不禁　仙露琼浆　伫立凝望　盘虬卧龙

【词群三】

生死谜　手足情　精神的宁静　生的喜悦　流向人的心底　生命的长河　辉煌的淡紫色　浅紫色的光辉　浅紫色的芳香　紫藤萝瀑布

通过二字词到四字词再到词组的"群"，宗璞语言的典雅奇巧，追求陌生化搭配的诗化气质就一览无余了。

我在上《浪之歌》时，也应用了"词群"的功能，很有意思地诊断出了译者在翻译《浪之歌》时的问题——

【举例】

"爱情让我们相亲相近，空气却使我们相离相分"可以改为"爱情让我们相亲相近，时空使我们相离相分"。

"我要用自己的津液让它的心冷却一些"可以改为"我要用自己的热泪让它的心冷却一些"。

"我围绕她们跳过舞"可以改为"我围绕她们翩翩起舞"。

"这就是我的生活，这就是我终身的工作"可以改为"这就是我的生活，这就是我的事业"。

这个教学片断，带领学生思考的其实是在翻译中如何保持一贯的语言风格的问题。倾向口语就倾向口语，倾向书面语就倾向书面语，杂糅，是会损坏文本的品质的。

3. 群句：形成句子之"群"

写法相似，具有同类信息指向的句子集合成"群"，教学效益也非常明显。

比如上《散步》时，三个板块，我就做了三次句子"集结"。

第一次是人物语言的集结——

【举例】

> 小家伙突然叫起来："前面也是妈妈和儿子，后面也是妈妈和儿子。"
>
> 我决定委屈儿子，因为我伴同他的时日还长，我伴同母亲的时日已短。我说："走大路。"
>
> 但是母亲摸摸孙儿的小脑瓜，变了主意："还是走小路吧。"

我组织学生分别演读"儿子""孙子""母亲"三人的语言，自由评析语言中传递出来的人物情怀，再加上为"妻子"设计语言，孩子们自然就明白了什么是"我们"。"我们"需要"母慈"，需要"子孝"，需要"媳贤"，需要"孙慧"，哪个条件缺乏，"我们"都不够美好。通过这次语言集合，我特别是要让学生认识到莫怀戚的一种重要的写作技巧——一"言"可传神，无"言"亦传神。

第2次，是《散步》中写景句子的"集结"。具体做法是集中诵读美景句，进行诗句文化延展联想，让学生理解：走向阳光菜花桑树和鱼塘就是走向生活的甜美和谐。如果没有了这些美景句，散文的内涵就缺乏了。

第3次，是《散步》中"圆形句式"的集结。

【举例】

> 她现在很听我的话，就像我小时候很听她的话一样。
>
> 母亲要走大路，大路平顺；我的儿子要走小路，小路有意思。
>
> 我的母亲老了，她早已习惯听从她强壮的儿子；我的儿子还小，他还习惯听从他高大的父亲；
>
> 我蹲下来，背起了母亲，妻子也蹲下来，背起了儿子。
>
> 我的母亲虽然高大，然而很瘦，自然不算重；儿子虽然很胖，毕竟幼

小，自然也轻。

寻找、诵读、背诵、命名都围绕着这个"句群"进行，目的是引导学生体会《散步》语言表达用"神奇的圆形句式"而达到了"内容相呼相答，形式相扶相持，思想相辉相映，情感相融相生"的"慢且稳"的显著特点。

我解读《背影》，教《背影》，"同类句子集结"的方法也用得很多，比如——

【举例】

　　我与父亲不相见已二年余了，我最不能忘记的是他的背影。

　　唉！我不知何时再能与他相见！

　　我身体平安，惟膀子疼痛厉害，（且）举箸提笔，诸多不便，大约大去之期不远矣。

这一组句子都是"矛盾潜藏句"。第一句为什么要用三个字的"不相见"而不用更简洁更符合日常表达习惯的"分别"？第二句为什么明明没有时空的巨大隔绝但是要用"不知何时再能相见"的深远叹息？第三句为什么父亲的语言前后矛盾，不符合现实逻辑，经不起最简单的推敲？教学时，我们带领学生一头"扎向"这些矛盾，课便上出了深意和新意，而且，内容聚焦。

"同类信息句子集合"对我们认识作者的语言风格也很有帮助。我上《苏州园林》，结课阶段做的就是这么一个朗诵训练，诵读"句群"——

【举例】

　　池沼里养着金鱼或各色鲤鱼，夏秋季节荷花或睡莲开放，游览者看"鱼戏莲叶间"，又是入画的一景。

　　有几个园里有古老的藤萝，盘曲嶙峋的枝干就是一幅好画。开花的时候满眼的珠光宝气，使游览者感到无限的繁华和欢悦，可是没法说出来。

　　那些门和窗尽量工细而决不庸俗，即使简朴而别具匠心。

　　这些颜色与草木的绿色配合，引起人们安静闲适的感觉。花开时节，更显得各种花明艳照眼。

朗读永远是最省力的教学方法。而对"同个性句群"的朗读，能起到让学生对作家的语言风格"心领神会"的作用。最后我归结叶圣陶《苏州园林》的语言特点为：有准确严谨的表达力，有典雅端庄的文言范，有从容流转的音韵美，有过目难忘的画面感，有气定神闲的情感流……

这样教，说教不多，教得很省力。

我还用"同类信息句子整合"的思想，上过一次议论文的"思辨型"课，针对的是原苏教版七年级上册的第一篇文章赵丽宏老师的《请你推开这扇门》。我发现，赵老师在写句子时，对并列短语的应用还需要斟酌——

【举例】

原句：世界上没有打不开的门。只要你愿意花时间，花功夫，只要你对门里的世界有探索和了解的愿望，这些门一定会在你面前洞开，为你展现新奇美妙的风景。

原句：一个时代的优秀文学作品，是这个时代的缩影，是这个时代的心声，是这个时代千姿百态的社会风俗画和人文风景线，是这个时代的精神和情感的结晶。

原句：优秀的文学作品传达着人类的憧憬和理想，凝聚着人类美好的感情和灿烂的智慧。

原句：阅读优秀的文学作品，对了解历史，了解社会，了解自然，了解人生的意义，是一件大有裨益的事情。

原句：阅读文学作品，是一种文化的积累，一种知识的积累，一种智慧的积累，一种感情的积累。

上这个课的目的是希望学生认识到：并列短语和并列分句，是由两个或两个以上的词语或者句子相合而成的，这样的组合关系会给人以一种错觉，似乎词与词之间，分句与分句之间是绝对的平等，在造句时，可以不分主次，不讲先后，不论搭配地随意排列。但其实，这是不可以的。并列的结构之间也存在着微妙的逻辑关系。应用时必须考虑它们的排列次序。时间关系、轻重关系、大小关系，以及简单到复杂，具体到抽象等逻辑关系都要考虑。这可能对作家有点儿吹毛求疵。但并列短语和并列分句的位置问题本就是重要的考点，在中考和高考试题中经常出现。从严谨使用语言的初衷出发，如对教材中的失误视而不见，是不恰当的。

这样的"语言辨析课"超越了应试，孩子们欣喜地感叹"原来修改病句"也这么有意思啊！

4. 群段

"段"的研究是我们中学语文教研中还很薄弱的一个部分。研究段的形成，提炼出写段的方法，给予学生"写"段的抓手，是语文教师应该关注的问题。"群段"研究方式，最能够看出段落形成的规律。

比如上《苏州园林》，在"看段"阶段，我让学生把文中两个很优秀的段落放在一起比较，琢磨叶圣陶段落展开的规律——

【举例】

中观欣赏

话题：比较 3 段和 5 段的写法，破解说明文段落展开之谜。

方法：比读。发现共同点和不同点。提炼方法。

最后提炼出方法"说明文段落展开歌"：比较是法宝，举例添劲道。议论点睛笔，分总藏奥妙。

紧接着让学生以"苏州园林的色彩"为话题，根据刚才悟出的方法，现场创作一段文字，再和原文比较，教学效果是不错的。

上贾平凹的《风雨》，也有类似的课堂研讨——

【举例】

看段，从段落内容展开来看，1 段和 7 段的写法基本一样，2 段和其他段落的写法基本一样。你能看出段落展开的奥妙吗？

通过比较，师生共同总结：1 段和 7 段的写法是"纵式写法"，扣紧一样景物从各个角度来写，很聚焦。而 2 段与其他段落则是"横式写法"，并列铺排，先后写多样景物。所以，贾平凹的段落安排不外乎两种样式：纵式横式巧展开，段落铺排不简单。你不要小看这个小小的段群对比，提炼出来的这个"小技巧"对学生写作是很有用的。

后来上《看云识天气》，也做了这样的"段群"比较。我带领学生重点比较了预示晴天之云和风雨之云的两个段落，发现了这篇文章"段落铺展"方法：横式展开是并列，纵式前行看发展。横纵交错变化美，小小段落颜值高。

根据这个方法，我们"玩"了课堂写段游戏：用"纵式前行看发展"的段落展开方式简要说明著名演员周迅的成长路径。因为前有抓手，所以学生学得很扎实。

二、基于单元之内进行的整合

现在让我们把视野逐渐放大，"群"如果置身于一个单元中，美妙的教学内容就更可能被开发出来。

比如，"单元"视野内的"群标点"整合——为什么这些句子都选用"句号"？

《台阶》的结尾是：怎么了呢，父亲老了。小说结尾句表达的感情毫无疑问是无比沉重的，但作者为什么会舍弃表情达意相对丰富的问号和感叹号，而偏偏锁定了一个淡淡的句号呢？

《邓稼先》中"……一次井下突然有一个信号测不到了，大家十分焦虑，人们劝他回去，他只说了一句话：'我不能走。'"核泄漏，情况非常严峻，为什么邓稼先的语言不是感叹号呢？

聂华苓的《亲爱的爸爸妈妈》第一部分第一自然段"凄风。苦雨。天昏。地暗。"都是只有两个字的短句，为什么作者居然用了那么多句号呢？后几个自然段中的"走不完的人。望不断的路。"也是两个挺短的句子，作者又用了两个句号，是不是太累赘了？

抓住三篇文章中的句号，一个新颖的教学创意就出来了。整合了《台阶》《邓稼先》《亲爱的爸爸妈妈》三篇课文中三处句号的妙用，我写出了《天光云影共徘徊——句号在课堂设计中的作用举例》，很有研究的乐趣。

又比如关注"单元视野"里的虚词：在和学生一起学习聂华苓的《亲爱的爸爸妈妈》的时候，我大胆地处理了教材：我让学生反复朗读、品味、讨论第三部分，最后让孩子们把视线集中在了"另外一位作家讲话之后，日本人也要讲话了"这个句子当中的虚词"也"字上。这个虚词不引人注目，但是，稍作思考，你就会发觉，就是这个虚词，非常委婉又非常酣畅地表达了作者甚至整篇文章的情怀。

对于《就英法联军远征中国给巴特勒上尉的信》这篇课文，初一接触，在我的心底掀起了波澜的就是独句段第四自然段的那一句话"这个奇迹已经消失了"。我决定教学从这个句子入手，从这个句子中的副词"已经"入手。

《社戏》是传统篇目了。怎样讲，才能讲出情趣讲出新意呢？我认为其重点和难点都是要让学生身临其境地体会到弥漫在文字中的童真童趣童心。我的做法是"淡化故事，回归文字，品味童眼看世界，童心感生活"。其中一个重要的教学环节就是品味虚词"终于"——"然而老旦终于出台了"中的"终于"。

无独有偶，教学《阿长与〈山海经〉》我也是从两个虚词入手的。整体阅读之后，孩子们都知道了"我"其实对阿长是非常爱的，而这爱，是因为阿长给我买来了《山海经》。于是我们的视点集中到了一个关键句上——"这又使我发生新的敬意了，别人不肯做，或是不能做的事情，她却能够做成功。她确有伟大的神力。"——"确"的表达意味在哪里？

整合《亲爱的爸爸妈妈》《就英法联军远征中国给巴特勒上尉的信》《社戏》《阿长与〈山海经〉》四篇课文中虚词的妙用，我写出了《让虚词登堂入室》。

原人教版八年级上册第二十五课《杜甫诗三首》中的《望岳》和《春望》的标题中都有一个"望"字。这激发了我的整合欲望，经过尝试，我紧扣"望"字，着力整合，以五问推进课堂教学。

一问：老师想把标题"望岳"换作"看岳"，可以吗？

二问：你通过《望岳》，望到了一个什么样的杜甫呢？

三问：望岳是"望"，春望也是"望"，但望春之心境和望岳之心境却有天差地别，请扣紧最能打动你的词语作析。

四问：既然诗人眼中的春天是凄凉的，那么在文题中用"望"，是否辜负了该词的美？

五问：从《春望》中，我们又望到了一个什么样的杜甫，甚至还望到了一些别的什么呢？

这堂课之所以上得荡气回肠，就是因为整合简化了教学头绪，扩大了教学容量，丰富了学生的思维层次。

人教版九年级上册第二十五课由五首词组成，分别是：温庭筠的《望江南》、范仲淹的《渔家傲·秋思》、苏轼的《江城子·密州出猎》、李清照的《武陵春》、辛弃疾的《破阵子·为陈同甫赋壮词以寄之》。如果按照教材上所安排的诗人所处年代的顺序教学，显然比较散乱。在对这五首词进行了研究之后，我实施了以主题为"问君能有几多愁"的整合教学。核心环节有四：

1. 自由朗读五首词，说一说如果以愁为分类标准，可以怎样为这五首词简单分类。

2. 细读《望江南》和《武陵春》，比较两位古代女子的愁，讨论她们各自在为何而愁？哪个女子更愁？

3. 细读《渔家傲》《江城子》《破阵子》，比较这三位诗人，谁的愁最重，谁的愁稍轻呢？

4. 比较两位女子笔下的愁和三位男儿笔下的愁表现方法有何不同。

整合之后，课堂教学的境界迥然不同了。

比如人教版八年级上册第六单元共有五篇课文：《三峡》、《短文两篇》（含《答谢中书书》和《记承天寺夜游》）、《湖心亭看雪》、《诗四首》（含《归园田居》《使至塞上》《渡荆门送别》《游山西村》）。传统的教材分析是逐篇突破，但是，当我从整合的角度来俯瞰这个单元，我惊喜地发现，也许是有心栽花，也许是无意插柳，这一单元里，竟然汇聚了丰富多彩的美的形态：

1.《使至塞上》《渡荆门送别》《三峡》表现出苍凉之美与雄浑之美。

2.《答谢中书书》和《记承天寺夜游》可以让我们比较宁静之美与绚烂之美。

3.《记承天寺夜游》和《三峡》展现了空灵之美与生气之美。

4.《观潮》和《归园田居》分别凸显了激情之美与闲淡之美。

5.《游山西村》和其他诗文对比可以让我们感受到自然之美与人情之美各有意趣。

因为有了这样的宏观透视，我另辟蹊径，写出了《一次美的巡礼——第六单元解读札记》，并且设计出了别出心裁的《大美为美》诗歌整合赏析课，为学生呈现出了全新的教学内容。

单元视野内的群文思辨教学也很有意思。我在教人教版《阿长与山海经》《老王》《信客》《背影》《台阶》这个单元时，读到了学生写的一篇随笔，叫《我不做善良的人》。先是大惊。一研究，学生的"偏激"有道理，这整个一单元，讲的都是"可怜的善良人"，我们读到了什么呢？善良和失意孪生；善良和智慧决裂；善良和冷漠对峙。真是触目惊心，发人深省。我抓住这个契机，在班级举行了"善良的意义"的辩论会，并且写出了论文《教材，请给孩子们一个善良的理由》，建议人教版编者在修改教材时考虑到这个问题，加入展示"善良与幸福"主题的文本。这一个来回教学教研双丰收，可谓收获大也！

有异曲同工之妙的是，教《夸父逐日》《真正的英雄》《登上地球之巅》这个单元时，针对学生"夸父是个傻子，我才不做夸父"的言论，我又整合了人教版七年级下册第五单元的全部课文，对其教学主题进行了反思。我认为该单元的主题应该与时俱进，重新定位，于是写出了论文《突围，让英雄"下凡"》。

——王君群文教学课例品读

原人教版七年级下册第二单元的几篇自读课文都充溢着爱国主义的情感。我于是整合了《黄河颂》《艰难的国运与雄健的国民》《土地的誓言》，上了一堂以朗诵为主线的塑造爱国魂的课。（课例《这堂课没有流行歌曲》发表在《中学语文教学》2004年第11期上。）

特别有意思的是，我还曾经整合了《蒲柳人家》《我的叔叔于勒》《故乡》这三篇表面上看起来风马牛不相及的课文，上了一堂以《三个女人一台戏》为主题的课，比较了一丈青大娘、菲利普夫人、杨二嫂三位泼辣女人，引导学生去体会作家人物塑造的精妙。

就在这同一堂课上，我们还有一个整合的话题是《两件长衫》，我让学生比较了何大学问的长衫和孔乙己的长衫。通过这两件长衫，我们透视了不同年代但同样尊崇读书的两个人的不同境遇，由此引导学生进一步思考作家塑造人物的匠心。（这个课例，发表在《中学语文教学》2006年第3期上。）

三、基于单元与单元之间的整合

一是单元内外内容的互相呼应支撑。比如讲到《背影》中的父亲买橘，能够及时提取《阿长与山海经》中的"福橘"的故事来印证，帮学生理解父亲的行为意义。比如讲到《阿长与山海经》，能够用《从百草园到三味书屋》中阿长讲"美女蛇"的故事来补充印证阿长的形象；讲到孔乙己的"茴香豆"，能够激发学生去比较双喜们的蚕豆，《祝福》中祥林嫂絮叨不止的阿毛的豆……这样的横向纵向的联结方式都可能打开教学思路，引发课堂思维的欢乐之潮。

二是单元内外内容的重组。比如原人教版七年级上册的初中起始教学中，我就整合了一二单元的所有课文，并为这两个单元确定一个共同的主题，并进行有价值的分类。比如：

两个单元的共同主题：热爱生命

生命意识：《生命生命》《紫藤萝瀑布》

生命理想：《在山的那一边》《理想》《行道树》

生命智慧：《走一步，再走一步》《童趣》《人生寓言》《我的信念》《论语十则》《第一次，真好》

重组之后，文本就形成了层次很清晰的"主题型教学"，课堂结构性整体性呈现出来了，教学效益自然提高。

四、基于多册教材之间实现的整合

我曾经配合《语文教学通讯》杂志社进行过一次关于"个性化抒情"的综合复习，写出了上万字的论文《个性化抒情》（《语文教学通讯初中刊》2005 年第 6 期）。该文涉及一到六册的课文六十多篇，几乎"扫荡"人教版初中六册语文教材中所有的"抒情"文字。它以非常丰富的事例和全新的归类引导学生重新遨游于教材的海洋中，让他们得以在整个中学学习的平台上获得对个性化抒情的整体认知。

立足于初中三年，甚至中学六年的教材体系，努力为学生建构更具梯度性、层次性的知识体系和能力体系，这需要教师很宽广的胸怀和很宏大的视野。我们都有必要去锻炼自己的这个本事。

五、基于教材内外文本的整合

这种同类信息的整合，外在表现为"穿插"——寻找外援，夯实课内文本的学习。

比如讲《苏州园林》。说明文教学比较枯燥，于是我引入了关于苏州园林的若干故事，学生课堂表现好了，便"奖励"一个。不仅调动课堂气氛，也潜移默化地让学生理解产生苏州园林的经济基础和文化基础。

比如讲《人民英雄永垂不朽——人民英雄纪念碑》。这更是大家都头疼的说明文。于是我也准备了若干关于纪念碑的故事，遥遥地和课堂主旨相呼应，关键时刻像抖包袱一样抖出来，激起学生思维的火花一片。

又比如讲《纪念白求恩》。我立定了要"还原"白求恩形象的课堂追求，引入了白求恩的信件若干，让被神化的白求恩走下神坛，变为了"人"，于是学生的诸多疑虑都有了解释。

还比如讲《人琴俱亡》，我自然会引入诸多和魏晋风度有关的故事，那么短短的文字就有了归宿，故事群自然促成了学生对主题的理解。

我讲《背影》。我就要带领学生理解潜藏在语言深处的很多矛盾问题，我就必然引进朱自清父子生隙的前尘往事。对于《背影》而言，不联结，必然停留在普通的"父爱亲情"的世俗表情层面上，这绝不是《背影》的魅力。

我讲《紫藤萝瀑布》，引入宗璞在写《丁香结》《玉簪花》中的描写名句进行呼应对比，宗璞巧夺天工的比喻拟人手法就不言自明了。

......

教材教学要有厚度，有宽度，有深度，和课外文本进行"整合"是必由之路。但使用这个方法要有节制，不能喧宾夺主。课内外同类信息文本是并列关系还是主次关系，一定要定位清楚。并列关系有并列关系的处理方法，主次关系有主次关系的处理方法，其具体技巧，是完全不一样的。

六、基于同一作者的多篇文本的整合

这种整合的方式可以有课内的整合。比如三册初中语文教材都教完了，鲁迅的文章那么多，把这些所有的文本都放到一块儿，打通了试试，能整合能提炼的东西是不是很多？

也可以有课内外的整合。比如苏轼的作品，李清照的作品，李煜的作品......为这些学生喜欢的代表性作家开掘源头活水，做一些视野较为开阔的专题教学，既可放开，又可聚焦，学生是非常欢迎的。

七、基于不同作者同质文本的整合

比如，为了引导孩子们欣赏和创作现代小诗，我整合了人教版七年级上册出现的三位著名现代诗诗人汪国真、冰心、泰戈尔，以《华山论诗》为题做了一次教学探索，引导学生识诗识人，课堂气氛非常热烈，课后成果极其丰富。

八、基于经典影视的整合

经典电影是极佳的语文学习资源，单部电影的欣赏已经极具魅力，多部电影的整合更常常诞生出让人难忘的课程资源。

比如我曾经整合三部电影《一个也不能少》《钢琴师》《荒岛余生》，探讨了三个相同性质的问题：魏敏之为什么是一个农村小姑娘？史标曼为什么是一名钢琴师？诺兰德为什么是一名速递员？以主角的职业身份为切入点，引导学生透视影片主题，挖掘编导创作的内蕴，取得了很好的教学效果。

我在上《死法、爱法、活法、写法——跟〈泰坦尼克号〉学写作文》一课时，为了让学生理解"爱法"，就做了《泰坦尼克号》和中国冯小刚导演的

《唐山大地震》的整合对比。我问学生：《泰坦尼克号》中的罗斯和《唐山大地震》中的元妮的经历有相似之处，她们都在极为恐怖的灾难中失去了爱人，人生从欢乐进入冰点，但最后她们的生命状态完全不同。你觉得哪个故事更打动你？你愿意成为罗斯，还是愿意成为元妮？由此我为学生整合了很多经典的爱情故事，比如——

《神雕侠侣》中尹志平对小龙女的爱

《神雕侠侣》中李莫愁对陆展元的爱

《罗密欧与朱丽叶》中的爱

《孔雀东南飞》中焦仲卿和刘兰芝的爱

《梁山伯与祝英台》中的爱

《山楂树》中老三对静秋的爱

茨威格《一个陌生女人的来信》

《大鱼海棠》中的爱

通过这些对比，我想告诉学生爱有两种：一种是占有型人格的爱。这种爱的特点是：不能拥有，变爱为怨；不能拥有，变爱为害；不能拥有，甚至同归于尽。另一种叫付出型人格的爱。这种爱的特点是：我爱你，就给你自由；我爱你，就要你幸福；我爱你，可以与你无关……

我被《泰坦尼克号》中的爱情价值观深深打动。我甚至同意网络上对冯小刚的批评"在技术上，中国电影可能只比西方差 50 年，但在人性上，可能差 200 年，500 年"。当然，仁者见仁，智者见智，各有看法。因为有分歧，所以才有整合的价值，讨论的价值。

我希望我的学生能够慢慢理解一些关于爱的健康的观点：爱到深处是奉献。爱到深处是成长自己。

九、基于经典音乐的整合

流行音乐已经成为现代人生活的一部分，其流派繁多，风格纷呈，如果教师是有心人，善于辨歌识歌，善于同类气质歌曲的整合，形成"歌群"，课堂教学便又是一番天地了。

比如我讲豪放派诗词，便做了一个"豪放歌群"，让学生反复听反复悟。

当《射雕英雄传》主题曲《天地都在我心中》，《康熙王朝》主题曲《向天再借五百年》，《满江红》等"歌群"在教室里回响的时候，"豪放"之内涵便不需要再讲了。

我还让学生专题研究过汪峰的歌，周杰伦的歌，让学生对汪峰和周杰伦的歌曲创作风格进行对比，这样的课，都是极受学生欢迎的。

十、基于经典阅读的整合

这里的"经典阅读"主要指课外经典的阅读。

一本经典中的内容，可以整合。比如我和学生共读《平凡的世界》，我有一个历届学生都很欢迎的整合点，那就是《平凡的世界》中的爱情。

	困难（女方视角）	爱的显著特点
贺秀莲与孙少安	穷困	同甘共苦之爱
田润叶和孙少平	城乡之隔	一厢情愿之爱
田润叶与李向前	我爱的人不是爱我的人	迷途终返之爱
田晓霞与孙少平	身份地位悬殊	精神交融之爱
郝红梅与顾养民	城乡之隔身份悬殊	爱情理想破灭之爱
郝红梅与田润生	孤儿寡母	怜惜同情之爱
孙兰花和王满银	遇到一个浪荡子	坚韧无我之爱
孙兰香和吴仲平	家世悬殊	志同道合之爱
金波和藏族姑娘	时空相隔	柏拉图式的精神恋爱
杜丽丽和武惠良	同时爱上两个人	矛盾撕扯之爱

上这堂课时，我设计了"男生视角"和"女生视角"，分别让学生思考：如果我是书中人，我会希望找谁做自己的恋人。这样情景设置的目的是最后让学生懂得：最好的爱情一定最后会激发对方的生命活力。

每一届学生，都因为这样的阅读而真正爱上了《平凡的世界》。

我还带领学生比较了三毛的作品和张晓风的作品。同样是台湾的著名女作家，她们遣词造句的风格却是完全不同的。这些同类信息中的"不同"，就是教学的价值点。

十一、基于社会生活的整合

现在有"大语文"和"小语文"之争。"大语文"重社会源头活水的引入，"小语文"重教学内容教学目标的聚焦。我觉得这并不矛盾。"小大"不用争，而应互相呼应，相互成全。但是，教师关注热门的社会现象，把这些现象变为"语文现象"，引进课堂，激活课堂，是有万利而无一弊的。

最简单的，比如娱乐明星王思聪张馨予范冰冰在微博上"打嘴仗"，就是很好的语言表达个性化的材料。

> 王思聪：毯星某冰某予，除了根本无作品和不会演戏的硬伤，火起来主要靠绯闻水军话题和炒作。
> 张馨予：你管得真宽！
> 范冰冰：你找你的爸，我干我的活，我们都算自强不息。

我们引导学生比较张馨予和范冰冰对王思聪的回复，其语言智慧高下立分。

又比如，小学生给老师撑伞事件曾闹得沸沸扬扬。在浩如烟海的网络评论潮中，我选择了四篇有代表性的评论文章让孩子们阅读。他们分别是：李镇西老师的《学生为老师打伞何错之有?》，王开东老师的《大棒为什么朝老师头上砸去?》，肖培东老师的《孩子，请为世界撑一把伞》，周冲的《被撑伞老师错在哪里?》。读这些文章，根本目的不在于判断谁对谁错，而首先是思辨力的训练。再进一步，我更想让孩子们初步感知：每一篇文字的背后，都站着一个个性鲜明的人。

小悦悦事件，林书豪事件，王宝强离婚事件……大千世界，其实是最好的文本，无字之书，其实是最好的文本，只要善于挖掘，巧妙联结，语文教学，自然其妙无穷也！

十二、基于语文考试的整合

好的语文试题，也一定是形成了"知识群""能力群"的。比如下面这道很普通的题目，也是"课内阅读""课外经典阅读"打通了，才可能诞生的。

《俗世奇人》的作者是_____，下边这段文字写的是奇人，你觉得按照《坐在路边鼓掌的人》一文的价值观，他算英雄吗？请简单说明理由。（填空各 1 分，理由 3 分，共 5 分）

最叫人叫绝的是，他刷浆时必穿一身黑，干完活，身上绝没有一个白点。别不信！他还给自己立下一个规矩，只要身上有白点，白刷不要钱。倘若没这本事，他不早饿成干儿了？

对于考试，二十多年的经验告诉我，语文考试肯定是日常教学的指挥棒。语文考试如果太着力于"课内"，必然导致日常教学的课文考点轰炸蔓延不绝，语文学习裹足不前。但如果语文考试和课本教学基本无关甚至完全无关，也必然导致语文教学的漫无边际和毫无头绪。考试的最好状态一定是"课内学习""课外阅读""日常生活"的"同类信息"互相呼应，无痕整合的状态。

十三、跨界整合

跨界整合是现在知识整合中挺热的一个词。我觉得对语文教学而言，也是很有借鉴意义的。比如我连续几届上《我的叔叔于勒》，上到后两次，就在选修课中引入了陈应松的中篇小说《母亲》，还有张一白导演，蒋雯丽、曾志伟、莫文蔚、陈奕迅主演的电影《秘岸》。这些优秀的小说和电影将带领着我们更深一步地去思考金钱与人的复杂关系。这些优秀作品如果和《我的叔叔于勒》一整合，它们的"同质信息"就会发生激烈的碰撞，学生的思辨力会得到显著的提升，简单批判"资本主义社会人与人之间的金钱关系"这类论调就绝对会不攻自破了。

当然，文本整合也有很多误区。

当我们对"同类信息"进行聚合研究的时候，也要对同类信息中潜藏着的"不和谐信息"有高度的敏感，防止它们干扰我们的"群研究"。

比如早年我曾把《我的叔叔于勒》和《麦琪的礼物》整合起来，让学生比较"菲利普夫妇和吉姆夫妇"，以此想让学生理解"有的人被金钱奴役，但有的人不会"。但结果却引发了激烈的"课堂政变"：有学生认为这两个故事中的两对夫妻不具有可比性——因为菲利普夫妇年过半百，是中老年夫妇，历经人生太多沧桑，一直挣扎在社会底层，所以他们才会躲于勒。这是情有可原的。

而吉姆夫妇正年轻初婚，刚刚走上社会，他们无视穷困的浪漫和他们的年龄不无关系……

这一次的"教学事故"对我后来的文本解读、课堂设计都产生了重大的影响。我因此一直在持续地思考：这两个文本到底能不能整合？它们的同质信息到底在哪里？如果要整合，契合点选在哪儿才最合适？我们要避开的危险点又在哪儿……这些思考，也融入了这些年我对群文教学的新一轮建构中，它不断地提醒我：开发一个优质的"文本群"是需要充足的智慧和高度的理性的，里头有太多研究空白点等着我们这些语文人呢！

总之，"我们"的意识，"群"的意识，正在让我的课程设计和课堂教学发生着质的改变。各种各样的联结诞生了丰富多彩的"班本教材""校本教材"，新的课型不断涌现，青春语文呈现出了天光云影共徘徊的开放状态。

也正是在这个基础上，青春语文确立了"广泛勾连，精粹提炼，人文借语用，语文为人生"的思想，努力突围语文教学低效率的怪圈，追求给予学生最贴近心灵的援助。

这些新型的"群文课"，都是从学生的需要出发，然后回溯语文教材，寻找目标课文，整合提炼相关文本，为学生量身定制"最走心的语文课"。

教法即活法，依旧是青春语文课的显著特点。

这本书中展示的课例，都是这个追求的实践。

希望对你有所帮助。

古诗文群文教学

刘禹锡的心灵世界探幽

——《陋室铭》《爱莲说》群文教学实录

教 学 立 意

经过钻研教材,我发现《陋室铭》和《爱莲说》两篇文章的精神血脉息息相通。于是,我对这两篇文章进行了整合教学。两课时连堂进行。以走进刘禹锡的精神世界为教学核心目标。第一课时的主要任务是指导朗读,质疑字词,尝试背诵。第二课时则结合学生疑问引导他们紧扣关键字词感受人物心灵律动,探寻古代知识分子人格追求。实录的是第二课时。

课 堂 现 场

一、蓄势——走进周敦颐的精神世界

师:第一节课,陈禹杭就《爱莲说》提出了一个很有价值的问题,就是关于最后几个句子的顺序安排。同学们的争论很热烈。王悦同学的发言更是引发了大家的不同意见。这节课,我们就以这个问题为切入点开始讨论。王悦认为菊和牡丹对莲都是反衬,有些同学不同意。看来,周敦颐对陶渊明的态度如何这个问题分歧还很大,现在请大家在字里行间去寻找证明自己观点的证据。

【忠玉点评】 王君老师将两篇文言文安排到一起教,整合功夫一流。教者整合第一课时学生争论的不同意见,作为第二课时的教学内容,前后勾连,课脉相通。这就叫整合中有文本。"在字里行间寻找证明自己观点的证据",学法指导具体,让学生在文本中咬文嚼字,训练扎实。

生：我认为周敦颐很欣赏陶渊明。我从这句可以看出来，"晋陶渊明独爱菊"，"独"字挺有力量的，我读出了一种欣赏。

生：我也是，后文中周敦颐说自己爱莲也用的是"独"，看来这"独"有与众不同之意，含有褒义的。

师："独"是独特，独到，"独"是特立——

生：独行。

师：我想到毛主席有一首著名的词第一句就是"独立寒秋"，好一个"独"！

生：周敦颐称菊花为"隐逸者"，就是隐居避世之人，不含贬义。

师：隐逸者？注意，为何不说是"花之隐者"呢？

生："逸"有一种飘逸安逸的感觉，周敦颐称其为"隐逸者"，看来对其生活状态是欣赏的。

生：周敦颐只在最后一句"牡丹之爱，宜乎众矣"用"矣"字加重情感，表达出深深的惋惜之情，而对"菊花"的表达比较庄重，只是说"菊之爱，陶后鲜有闻"，从这里也可以看出作者对陶渊明绝无贬义。

【忠玉点评】 整合中有学生。第一部分整合了学生问题，学生在自主质疑生生合作、师生合作探究中明确了写陶渊明爱菊花是正面衬托周敦颐的爱莲花，以生为主体，以文本为依据，争鸣掀起课堂探究文本的第一个小高潮。

师：说得真好，同学们读书非常仔细。看来，作者写陶渊明，绝非反衬，而是正衬。写陶渊明只是铺垫，目的是为了更好地表达自己。在周敦颐眼里，陶渊明是美的，但周敦颐认为谁更美？

生：他自己更美（众笑）

师：那好，如果你自己就是周敦颐，请你结合文中的关键句来夸夸自己，请用第一人称。

（引导学生再次大声朗读"予独爱"一句）

生：我像莲花一样高洁，生活于世俗的社会但不被污染。

生：我的美名远播，像莲花的香气一样越远越沁人心脾。

生：我庄重高雅，绝不对权贵献媚求荣。我才德出众但绝不妖媚。

生：我像莲花一样中通外直，表里如一，个性刚直。

生：我像莲花一样让人敬重不可侮辱，可远观而不可亵玩焉。

生：我不蔓不枝，心意专一，目标明确。

······

师：说得不错，再背一背这句。

（生齐背"予独爱"一句）

【忠玉点评】　整合中变作者视角为学生视角："在周敦颐眼里，陶渊明是美的，但周敦颐认为谁更美？""如果你自己就是周敦颐，请你结合文中的关键句来夸夸自己，请用第一人称。"换角度思考，立体看文本，此问题一出，学生摇身一变，作者视角迅速转变为我的视角，从他人变成我和我们，身临其境，理解文本，驾轻就熟。

师：现在，周敦颐们，咱们换个角度自夸，你和陶渊明都是美的，但你认为你和陶渊明的不同之处在哪里啊？

生：陶渊明隐居避世了，我还坚守在官场。

生：我是出淤泥而不染，陶渊明是躲淤泥躲得远远的。（众笑）

师：聪明！我们才学习了《桃花源记》，也背诵过陶渊明的《归园田居》。面对混浊的官场和肮脏的世风，不愿意为五斗米折腰的陶渊明选择了隐居。他吟诵着《归去来兮辞》，在自己的心里幻想出了一片芳草鲜美落英缤纷的桃花源，他最后选择的生活是"采菊东篱下，悠然见南山"。但周敦颐不是这样的。据历史记载，周敦颐也有"山林之志"，他胸怀洒脱，颇有仙风道气。他虽在各地做官，但俸禄甚微，即使这样，来到九江时，他还把微薄的积蓄捐献给了故里宗族。他不仅是中国理学的开山祖师，在为官上也有卓越建树。黄庭坚曾盛赞他"人品甚高，胸怀洒落，如光风霁月"（板书）。

同学们，这就是周敦颐和陶渊明的不同。面对淤泥，陶渊明的选择是远离，他到红尘边上去寻找一片净土。而周敦颐的选择是生长，哪怕是淤泥之中，依旧成长为高洁独立的荷花。这不同的人生选择和诗人的个性气质理想有关，也和当时具体的时代背景有关。选择虽不同，但都显著有别于趋同富贵失掉自我的芸芸众生，所以其人格都同样伟大。来，让我们再朗读一遍那流传千古的名句。

（齐深情诵读"予独爱"一句）

【忠玉点评】 整合中有他文他人。整合作家作品及所处的时代背景和他人评价，知人论世，知人论文，在对比中寻求精神气质的不同之处。《桃花源记》《归园田居》都是学生耳熟能详的背诵篇目，用旧文学过的知识加强对陶渊明个性气质、精神人格的理解，自然贴切，水到渠成。

二、探究——走进刘禹锡的心灵深处

师：我们读懂了周敦颐和陶渊明，那么，现在，我们回过头去再看刘禹锡。我们重点讨论一个问题，你认为刘禹锡的人生选择是陶渊明式的呢，还是周敦颐式的？请大家注意不要空谈，扣紧诗文的关键字词来证明自己的观点。请先自由朗读一遍。

（生自由诵读）

生：我认为刘禹锡的选择是周敦颐式的。你看，他对自己陋室的评价是"斯是陋室，唯吾德馨"，他认为自己的品德是美好的，可以让陋室生辉。

师：你能够一下子就抓住关键词语"德馨"来思考，非常难得。但是，难道陶渊明的品德就不"馨"吗？

（众笑，生被问住了，不好意思地笑着坐下）

生：我认为刘禹锡的选择是陶渊明式的，你看他的居住环境"苔痕上阶绿，草色入帘青"，这不也是一种隐居的环境吗？

生：我不同意。刘禹锡的生活其实很丰富的，来来往往的都是博学的大儒，他还经常弹琴看书，这种生活是隐居的生活吗？

生：老师，这地方有点儿矛盾，既然鸿儒谈笑往来，地上怎么可以生青苔呢？矛盾的！（众笑）。

生（急切地）：我还是认为刘禹锡的选择是陶渊明式的。请注意，他读的书是"金经"，金经就是佛经，金经有南华经……（众大笑），一个读佛经的人难道不是在隐居吗？

师：有意思！再深入一点点，为什么刘禹锡说自己是"调素琴"，而不是"弹古琴"呢？

生："调"更悠闲更随意，"素琴"说明他的生活是非常清苦的。

师：品得妙！这个"调"让我想起了那著名的"悠然见南山"的——

生：见！

师：对，异曲同工之妙。一样的闲适和自得。

生：我也觉得刘禹锡的选择是陶渊明式的选择，你看他的生活"无丝竹之乱耳，无案牍之劳形"，清静优雅，自由自在，不是隐居之人是什么？

生：他的生活并不清雅，"谈笑有鸿儒"就可以证明。一个隐居之人，还会和世俗间的读书人来往频繁吗？一个真正心灵幽静的人，还会拒绝和没有文化的老百姓来往吗？我们背诵的陶渊明的很多诗歌，他可都是把自己打扮成农民的样子啊。

师：有意思有意思！确实，陶渊明过的是真正的田园生活。他种豆南山下，草盛豆苗稀，他的思想，他的行为，包括他的文字，都有泥土的气息了。

生（急切地）：我坚决不同意刘禹锡的选择是陶渊明式的。你看，他以南阳诸葛庐和西蜀子云亭来比方自己的陋室。诸葛亮和杨子云都是历史上名声显赫的人物，一个在政治上建立奇功，一个在文学上很有造诣。看来，刘禹锡是希望自己也能像诸葛子云一样建功立业的。

师（惊喜地）：好！真知灼见！

【忠玉点评】　整合中有对比："你认为刘禹锡的人生选择是陶渊明式的呢，还是周敦颐式的？请扣紧诗文的关键字词来证明自己的观点。"将三个人的人生选择进行比较，巧妙地将两个文本融合到一起。时刻提醒"扣紧诗文关键字词来证明自己的观点"，不信马由缰，而是有依有据，扎实深入。

生：还有，结尾点题句刘禹锡用的是孔子的名句。孔子是儒家主张建功立业的代表人物。这段时间班里读《论语》，孔子表扬颜回说"贤哉回也，一箪食，一瓢饮，在陋巷，人不堪其忧，回也不改其乐。贤哉回也"（在老师的提示下说完这个句子）。我想孔子更赞成周敦颐的人生选择，虽然身处逆境但是依旧要建功立业。刘禹锡引用孔子的话也应该是对自己的一种勉励。

生：对。老师讲过孔子是坚决主张入世的，他自己便是终生为实现政治理想在奋斗。刘禹锡引用他的话，可见是非常尊崇孔子的。他不可能去隐居。

师：有见解，活学活用，半学期的《论语》没有白读！大家注意到了结尾，为什么不同样注意一下开头呢？

【忠玉点评】　整合中学生讨论显风流。学生在寻求论据证明自己的观点时，也深受王君老师影响，他们其实也是在整合资源，在文本中寻求依据，并旁征博引，将文本中提及的诸葛亮、杨子云、孔子与他们的生活、思想打通，延展了课堂的深度和厚度。

（引导学生齐读开头两遍）

生（恍然大悟）：开头其实也证明了刘禹锡的选择其实是周敦颐式的。山不在高，有仙则名；水不在深，有龙则灵。他其实是把自己比成了仙和龙。

师：哦，只不过，是和诸葛亮一般的——

生：卧龙！（众笑）

生：一个把自己比作龙和仙的人会真正隐居吗？

生：还有，从这句话可以看出，刘禹锡并不安于寂寞，他希望自己的陋室能够"名"和"灵"，其实就是一开头就流露了自己要有所作为的想法。这也证明了刘禹锡的选择不会是陶渊明式的。

师：这就怪了，看来《陋室铭》中表达的东西有矛盾啊！

【忠玉点评】　误向引导，激活思维，再掀波澜。

生（手举得老高）：老师，我觉得是不是这样的。刘禹锡他本来想表现的是一种安贫乐道，独善其身的生活状态，但是，他在不知觉中又暴露了自己内心真实的想法。或者说，他当时过的的确是一种近似于隐居的生活，但是，他的心中却向往着建功立业，他从来没有放弃过建功立业的理想！

师：好一个"不知觉"！这句话像一把解剖刀，就要把刘禹锡的精神世界袒露在我们面前。现在请大家看看《名校精练》之后关于刘禹锡写《陋室铭》的背景故事，谁来讲讲。

生：刘禹锡得罪了当朝的权贵，被贬到和州当通判。和州的知府姓策，他看到刘禹锡得罪了不少权臣，又不得势，就有意给他小鞋穿。按照当时的规定，通判应该住衙门里三间三厦的屋子，可策知州只在城南门给了刘禹锡三间小屋。这三间小屋面临大江，推窗便可看到浩瀚的江面，刘禹锡反倒十分高兴，并欣然在自己的房门上悬挂了这样一副对联："面对大江观白帆，身在和州思争辩。"这举动可气坏了策知州，他命令衙门的书丞将刘禹锡的房子由城南门调到城北门，面积由三间减小到一间半，想看他如何再观白帆。这一间半小屋位于德胜河的边上，附近是一排排杨柳。刘禹锡看到这些景色，欣然命笔，又写了这样一副对联："杨柳青青江水平，人在历阳心在京。"仍旧在这一间半小屋里读他的诗，写他的文。策知州见刘禹锡仍不买他的账，连肺都快要气炸了。他和书丞商量了好久，便又在城中为刘禹锡选了一间仅能容一床一桌一椅的小屋，逼他搬家。半年时光，搬了三次家，刘禹锡想，这狗官也实在太不像话了，想作弄我，我偏不买你的账，你要我愁，我偏乐，于是，就提笔写下了这篇《陋室铭》，并请大书法家柳公权书碑勒石，立于门前，以示"纪念"，一时轰动朝野。

【忠玉点评】 整合出有相同气质的阅读场。巧选《名校精炼》背景资源，整合为课堂素材。司艳平老师在《构建一个灵动的阅读场》中阐述过："一个人的文字，就是一个人的心灵呈现、精神皈依，而心灵的触动、生命的感悟又与外在的环境与形势密不可分。"探究刘禹锡的精神追求，自然要与他写《陋室铭》时生活的境遇紧密联系起来，这是破解密码的重要路径。

师：讲得真生动！从这个故事中，你知道了吗，刘禹锡隐居没有？
生：他没有隐居，还在当官，只是被贬官了。他还住在城里。
师：那就有意思了！那刘禹锡在《陋室铭》中描绘的生活场景岂不是虚假的？

【忠玉点评】 迂回发问，重新思考，对刘禹锡精神追求探讨向纵深处迈进。

（生沉默，思考）
生：他这样写是为了回击权贵的压迫，表达一种绝不低头的志向。你越压迫我，我越要活得潇洒自得，你要我活得不像一个人，我越要活得像一个人。
生：《陋室铭》中的生活场景确实是经过了刘禹锡的夸张的。生活是现实的。城里的一间小屋，条件肯定很糟糕，来来往往的人也可能不会都那么高雅，环境也可能不会那么清幽，但是我认为，刘禹锡这样写不是造假，而是因为他的心。
师：分析得非常有见地。他的心如何？房子很狭窄，但是他的心——
生：很开阔。
师：房子很嘈杂，但是他的心——
生：很宁静。
师：生活很单调，但是他的心——

生：很饱满。

师：对了，同学们，这就是刘禹锡。他没有选择桃花源，他和周敦颐一样，在淤泥之中还在顽强乐观地生长。这个周的班级古诗积累，老师推荐了刘禹锡一系列的小诗，从"东边日出西边雨，道是无情却有情"到"请君莫奏前朝曲，听唱新翻杨柳枝"，老师是要让同学们感受刘禹锡是一个多么有生活情趣的人。以前我们还背诵过刘禹锡的《秋词》，一起来——

（生齐诵：自古逢秋悲寂寥，我言秋日胜春朝。晴空一鹤排云去，便引诗情到碧霄）

师：同学们，这更是刘禹锡，自然界的秋天在他的眼里尚且诗情盎然，他又怎么会躲到人生的秋天里去自怨自艾呢？

师：我们还背诵过刘禹锡的《酬乐天扬州初逢席上见赠》，其中有一个最著名的句子是沉舟——

生：沉舟侧畔千帆过，病树前头万木春。

师：同学们，吟诵着"病树前头万木春"的刘禹锡怎么可能让一间小小陋室困住了自己高贵的心？就是这个刘禹锡，留下诗文800多篇，被称为中唐"诗豪"。就是这个刘禹锡，他一生辗转奔波于仕途，虽历经艰辛却痴心不改。就是这个刘禹锡，先后被贬到连州、和州、苏州，但每一个地方的老百姓都"因祸得福"，因为他深入民众，体察民情，勤廉守政，力行教育，为当地的发展作出了历史性的贡献。这样乐观豁达，这样富有生命活力的一个刘禹锡，怎么可能"清高自许""独善其身""隐居避世"呢？所以，同学们，《陋室铭》不是一个落魄文人郁郁不得志时的自我沉醉自我安慰，而是一篇特殊的战斗檄文。官场的险恶、人情的冷暖并没有浇灭刘禹锡心中的战斗之火，他潇潇洒洒地提起笔，对炎凉世态坎坷仕途作出了最昂扬最诗意的回答。

【忠玉点评】　整合刘禹锡群诗，补充刘禹锡人生经历，让刘禹锡形象更立体，让刘禹锡精神更丰腴。

师：同学们，暑假的时候，我们提前背诵了《岳阳楼记》。嗟夫，予尝求古仁人之心——

生（齐背诵）：不以物喜，不以己悲，居庙堂之高，则忧其民；处江湖之远，则忧其君。是进亦忧，退亦忧；然则何时而乐耶？其必曰："先天下之忧而忧，后天下之乐而乐"乎！噫！微斯人，吾谁与归！

师：同学们，周敦颐、刘禹锡、范仲淹、苏轼都是这样的中国知识分子。孟子说，读书人要"达则兼济天下，穷则独善其身"，但范仲淹们，刘禹锡们超越了孟子。他们不以物喜，不以己悲，先天下之忧而忧，后天下之乐而乐，不管是居朝堂之高还是处江湖之远，他们都坚定执着，把兼济天下作为生命永远的崇高追求。老当益壮，宁移白首之心；穷且益坚，不堕青云之志。正如刘禹锡曾吟诵过的"天地英雄气，千秋尚凛然"，这群走在时代的风潮浪尖上绝不沉沦绝不逃避的文人们，乃是中国知识分子的筋骨和脊梁。最后，让我们怀着对刘禹锡周敦颐们更加深刻的理解和崇敬再次诵读《陋室铭》和《爱莲说》。

（在诵读中下课）

【忠玉点评】 整合中有激情诵读。从周敦颐到刘禹锡，从刘禹锡到范仲淹到苏轼，整合《岳阳楼记》典型片段齐背诵，体会古仁人之心——像他们一样的中国知识分子，都走在时代的风潮浪尖上，绝不沉沦绝不逃避，他们乃是中国知识分子的筋骨和脊梁。课堂有余音绕梁之感，真是回味无穷。

课 例 点 评

整合同质文本，课堂眼界始大
——点评王君老师《陋室铭》《爱莲说》群文教学

王国维在《人间词话》中评价南唐后主李煜的词：词至李后主而眼界始大，感慨遂深。

我读王君老师群文教学《刘禹锡的心灵世界探幽——〈陋室铭〉〈爱莲说〉群文教学实录课例》，也不禁感慨：课至王君群文教学而眼界始大。

如果说，李煜的词，扩大了词的表现力，加深了词的感慨，把伶工之词变成了士大夫之词，经历了一次由"俗"到"雅"的改造和制作。那么，王君的群文教学，扩大了课堂的教学容量，在师生共同构建的课堂阅读场中，既宏阔了学生的视野，又让课堂有厚度，有宽度，有深度，实现了青春语文从"小我"到"大我"，从"我"到"我们"的精神追求。

2006年，王君老师选择《陋室铭》《爱莲说》这两篇位于不同年级、类别不同（《爱莲说》是七下《荷》专题，属于专题研究范畴；《陋室铭》是八上第二单元，属于精读篇目）、作家不同的文言文，将其进行整合教学，这既是文言文整合教学的一次突破，又是群文教学的一次垂范。

那么，对于不同作者不同内容的相对独立的文本，王君老师为什么要将其联结？联结的密码是什么？具体可行的操作方法又有哪些值得探究？联结之后的语文课堂教学又有怎样的新局面？

王君老师在《群文教学的同类信息整合思想例谈》中这样阐述"整合"与"群文教学"："群"的思想，"整合"的思想，骨子里都是"联结"的思想。

群文教学最基础的思维特质是"同类信息敏感"。

所谓"同类信息敏感"，就是对同一文本中或者不同文本中具有相同气质和相同意义指向的语言信息具有高度敏感，意识到它们之间的呼应和联系，有把它们共同构成为一个独立的语言场的语言冲动。

一、找准同类信息

《陋室铭》与《爱莲说》这两篇文章同类信息是什么呢？王君老师认为这两篇文章的精神血脉息息相通。那么，这两篇文章的息息相通的精神血脉究竟是什么？其实就是周敦颐与刘禹锡的人生选择、生活志趣、精神追求一致。

二、巧妙勾连整合

王君老师是如何巧妙利用整合来打通这精神血脉的呢？

1. 整合了教学目标。因为两个文本都是文言文，王君老师根据文本特质设计了两课时，第一课时指导朗读，扫清字词障碍，并质疑字词，尝试背诵。第二课时设计了核心教学目标：走进刘禹锡的精神世界。第一课时是基础，为第二课时铺垫并蓄势。目标聚焦决定了课堂的聚焦。因此，这节课既纵横开阖又精致凝练。

2. 整合了探究问题。王君老师将课堂分为两大部分："蓄势——走进周敦颐的精神世界"和"探究——走进刘禹锡的心灵深处"。其实，第二部分的结尾还可以独立作为课堂升华的第三部分"感悟——中国知识分子的高尚情怀"。这三个部分，教学板块清晰，且环环相扣。它们相互呼应，互为应答，课堂既有澜翻絮涌之态，又呈万马奔腾之势。

在群文教学中，整合问题有讲究。

王君老师认为，所谓"同类信息整合"就是在教学设计中，让"同类信息"汇聚成富有价值的课堂信息源，相机指导学生以这些信息源为思维抓手，真正走进文本内核。

就这两篇文章，我们常规教学要解决字词、朗读、文章内容、作者情感、主题以及写作手法等若干问题。但是，王老师以独特的匠心将两篇文章的"同类信息"汇聚整合成相对集中的课堂信息源，对学生进行语言表达和思维训练，做到了真正走进文本内核，走进刘禹锡精神世界，走进中国知识分子的心灵世界。

我们先来看王君老师整合的几个主问题：

周敦颐是否欣赏陶渊明？

在周敦颐眼里，陶渊明是美的，但周敦颐认为谁更美？

周敦颐们，咱们换个角度自夸，你和陶渊明都是美的，但你认为你和陶渊明的不同之处在哪里？

我们读懂了周敦颐和陶渊明，那么，现在，我们回过头去再看刘禹锡。我们重点讨论一个问题：你认为刘禹锡的人生选择是陶渊明式的呢，还是周敦颐式的？

这样的整合有哪些规律呢？笔者研究发现：

1. 教者善于整合学生问题为课堂资源："王悦认为菊和牡丹对莲都是反衬，有些同学不同意。"从学生分歧入手：周敦颐对陶渊明的态度，学生意见不统一。以文本为载体，以学生为主体，这样的整合接地气，教师人气魅力也得到提升。

2. 整合作家作品及所处的时代背景。探究周敦颐与陶渊明的不同之处时，教师前后勾连，调动旧知，联系《桃花源记》与《归园田居》，补充拓展周敦颐的"山林之志"，为官之道，黄庭坚对其人品的盛赞，真是正面侧面，教材内外，纵横开阖，大气自然。

《名校精炼》中《陋室铭》的写作背景，师生共同背诵刘禹锡诗文及教者补充人生经历，这样的整合，丰富了教材，增添课堂厚度，还充分利用学生自身的资源。正如王君老师自己所说："语文教师，如果眼界开阔，胸怀浩大，那各种语文因素，就会如千军万马，被教师调遣腾挪，排列组合。教材上下，风起云涌；课堂内外，风云际会。"探究刘禹锡精神，又有何难！

3. 整合相似精神气质的文人资源。学生集体背诵《岳阳楼记》，进一步体会古仁人之心，体会像周敦颐、刘禹锡、范仲淹、苏轼这样有高远追求与高尚情怀的中国知识分子。学生从对一个人的理解与崇敬到对一些人到对一类人的理解与崇敬，真是眼界始大，心潮澎湃。

三、寻觅整合良方

王君老师在整合中遵循一定规律的同时，还讲究方法。她的整合，思维方法明晰，操作方法具体，训练扎实高效。

1. 整合中有对比。这节课有三处对比。对比一：在周敦颐眼里，陶渊明是美的，但周敦颐认为谁更美？对比二：周敦颐们，咱们换个角度自夸，你和陶渊明都是美的，但你认为你和陶渊明的不同之处在哪里？对比三：你认为刘禹锡的人生选择是陶渊明式的呢，还是周敦颐式的？这叫"理不辩不明"。学生在比较中有效地训练了思辨思维。学生的语言表达能力、分析比较能力、概括推理能力、综合抽象能力等都得到了有效提升。

2. 整合中有诵读。文言文的课堂乃至语文的课堂，没有琅琅书声，那就像一潭死水。因为是第二课时，朗读形式巧妙又多样，有大声朗读重点语段，有齐背重点语句，有自由朗读全文，有集体背诵刘禹锡诗歌，集体背诵《岳阳楼记》片段。有整篇有段落有语句，有课内有课外。学生在诵读中，渐入佳境，充分体会了两篇文章的语言美和情感美，周敦颐和刘禹锡们的精神气质也在诵读中形成一股情感流，流进了学生的心灵深处。

3. 整合中有生命教育。王君老师说："从来就没有孤独的语言符号，更没有孤独的文本，各种各样的语言现象，总是在呼唤，在应答。"这里的呼唤，是听到了其他生命的呼唤，听到了世界的呼唤。周敦颐与刘禹锡的人生选择、精神气质、志趣追求也是中国知识分子的共同追求。王君老师希望通过这节课，打通学生与文本，学生与他们的心灵通道，做一个志趣高洁的人，做一个情怀高远的人，做一个慨然有志于天下的人。这里的生命教育潜移默化，了无痕迹。

诚然，群文教学对教师有着更高的要求。教者要有宏阔的视野，要有敏感的心灵，要有创新的勇气，要有从"小我"走向"大我"，从"我"走向"我们"的精神追求。做到以上几点，我们的语文教学也许就会像青春语文掌门人王君老师描述的那样：教材上下，风起云涌；课堂内外，风云际会。语文教学，彻底摆脱了小家子气，而拥有了大格局大气概。

（周忠玉）

问君能有几多愁?

——《诗词五首》群诗教学实录

教 学 立 意

  人教版九年级上册第 25 课由五首词组成,分别是:温庭筠的《望江南》、范仲淹的《渔家傲·秋思》、苏轼的《江城子·密州出猎》、李清照的《武陵春》、辛弃疾的《破阵子·为陈同甫赋壮词以寄之》。教材上的排列是按照诗人所处年代排列的,如果照这样的顺序教学,内容就会显得很散乱。在对这五首词进行了研究之后,我决定对这五首词进行整合教学。

  教学课时安排为两课时,教学主题是:问君能有几多愁?

  这两堂课,以"愁"为分类标准,层层分类,反复比较。学生课后评论收获颇大矣。

课 堂 现 场

第一课时

  师:同学们,记得有一位著名作家说:痛苦的感受往往比幸福的感受更加刻骨铭心。今天我们要通过五首词的学习,去感悟和体会古人的愁。请大家自由地把全课五首词大声朗读一遍,说一说如果以愁为分类标准,这五首词可以怎样简单地分一下类。

  (生摇头晃脑自由朗读,交头接耳)

  生:词中有些人很愁,有些人不愁。

  生:词中有些人愁得很厉害,有些人只是一般愁。

生：有男人的愁也有女人的愁。

生：有男人描绘的愁也有女人描绘的愁。（众笑）

生：有为家事愁，也有为国事愁。

生：有为亲人愁，有为理想愁。

……

【自评】 简单导入，直入正题。开篇整合，建构全课整体意识，第一次对比，为思维预热。

师：那这样好不好，让我们先来体会一下两位古代女子的愁。我再请两位同学朗诵，听完后，请大家说说你感觉到诗词中的两位女子她们各自在为何愁？

【自评】 进入第二次整合对比。不足的是板块的过渡稍显生硬。

（请同学朗诵《望江南》和《武陵春》）

生：我感觉《望江南》中的女子好像是在等待她的心上人，可是没有等回来，所以她愁。《武陵春》我没有感觉得出来她李清照到底为什么愁。

生：我也是。《武陵春》中的愁好像比较多，最后一句是"载不动许多愁"嘛！

师：那这个问题我们先放一放。现在请大家再自由地把两首词多读两遍，想一想，同学间还可以讨论一下：你觉得两首词中的女子哪个更愁？大家一定要紧扣原词中的关键词句来验证自己的想法！

（生自由朗诵，讨论）

【自评】 从另一角度巧对比巧整合。

生：我认为《望江南》中的女子更愁，因为她愁得都"肠断白蘋洲"了啊！还有什么愁比"肠子都愁断"了更愁呢？

生：我不同意，李清照的愁连船都载不动了，这才是最重的愁。

生：不能这样比吧，这两个句子都是诗人应用了大胆的联想想象写成的，是化抽象为形象的写法。这样比的话不客观。

师：有道理，大家能够关注到对愁的形象描绘这很好，但最能证明你的观点的还应该是主人公的行为和思想！

生：李清照最愁。《望江南》中的女子还"梳洗罢"，可李清照却"倦梳头"，一个女子连梳妆打扮都不想了，那她一定非常愁闷了。

生：是的，俗话说"女为悦己者容"，《望江南》中的女子还可以打扮得漂漂亮亮的去等丈夫回来看，可李清照连打扮自己的兴趣都没有了，我猜想她的丈夫一定已经去世了。

师：你很聪明。写这首词的时候，李清照的丈夫已经去世很多年了。

生：我还是觉得《望江南》中的女子愁，你看她"独倚望江楼"，一个人在那里等啊等啊，看了一帆又一帆，从早上直等到"斜晖脉脉"的傍晚，等了整整一天啊，可最后还是失望了，你难道能说她的愁不深重吗？

师：你这个分析很到位。但这个"倚"字品得还不够，哪个同学帮帮她的忙。

生："倚"是"靠"的意思，她靠在望江楼上，很孤苦无依的样子！

生："倚"还显得这个女子很柔弱，没有力气。

生：她一定是望得太久了，所以浑身酸软，就只能"倚"着了。

生：主要不是身体问题，还是心事太沉重了。

师：对了，这样抓住关键词抠进去，人物的形象就鲜明了。

【自评】　对"倚"的品味环节是课堂机智生成的，处理得不错。

生：我不同意刚才同学们的看法。《望江南》中的女子是愁，但是她毕竟还有事情可干。可是李清照呢，她却觉得"物是人非事事休"，她觉得什么事情都没有意义了，所以她干什么都索然无味了，我认为这样的愁才最愁。

生：我有同感。她不仅不想梳头，她连去双溪泛舟也提不起兴趣呢！

生（高高举手）：老师，我发现课文中的插图不太好。

师：你说说。

生：一是诗人窗前的花木太繁盛，没有"风住尘香花已尽"的凄凉感觉。二是图中画了一轮弯月，这就表明是晚上了。而诗中不应该是晚上。

生：是晚上，不是说"日晚"嘛。

生："日晚"不是晚上，如果是晚上，那李清照不梳头就很正常了，谁晚上还梳头啊？

生：对，都晚上了，李清照怎么会想到去泛舟呢？

师：有道理，古代女子有夜生活的很少。（众笑）

生："日晚"是日头很高的时候，可能是要到中午了，她都还不想梳头，可见心情非常郁闷！

【自评】　旁逸斜出的一笔！学生的自主质疑很有力度，教师能在具体的语言环境中解决学生困惑，处理得不错。

生：这是因为李清照的丈夫已经去世很多年了，她已经习惯了，她怎么可能比还在盼望丈夫回来的女子更愁呢？

生：我不同意。确实李清照是已经绝望，《望江南》中的女子是正在绝望，我认为已经绝望比正在绝望更愁。（生鼓掌）

生：可是《望江南》中的女子稀里糊涂经受的是希望的煎熬，而李清照已经是心如死灰，我认为这比前一种煎熬更痛苦。

（学生争论不休）

师：同学们，这个问题比较复杂，也许当你们的生活阅历多一些后，你们的体会会更加深入。王老师想起了金庸《神雕侠侣》中的杨过对小龙女十六年痴痴的等候。十六年的痛苦等待他都熬过来了，他为什么要在最后得知小龙女活着不过是一个谎言后却没有再活下去的勇气，而毅然跳崖自尽呢？

生：他活下来是因为他心中还有希望，他选择死是因为他在善意的谎言中清醒过来后他绝望了。

师：对杨过而言，哪种痛更为深呢？

生：清醒之后的痛。

师：对了，同学们，人的情感是一个难解之谜。但是，我们必须知道，人生存下去的本质力量是靠希望。哪怕这种希望只是星星之火，它也可能成为一种生存的信念。而最残酷的人生境遇是没有希望，也就是绝望。绝望这种痛，是人生之最大痛。大部分轻生者选择死亡并非因为生活的艰难，而恰恰是希望的丧失。正如开头同学们提到的，李清照的愁在词中很难表述清楚是哪一种愁，因为在她的生命历程中融入了太多的苦难。初一的时候，我们学过她的《如梦令》，大家一起背诵出来好吗？

（生齐背：常记溪亭日暮……）

师：从这首年轻时代的李清照的词中，我们读到了一颗青春快乐的心。是的，李清照的前半生是幸福得让人羡慕的。她和夫君赵明诚才子才女结成佳偶，夫唱妇随、琴瑟和谐。而写这首词时，李清照已经53岁了，她流落江南，茕茕一身，辗转飘零，历尽了生活的艰辛和人世的坎坷。她的愁岂止是心爱的丈夫早逝之愁，这其中有国家的败亡，家乡的沦陷，有文物的丧失，这愁，让她"寻寻觅觅、冷冷清清、凄凄惨惨戚戚"，让她"梧桐更兼细雨，到黄昏，这次第，怎一个愁字了得"，让她只有"在人屋檐下，听人笑语"……这种愁，岂止是双溪的舴艋舟载不动，就是历经千年之后的无数的读者的心痛汇聚而成的心灵之舟也载不动啊！

【自评】 这番争论整合了课外阅读资源，旧知识资源，比较有深度，学生课堂反应很动情。

师：两位女子都愁，但愁的对象不一样，愁的形式不一样，愁的深度也不一样，连表达的形式也不一样啊。现在同学们再自由动情朗诵一遍，品味一下两首词在具体描绘愁时的艺术方法各有什么妙处。

（师生再一次动情诵读两首词）

生：我觉得《望江南》中最动人的是"斜晖脉脉水悠悠"，情景交融，很有感染力。

生：这首词只有三十个字，却从早上写到傍晚，从人写到楼写到船写到江还写到了洲，内容含量还是很大的。

生：人物情感的变化也很有层次，从希望写到失望写到断肠，很让人揪心的。

生：最妙的是虽然只写到了人物的动作，却可以让我们想象出人物的表情和心情。文字很少，留给读者的空间却很大。

师：评得不错，还涉及了艺术表现的空白艺术。

生：《武陵春》中有两句很著名。一句是"物是人非事事休，欲语泪先流"，一句是"只恐双溪舴艋舟，载不动许多愁"。

生：是的，前一句是欲说还休入木三分。而后一句是想象奇特出人意料。她把抽象的愁写出了重量。

师：愁不仅有重量，还有长度，比如"问君……"

生：问君能有几多愁，恰似一江春水向东流。

师：愁不仅有长度，还有深度，比如"月落乌啼……"

生：月落乌啼霜满天，江枫渔火对愁眠。

师：愁还有既重又长又深的，比如"抽刀断水……"

生：抽刀断水水更流，举杯消愁愁更愁。

师：同学们，这是古人的一种愁，愁得让人黯然神伤，愁得让人缠绵悱恻，不管是思妇闺怨之愁，还是国破家亡之愁，但这些都是典型的女子的愁。下节课我们将要感受的是男儿的愁英雄的愁。

（在自由背诵中结束第一课时）

【自评】 轻轻一宕，又是一次旧知识的整合——自然天成。

第二课时

师：请同学们自由朗读《渔家傲》《江城子》《破阵子》，然后谈一谈你的第一感受，你认为这三位诗人，谁的愁最重，谁的愁稍轻呢？

（生自由高声诵读）

生：我认为范仲淹的愁最重，其次是辛弃疾，苏轼根本就不愁。

生：我也认为苏轼不愁。但我认为最愁的是辛弃疾。

师：那我们暂时把苏轼放一放，现在说说到底是范仲淹更愁呢，还是辛弃疾更愁。

【自评】 这是整合基础的再整合，课堂继续朝着纵深发展。

生：我觉得是辛弃疾愁，词的结尾是"可怜白发生"，五个字，特别醒目，字字泣血啊！

生：但是范仲淹的词中也写了白发啊，不仅有白发，还有泪呢！

师：谁的白发？谁的泪？

生：将军的白发，征夫的泪。

师：征夫就不白头发了，他们永远年轻？

（生思考）

生：哦，应该是将军和征夫的白发和泪。前几天才学的"千里冰封，万里雪飘"呢！

师：这种修辞手法叫作——

生：互文。

【自评】 这种"故意误问"是一种虚拟问，能够加深学生对基础知识的理解。

师：对了。同学们不要忘了，抒情一般有两种，一种是直接抒情，一种是间接抒情。间接抒情可以通过描写记叙等来抒情，大家从这个角度审视一下两首词！

【自评】 为学生指明理解方法，导得不错。

生：我感觉到《渔家傲》的描写要感伤一些，而《破阵子》的描写要欢快一些。

师：这个感觉很重要，大家顺着这个思路去思考。

生：在范仲淹的笔下，塞外的风景很让人伤感的。大雁一点儿不留恋地飞走了，一轮落日，一座孤城，城还是紧闭的。

师：强调孤城"闭"，暗示着什么？

生：边关告急，战事很吃紧。

生：还有满地的霜，连绵不断的山峦啊，反正挺清冷的。

生：还有声音也很让人愁，大风、号角、羌笛、马啸、雁叫，一声声都催得人心中紧。

师：一声声都催得人心中紧！这话评得妙。不要忘记了词中的人都在干些什么？

生：在"不寐"，睡不着觉，失眠了。

生：愁啊，睡不着觉，就喝酒，喝的还是不好的浊酒。

师：这些景这些声音这些人合在一起，就构成一幅边关特有的景色。就如范仲淹自己在词中所说的——

生：风景异！

【自评】 充分利用联想进入文字，导得比较轻松。

师：对。那我们再看看，同样是描写边塞，辛弃疾的笔下又是如何"异"的呢？读一读，比较一下。

（生自由朗读）

生：不一样！辛弃疾的边塞风景热闹得多，豪气得多。声音是大碗喝酒大块吃肉的声音，各种乐器合奏的声音。

生：还有骏马飞驰的声音，还有良弓拉开的声音，沙场点兵的声音。

师：这些声音给我们的感觉是什么？

生：热烈激昂豪气冲天。

生：热血澎湃激情洋溢。

师：说得好！在这样的声音中，我们可以想象画面中的人们会是怎样的一种心情呢？

生：为建功立业而自豪，因为他们"了却了君王天下事，赢得了生前身后名"！

师：既然如此，辛弃疾为何要愁？

生：可怜白发生啊！当初建功立业的年龄一去不复返了！

师：这和范仲淹在词中表现的愁一样吗？

【自评】 在关键处点拨，让学生思维渐入佳境。

生：不一样。范仲淹还在感叹"燕然未勒归无计"呢！

生：范仲淹是壮志未酬，而辛弃疾是渴望壮志再酬。（众鼓掌）

师：妙极了！因为愁的内容不同，所以同样的边塞风景，在他们笔下却有迥然不同的表现。同学们，这又应了我们经常在强调的一个美学观点：一切——

生：景语皆情语。

师：来，再次自由诵读，体会这相同的土地上酝酿出来的不同的愁。

（生自由朗读）

【自评】 整合中对比，效果不错。

师：现在我们最后来研究一下苏轼的愁。哦，刚才大家都说他根本就不愁，谈谈理由。

生："鬓微霜，又何妨"，他自己都豁达得很，何来愁？

生：他像少年人一样意气风发，左手牵着黄犬，右手擎着苍鹰，穿着时尚的锦帽貂裘，青春得很呢！（众笑）

生：他还很有魅力，"千骑卷平冈"，有众多的追随者啊！

师：谁来品品这个"卷"字。

生：写出了一种气魄。

师：还不够，气魄怎么就出来了？

生：跟随苏轼的人很多。

师：仅仅是多么？

生：还有速度快。

师：对了。人既多又快，场面的热烈就出来了。

【自评】　不能忘记是语文课，要时时紧扣关键词语。

生：这种气势也反过来激发了苏轼，他还自比为孙郎，要当射虎英雄呢！

生：何止是射虎！他要射的是天狼星，他的建功立业的豪情也被激发出来了。

师：同学们说得有理有据，连王老师也不得不服，看来苏轼还真不愁。不过我也记起了刚才一个同学的一句话：这种气势反过来也激发了苏轼的豪情。对了，环境对人是有催化剂的作用的。但是，如果不催化呢？作者的心情会是如何呢？在字里行间真的就没有流露出哪怕一丁点儿愁吗？大家再读读书，品品看，小声读，仔细想。

（生各自小声读书）

【自评】　抓住学生发言中的信息进行引导，这个板块的过渡就比较自然。

生：哦，我感到"何日遣冯唐"的"何日"有些意味，毕竟建功立业还只是一种向往。

生：还有，开头的那句"老夫聊发少年狂"的"聊"很值得挖掘，"聊"是姑且尚且的意思，苏轼也还是觉得自己已经无少年血气了，所以只是趁这次机会"勉强、姑且"狂一下罢了。

生：是啊，这个"聊"字让我们读到了这首词意气风发之外的无奈，而

"何日"更使我们感受到了词人心中的恐慌。虽然借着酒劲儿，借着一时之欢，作者放浪形骸作了一回少年英雄，但是，现实是残酷的，在欢乐的缝隙里，我们还是感受到了词人心中的愁，那想掩饰却终于没有掩饰得了的，想忘记却终于没有忘记得了的愁啊。（众鼓掌）

师：说得太好了！写《密州出猎》的时候，因为对王安石变法持不同意见，苏轼自请外任。这时他的仕途上已经是布满了阴影。他在这首词中所问的"何日遣冯唐"的理想其实到死也未能实现。在《念奴娇·赤壁怀古》中我们不是又读到了一个苏轼吗？还是那个要射虎要射天狼的苏轼吗？我们背背《赤壁怀古》。

（师生齐背：大江东去……）

师："人生如梦，一樽还酹江月"，同学们，是啊，也许，把这份愁彻底展现出来的苏轼，这才是一个更真实的苏轼。苏轼之愁，虽然体现得很含蓄，但是他和范仲淹一样，其愁是难以排遣难以挥手自兹去的啊！这就是中国古代的典型的壮志难酬的志士之愁。

来，让我们再比较着朗读一遍，体会一下他们的愁。

（生自由朗诵三首词）

【自评】　整合旧知，再次掀起理解和情感的高潮。

师：不管是壮志难酬的愁还是渴望壮志重酬的愁，在英雄的笔下，愁还是和女子是不一样的。同学们再比较一下两位女子表达的愁和三位男儿表达的愁呢？

生：女子的愁较纤细而敏感，男儿的愁豪放阔大得多。

生：承载女子愁的世界是风花雪月，而承载男儿愁的世界是苍茫边关。

师：所以，我们可以用凄凉来表达女子的愁，但不能用凄凉来表达范仲淹们的愁。用什么表达比较好呢？

生：苍凉！以前讲《三峡》的时候讲过这种特殊的美。

师：对了。不同的人格形态决定不同的情感形态。不仅是一切景语皆情语，而且是一切"情语"皆"人语"。所以，我们在朗读的时候，更要准确把握五位词人个性上气质上的差异。现在就请同学们根据自己的理解自由设计朗读，然后起来表演朗诵。

（在朗读中结束全课）

【自评】 最后一次整合对比，凸现五首词的整体性而且进一步深化思维。

课 例 点 评

天机云锦用在我，剪裁妙处非刀尺
——评王君老师《诗词五首》的整合教学

古典诗词是我国民族文化的精髓，洋溢着澎湃的激情，散发着无限的魅力，因为其灵性风韵，滋养性情，化育灵魂，博得人们的喜爱。然而，因为她的语言凝练，情感丰富，意蕴深远，古诗词教学又是语文教学中相当难啃的"骨头"，嗅得其味，却难以咀嚼。但深入古诗词之中，察其言，审其意，并非没有路径，关键是要找准切入点。王君老师基于个人智慧，切入精准，巧析深探，对五首诗词进行了极具针对性的整合，将互不相连的五首词糅成了一个整体，让学生读得有趣，辩得激情，让观者心适意得，击节赞叹。因为有一根主线贯穿，两节课上的师生显得游刃有余，整节课的教学更是给人以浑然天成之感。

一、着眼主题，开发教材，促成内容的整合。

五首诗词内容不同，风格各异，但表达的却是同一种情感——愁，王君老师慧眼独具，抓住了情感的共通之处教学，可谓举重若轻。当然，尽管同为言"愁"之作，但"愁"的内涵却又不尽相同。总览全局，深入挖掘，王君老师引导学生立足主题，对诗词的内容由浅入深，一步一步整合。先是自由朗读诗词，说一说如果以"愁"为分类标准可以怎样为这五首诗词简单分类。其次，细读《望江南》和《武陵春》，比较两位古代女子的"愁"，讨论她们各自为何而愁？哪个女子更愁？接着，细读《渔家傲》《江城子》《破阵子》，比较这三位词人，谁的"愁"最重？谁的"愁"稍轻？最后，引导学生比较两位女子的"愁"和三位男儿的"愁"在表现上有何不同收束全文。

这样多维度的赏析，创造性的整合，激发了学生开放性的思考，原来诗中的"愁"，对象不一样，形式不一样，深度不一样，表达的方式也不一样。

一路下来，教学目标明确，条理清晰，一目了然，是一种颇具意义的建构。

二、多层对比，反复应用，促成资源的整合。

《新课程标准》指出："阅读诗歌教学，要把握诗意，想象诗歌描述的情境，体会作品的情感。"王君老师在教学时，巧用对比，多层对比，引导学生再现情境、分析语言、知人论世，丰富诗中塑造的形象，探寻诗人笔下流淌的情感，对资源的整合恰到好处。更重要的是，每一层的对比都激起了学生的情感涟漪。

第一次对比，是建构全课的整体意识，根据初读分类；第二次对比，细化《望江南》和《武陵春》中两位女子谁的"愁"更愁；第三次对比，将《渔家傲》《破阵子》放在一起，在整合的基础上再整合，使得学生的思维渐入佳境，比较出同样的边塞风景，因他们愁的内容不同，而有着迥然不同的表现；第四次对比，意在明确英雄笔下的愁是苍茫边关，壮志未酬、渴望壮志再酬的情感，而女子的愁，则更多的是风花雪月的凄凉。

至此，王君老师在设计的四次对比中，巧妙地完成了对五首诗词教学资源的整合，经由对比，师生共同牵出了诗歌写作的背景，牵出了诗中呈现的形象，牵出了诗人的内心情感，牵出了诗歌的表现手法，也牵出了诸多富有趣味的课堂机智……

当然，还有人生际遇的前后对比，如剖析李清照的"愁"时，为了让学生明白李清照的"绝望之痛"，王君教师引导学生回忆探寻《如梦令》中那段快乐幸福的时光。对比的整合应用，是王君老师对教学内容的成竹在胸，这种处理资源的方式，让五首诗词顿时立体起来，让师生在场的课堂充满了生命灵动的色彩。

三、巧用旧知，前后勾连，促成策略的整合。

教学中，王君老师巧妙地整合素材为"我"所用，既关注教材自身的特点，又关注了学生现有的认知水平和学情现状，当学生的思维将要出现"断裂"，词之意境不易被学生理解时，王君老师主动走上前去，巧妙地调遣，使之衔接，恣情地腾挪，激活学生的思维，让师生在"前后勾连"中体诗情，察词意，让学生体验语文课堂里的柳暗花明，真是别有洞天。

愁是一种心绪，非特别用心，很难准确捕捉。为了让学生体会到"愁"的丰富与具体，王君老师轻轻一荡，引领学生从自己的记忆深处打捞出各种"愁"："问君能有几多愁，恰似一江春水向东流"；"月落乌啼霜满天，江枫渔火对愁眠"；"抽刀断水水更流，举杯消愁愁更愁"……为了让学生感悟到苏轼

"独自"的"愁",牵出了《念奴娇·赤壁怀古》,师生共同感叹这份壮志未酬的志士之愁。就这样,在旧知与新知的前后勾连中,学生的视野不断被打开,在情绪与情感的"前瞻后顾"中,课堂教学也一步步走向深入,教学意趣更是一分分丰厚。

综观王君老师对五首诗词的教学,可谓大刀阔斧,大气磅礴,又不失娟秀。王君老师曾经说过,从来就没有孤独的语言符号,更没有孤独的文本,各种各样的语言现象,总是在呼唤,在应答,在互相印证,在互为诠释。当然,所有的语言符号,只有引发了心灵的共鸣,才真正有意义。这,也是整合教学的意义所在,更是当下群文教学的意义呈现。作为普通语文教师,我们要想拥有王君老师那样开阔的眼界,浩大的胸怀,让各种语文要素变成千军万马任由我们排列组合,灵活运用,任意调遣,需要潜心学习,用心研究。尽管前路艰难,但我们已经走在通向青春语文之大美的路上。

(陈海波　江苏新沂市钟吾中学)

大美为美

——《诗词五首》群诗教学

教 学 立 意

人教版七年级上册第二单元第十五课《诗词五首》的内容为：曹操《观沧海》、王湾《次北固山下》、白居易《钱塘湖春行》、辛弃疾《西江月》、马致远《天净沙·秋思》。

随着教书的年头渐多起来，语文教学的弊病也就感受越深。于是一直在努力，希望让零散的语文知识更成序列，希望零敲碎打式的语文教学更具有整合性。于是，总是天真烂漫地在各自为政相对独立的单篇课文之间寻找着融合点，总孜孜不倦地在老面孔课文中妄想去开掘新的天地。

随堂课而已。课后反思，发觉问题还很多。对于"大美"，不管是从文学理论还是美学理论出发，自己都所知甚少理解肤浅。自我修养的不足导致处理教材还远远不能达到圆融。但还是决定要为自己喝彩——为又一次不能说毫无意义的尝试。

尝试多了，路也就宽了吧。

课 堂 现 场

师：同学们，今天我们学习《诗词五首》。咱们先从最简单的元曲《天净沙·秋思》学起。现在大家自由朗诵这首曲，读流畅，读出感情。

（生自由朗读、个人读、齐读、配合读、比较读、教师指导读、背读。）

师：现在请大家仔细观察课文的插图，你觉得这幅插图画得好吗？说说你的意见。

生：总的来说画得不错，画面的整体感觉比较凌乱，曲线也用得比较多，可以表现出诗人心乱如麻的感受。

生：树干画得比较苍老，年轮也比较多，符合诗歌悲凉的气氛。

生：诗中说是瘦马，可画中的马还比较健壮，马腿上的肌肉都看得很清楚，应该把马画得瘦骨嶙峋一些才好，而且最好是老马。

生：我觉得人不一定非要骑在马上，如果由人牵着马走，岂不是更能表现出鞍马劳顿的味道。因为连马都累得走不太动了，人的心情的落寞就可想而知了。

师：很有创意。人骑马还是人牵马的问题还从来没有人争论过呢！

生：图中人物的表情很到位，但马的表情还可以更忧郁一些。

生：水流太湍急了，诗的节奏比较慢，水流得缓慢一些比较好。

生：插图中的树也有问题。图中远处的树给人郁郁葱葱的感觉，近处的树却是光秃秃的。这样的对比太强烈了。我认为老树上如果有几片摇摇欲坠的叶子更能体现沧桑之感。

生：枯藤呢？插图中根本没有枯藤。如果能画出枯藤与古树的缠绕就好了。

生：远处的夕阳可以画得朦胧一些，还可以画出半边已经落下山的样子，渲染出傍晚的气氛。

生：插图中鸟儿们飞得很轻盈很高很快乐，哪里是昏鸦啊。我认为鸟可以画得沉重一些，笨拙一些，最好让大部分鸟栖息在枯枝上，因为"秋思"的画面应凝重。

生：风呢？如何体现西风？图中并没表现出来。

生：可以在茅屋上画些淡淡的炊烟，炊烟袅袅，小桥流水人家的温馨更足，风的动感也表达出来了。

生：画中人可以不戴帽子，让发丝微微飘起，西风不就出来了吗？

生：本是游子思乡图，作者却很花一些笔墨去写很温馨的小桥流水人家，这不是矛盾了吗？

师：这个问题问得很有价值。

生：不矛盾。这叫反衬，以温馨衬凄凉嘛！

生：对，游子触景伤情，别人是天伦之乐，自己却是沦落天涯，羁旅漂泊，这种对比痛彻心扉啊！

生：除了细节的问题，我觉得插图最大的问题是整体构思上的毛病。我读完这首诗，眼前浮现的是一幅古道苍苍，秋风萧瑟的图画，但是这幅图给我的感觉太拥挤了，甚至是太热闹了。

生：可能是景物都挤成了一堆的原因。我们可以把整个画面的格局完全改变，把这幅拥挤的图画变成视野开阔一些的图画：小桥流水人家安排得远一点儿，让古道的纵深感强一些，夕阳和远山真正地成为背景，让时空尽可能的大，以反衬出主人公的渺小和孤独。我觉得这样构图也是可以的。

师：不知道大家注意到了没有，吴语寒同学和冉雪立同学的发言很有意思，同样是表现游子的羁旅之思，吴语寒同学认为插图作者的构思是正确的，狭小的拥挤的凌乱的构图正好可以表现诗歌的意境。而冉雪立同学的意见恰恰相反，他认为构图应该开阔些，用比较渺远的视觉效应来表现游子的孤单寂寞。老师认为，他们的评论都很有见解。这其中，其实已经涉及了中国古代审美的两种境界：小美和大美。比如下面这些写愁的诗句，凭你的直觉你认为是小美呢还是大美？

【插评】　巧用课文插图，以《天净沙·秋思》意境的品咂切入课堂，不仅激发了学生的学习兴趣，而且能快速引导学生进入诗歌鉴赏的情境。"学起于思，思见于疑"，学生在自主质疑插图的过程中，对诗歌的意境及作者的情感理解更为准确、全面，达到"不教而教"的理想效果，同时，巧妙地利用课堂生成作为整节课的整合点。

师：三杯两盏淡酒，怎敌他晚来风急。雁过也，正伤心，却是旧时相识。
生：小美。
师：白发三千丈，缘愁似个长。
生：大美。
师：剪不断，理还乱，是离愁，别是一番滋味在心头。
生：小美。
师：问君能有几多愁，恰似一江春水向东流。
生：大美。
师：同样描写愁，同样都写得很美，你们判断小美和大美的标准是什么呢？
生：小美描绘的场景很小，大美描绘的场景很大。
师：当然这样表述还不是很准确。我们平时说情感的"小"是指情感是私人化的，没有直接和国家民族的利益联系起来。但"小情感"可以"大表达"，这个"大"，一指笔势张扬，气韵开阔，二是指想象奇特，瑰丽雄伟。用"大美"来表现"小情"，往往会产生特别的审美效果。今天，对本课另外几首诗歌的学习，我们就主要从这个角度来探讨一下。现在请大家自由反复朗读，认真看注释，也可以翻看你们手上练习册上的一些辅导资料，弄清诗意，感受诗情，然后从"小美"和"大美"的角度来议一议这几首诗。

（学生自读，自学，和老师同学讨论）

师：好，现在请大家交流一下自己的感受。先从整体上谈谈。

生：我觉得这四首诗歌和《秋思》一样，写的都不是国家大事历史风云，写的都是比较私人化的生活和感受。曹操是刚刚统一北方，在归途中经过碣石山的时候写下这首诗，抒发的是英雄的抱负吧。王湾写的其实也是一种游子情怀。白居易是春游之后赞美西湖的春天，辛弃疾写的是一次乡村之游。

师：说得好，从写作题材来看，和《秋思》一样，这四首诗都和国家民族没有直接关系，写的都是个人的私生活，表达的是个人的"私感情"。请四个同学分别用一句比较凝练的话来表达你对诗人情感情绪的理解。比如马致远孤苦伶仃，梦落天涯……

生：曹操一腔抱负，壮志凌云。

生：王湾思念家乡，感怀时光匆匆。

生：白居易沉醉春色，乐不思返。

生：辛弃疾为丰收喝彩，情趣盎然。

师：哦，看来这些私人化的情感还是很不一样的，能各自用一个词来概括吗？比如马致远是愁。

生：曹操是"壮"。

生：王湾是"忧"。

生：白居易是"喜"。

生：辛弃疾也是"喜"。

生：辛弃疾用"惊喜"的"惊"比较好，从"路转溪头忽见"嘛。

师：这就对了。看来同学们是很聪明的，借助注释和参考资料，基本能弄懂诗意诗情。那现在咱们回到主题上来，私人化的情感能用"大美"的方式来表达吗？哪首最好说？

生：《观沧海》是最典型的私人情感大画面，这首诗歌表现得很突出。你看，"日月之行，若出其中。星汉灿烂，若出其里"，好大的气派。

师：写到日月银河了，当然是大。同学们注意，这是实写还是虚写？

生：虚写，是作者的想象。前面几句是实写，也很阔大啊！水是荡漾的水，山是挺立的山，树木百草是丰茂丛生的。

生：波浪不是小波浪，而是"洪波"，而且是涌动着的"洪波"，可见是巨浪而不是细浪。

生："萧瑟"用在这里不合适吧，寒冷孤独的味道和前后文不相配。

师：问得好。大家查查字典，看看"萧瑟"的意思。

生："萧瑟"有两个意思。这里的"萧瑟"不是冷落凄凉，而是指风吹树木的声音。

师：对了，我想起了杜甫的"无边落木萧萧下"——

生：不尽长江滚滚来。

师：对，你看，"萧瑟"更体现出了境界的阔大不是。

生：老师，我觉得不仅是描写，就是"沧海"这个词语就能感受到曹操是在以大画面展现大胸怀。

师：对，沧海横流，方显英雄本色。曹操的这首诗是"歌以咏志"，虽是私人情怀，但是无不体现一个"大"字。大眼界……

生：大追求！

生：大画面！

生：大手笔！

生：大胸怀！

师：关键是大胸怀！诗歌虽然只是抒发自己的一腔壮志，没有直接写到国家民族，但我们却能从字里行间感受到东汉末年群雄并起硝烟弥漫的历史风云，感受到诗人主宰江山舍我其谁的气概。这就是英雄！每次读曹操的这首诗，都会让老师想起另一位时代英雄——毛泽东。大手笔才能绘出大英雄，请同学们朗读拓展材料上的这首散文诗。

你用平平仄仄的枪声
写诗
二万五千里是最长的一行
常于马背构思
便具有了战略家的目光
战地黄花　如血残阳

成了最美的意象

有时潇洒地抽烟

抬头望断南飞雁

宽阔的脑际却有大江流淌

雪天更善畅想

神思飞扬起来

飘成梅花满天的北国风光

相信你是最严肃的诗人

屈指数算

一首气势磅礴的诗

调动了半个世纪的酝酿

轻易不朗诵

天安门城楼上只那一句

便站成了世界的诗眼

嘹亮了东方！

同学们，这就是大美，古人以大为美，今人同样以大为美。现在让我们用大声音大感情读出英雄的大胸怀大气概。

（生气壮山河地朗读《观沧海》）

【插评】　这一环节的推进很有层次，先从学生的审美经验和情感体验出发，区分写愁诗句的"小美"和"大美"，然后明确"大美"之"大"是语言运用上的"大表达"，接着在学生自主学习的基础上，整体把握并概括比较四首诗的情感，最后回到主题，聚焦研究诗歌"小情感"的"大表达"。课堂的展开，立足语用，着眼鉴赏，渗透情怀，注重文化积淀。

师："壮"和"大"的联系好像是很自然的，那"忧"和"大"呢？现在咱们说说王湾的"大"。同学们可以从比较《次北固山下》和《秋思》入手。

生：相同的是写的都是游子思乡，但一幅画面很明丽，一幅画面很苍凉。

生：一幅很明快，一幅给人的感觉很凝滞。

生：一幅很阳光，一幅很晦暗。

生：一幅感觉步履轻盈，一幅感觉步履蹒跚。

师：大家感受和表达都很独特，"明快、阳光、轻盈"就是因为诗人在景物描写的时候从"大"入手，你发现了吗？

生：最"大"的是第三四句，潮平两岸阔，风正一帆悬，你看，宽阔的水面，浩荡的春风，很大。

师：这是空间的"大"。

生：海日生残夜，江春入旧年。这句写了白天和夜晚的更替，还有季节的交换，给人的感觉也很大。

师：可以说这是时间的大。

生：还有第一二句中的"青山"和"绿水"也会让人产生春光无限美妙的联想，境界也很阔大。

生：在"潮平两岸阔，风正一帆悬"的时候"行舟"，给人的感觉速度很快。

生："归雁"和"老马"相比，也是轻盈的快速的。

师：对了，诗人写作对象的选择和场景的选择赋予了这首游子吟开阔豁达的忧思之美，这当然是一种大美。看来，哪怕是人类的灰色情绪，我们同样可以用"大"的方式来表达。因为"大美"，更容易产生震撼人心的力量。如果说《秋思》让我们感伤的话，那么《次北固山下》则让我们在感伤中会产生意气风发的更加珍爱生活珍爱岁月的豪情了。来，读出这忧伤和明朗交相辉映的感情。

（生动情朗读）

【插评】　这一环节进行了第二次整合，同中比异，把同样写"忧"的《次北固山下》和《秋思》进行比较，学生的思维被逐层推动。孙绍振先生曾说，孤立地欣赏经典文本，可能造成作者和读者两方面个性的蒙蔽。而比较法是重要的解读文本的方法。通过比较，学生对"大美"表达"小我"产生震撼人心的效果有了具体深入的认识。

师：如果连最具私人化的"忧伤"都同样可以表达为"大"，快乐和惊喜就更不用说了吧。现在大家再说说《钱塘湖春行》和《西江月》。

生："水面初平云脚低"，诗人的视线拉得很远，观察的画面很开阔。

生："最爱湖东行不足"，看来诗人走了很长很长的路，游览了很多景点，这次所见所闻很丰富。

师：哦，诗人看到的不是一幅图，而是一轴长卷。

生：诗人既抬头看"早莺新燕"，又低头看"没马蹄"的"浅草"，视角的变换也很丰富多彩。

生：我最喜欢"乱花渐欲迷人眼"一句，这个"渐"写出了就是在西湖上花儿开的繁盛程度也不一样，还暗暗地写出了诗人行踪的变化和心境的变化。

师：妙！心境是如何变化的呢？

生：景色越来越美好，所以诗人的眼睛应接不暇，心情自然越来越兴奋越来越快乐。

生：我来做个总结。这幅长轴有山有水，有声有色，有静有动，春意盎然，绚丽缤纷。

师：这次游春，诗人的心情是明亮的，西湖的大气之美，让白居易的这首诗在细腻柔美之外也不乏大气。当我们把杭州西湖和扬州瘦西湖放在一起的时候，你就更能够鲜明地感受到"大美"和"小美"的区别。以后大家一定有机会去感受这不同的美。

《西江月》呢？这首词写的是丰收之乐，是不是也有"大"的特点呢，大家品品。

生：比较大气的是"稻花香里说丰年，听取蛙声一片"一句，这句最能让人产生美好的联想，稻香千里，蛙声一片，真让人心情舒畅。

师：蛙声一片，是不是很吵闹啊？这和《钱塘湖春行》中的鸟叫的声音一样吗？

生：不一样。白居易笔下的春天是热火朝天的，而辛弃疾的笔下的夏末是安静的，从"明月别枝惊鹊，清风半夜鸣蝉"可以看出来。这些声音都是陪衬。

师：这个叫：蝉噪——

生：蝉噪林愈静，鸟鸣山更幽。

师：对，这种安静让人的心情不拥堵，让诗人的思维和情感处于一种宁静而又敏捷的状态，这也是"大"的一种表现。

师：大家注意到了没有，天外的星是七八点，山前的雨是两三点，都是很小的数目，为什么诗人不选择星星很多和雨很大的时候来写呢？

生：少就给人一种开阔明朗的感觉啊！

生：前面是"蛙声一片"了，已经有点儿闹腾了，拥挤了，这个时候的星星少点儿，雨少点儿，给人的感觉诗人的情绪就更飘逸更悠闲。

师：有意思！从美学的角度来说，这叫"空白"，留白留得好，诗文绘画的韵味儿才足。

生：我喜欢最后一句，"路转溪桥忽见"让我想起了"山重水复疑无路，柳暗花明又一村"，这个句子结尾也能让人产生美好的联想。

师：这叫言已尽而意无穷。诗里的故事结束了，读者想象中的故事又开始了，诗歌的境界因此而得到了无限的扩大和延伸。这也是一种大美，意蕴无穷的大美。所以，我们在读的时候，不仅要读出沉醉，还要读出向往。来，我们把自己想象成白居易和辛弃疾，通过朗读去游西湖，玩乡村。

（生动情朗读）

【插评】　追问是助推学生思维发展的重要途径，也是引导学生走进文本深处的重要方法。这一环节中，王君老师抓住两首诗中都写到鸟鸣这一共同点，巧妙追问，引导学生比较异同，并让学生思考"小数目"与"大美"之间的关系，通过深入挖掘教材中的审美因素，引导学生感知美、体悟美，最大限度地激发了学生的主体能动意识。

师：同学们，学诗的角度有很多，今天老师给同学们提供的这个角度比较新奇一些。文学之美是丰富多彩的，"小美"与"大美"的划分仅仅是其中一种比较形象的划分。"小美"有"小美"的精巧细腻迷人，"大美"有"大美"的磅礴壮阔动人。中华民族是一个含蓄而又激情洋溢的民族，所以，"小美"与"大美"都在文学史上留下了很多著名的篇章。你们是朝气蓬勃的青年一代，老师更希望在你们的笔下读到大胸怀、大气魄、大追求，所以老师才非常急切地想让你们意识到"大美"之美。"大美"在文学史上是绚烂辉煌的，我们随便举出同学们熟悉的诗句，其动人心魄的原因都来自诗人张扬的笔势和瑰丽的想象。

师：蜀道之难——

生：难于上青天。

师：大漠孤烟直——

生：长河落日圆。

师：接天莲叶无穷碧——

生：映日荷花别样红。

师：忽如一夜春风来——

生：千树万树梨花开。

师：千里冰封——

生：万里雪飘。

师：读万卷书——

生：行万里路。

师：老师今天念叨的"大美为美"四个字来自于当代散文大家余光中的一本著名散文集，这本散文集的名字就叫作《大美为美》。当代散文有"小品文"和"大品散文"之分，余光中则是大品散文的代表作家。余光中曾说过这样的话：要让中国的文字，在变化各殊的句法中，交响成一个大乐队，而作家的笔应该一挥百应，如交响乐的指挥杖。一位作家这样品评余光中的大品散文：他的想象是一架波音七四七巨型客机，需要又阔又长的跑道起飞，也需要浩瀚的空间去展示壮观的翔姿。这些精美的阐述让老师想起了天风海雨式的屈原，想起了驰骋于九天的庄子，想起了诡异奇崛的李贺，只有体悟了"大美"，我们才能真正走进中华文学的灵魂深处。最后，让我们朗读几首典型的"大美"诗作，结束这堂语文课。

登幽州台歌

陈子昂

前不见古人，

后不见来者。

念天地之悠悠，

独怆然而涕下。

关山月

李白

明月出天山，

苍茫云海间。

长风几万里，

吹度玉门关。

狱中题壁

谭嗣同

望门投止思张俭，

忍死须臾待杜根。
我自横刀向天笑，
去留肝胆两昆仑！

【插评】 朱光潜先生认为，读诗"使人到处都可以觉到人生世相新鲜有趣，到处可以吸收维持生命和推展生命的活力。"教学诗歌最重要的就是进行审美教育，把美的种子播撒到学生的心田，使他们的精神乃至灵魂变得更丰富、澄澈、深刻和美好。王君老师敏锐地感悟到这五首诗词在审美特质上的共同点，引出"小美"和"大美"两种审美境界，再引导学生从"大美"表达私人化情感的角度品读这几首诗的意蕴。以此为整合点，把相对独立而显得零散的几首诗以审美的方式彼此联结，从而形成有价值的整体性效果。整节课聚焦文本语言的审美特征，教会学生从审美的角度鉴赏诗歌的方法，熏染了学生的情怀，提高了学生的审美鉴赏力和创造力。冯铁山教授认为，语文教学的意义生成内容主要有：生成知识，生成智慧，生成精神，达到"归真、求善、至美"的诗意境界。无疑，王君老师的诗歌整合教学达到了至美的境界。

课例点评

大开大合，创大美之境
——点评《〈大美为美〉诗词五首整合教学实录》

品读王君老师的诗歌整合课，起初感受到的是"山有小口，仿佛若有光"的灵光诱惑，渐读渐进，眼前呈现"豁然开朗"的深广境界。读罢整个课堂实录，不觉掩卷感叹：王君老师的整合教学，大眼光、大智慧、大气魄，创设出语文教学的大美之境。

一、确立议题有大眼光

选入教材的每一个文本都是文质兼美的教学综合体，都具有完整而独立的教学价值。如果逐个突破、篇篇深挖，难免陷入"少慢差费"的泥沼。群文教学给学生的阅读理解和探究提供了更为广阔的场域，更能激发学生的思维张力。

在群文教学中，议题的选择和确立，是课堂成败的关键因素，也是教师专业素养的体现。议题的确定，需要教师从两个维度研读文本：一是以读者身份阅读，体验学生阅读的真实状态，揣摩学生自主阅读的深度，便于立足学情设计教学。二是以教师的身份进行专业化阅读，发现多个文本之间的关联点、融合点，确立议题，进而形成整体性的、灵动的教学设计。毫无疑问，王君老师是深谙此道的。她关照学情，锐意创新，洞悉五首诗歌在语言表达上的共同点，大刀阔斧，删繁就简，引导学生从审美的角度品评语言，教给学生鉴赏诗歌的方法，熏染了学生的情怀。

诗歌是中华文化的重要载体，是中国人抒发情感的重要方式。诗歌有形美、象美、境美等多重审美特质，因此，教学诗歌就有了多种价值取向。语文教育专家王尚文说：语文教学的聚焦点应该是话语形式，即"怎么说"。语文教学的"独当之任"是研究作者用怎样的语言形式来表达思想情感的。王君老师的这节课，聚焦诗歌的言说形式，探讨诗人"私情感"的"大表达"，贴着语言教诗歌，引导学生在字里行间感悟诗人的大胸襟、大情怀，不在沉潜涵泳、咀嚼揣摩这些方面分散教学时间，抓大放小，由点及面，不但彰显了语文学科教学的本真，而且在教学设计上独辟蹊径，使课堂深厚而灵动。王君老师选取教学点有大眼光，她说，少即是多，聚焦一个点深挖下去，这样"点点相连"，语文教学必将呈现深邃宽广的境界。

二、整合推进有大智慧

因为单位时间内阅读量的增大，所以，如何处理好群体与个体、主导与主体、问题深浅的关系，成为群文课堂教学中的重点和难点。王君老师的课在这些方面给了我们很好的指引和示范。

1. 问题引领

整节课王老师设置了两个大板块，每个板块分别以一个主问题引领学生思维。这样从整体性的角度设计问题，很好地统摄多个文本，使课堂主线分明，避免了碎问碎答，给学生以充分阅读文本和自主学习交流的时间，学生的主体地位得以充分体现。

2. 巧妙点拨

语文大师蔡澄清说，教师之功在于"点要害，抓重点""拨疑难，排障碍"。恰当的课堂点拨，能导引学者自求而顿悟也。王君老师是课堂点拨的高手，她常常在"万马齐喑"的灰暗中拨亮一豆烛光，继而引燃簇簇火把，形成热气腾腾的课堂学习氛围。在第一个教学环节中，王君老师抓住学生发言中的矛盾点——《天净沙·秋思》课文插图对表现作者情感的作用这一争论，适时抛出诗歌语言"小美"与"大美"的研究点，以此切入后面诗歌的学习研讨，激发了学生的探究热情，这正是点到了要害处。在学生质疑"萧瑟"的情感与前后文不搭配时，王老师没有直接告知该词的含义，而是用杜甫的"无边落木萧萧下"来启发学生勾连旧知解决疑难。可以看到，学生在课堂上不断产生新思路新想法，其中不乏真知灼见，这在很大程度上源于教师巧妙的点拨。

3. 相机追问

追问是助推学生思维发展的重要途径，也是引导学生走进文本深处的重要方法。王君老师的课堂流畅自然、浑然天成，这与她高超的追问艺术密不可分。在比较《次北固山下》和《天净沙·秋思》两诗的思乡之忧时，多个学生从对诗歌的整体感受发言，有脱离语言架空分析的倾向，王老师立即引导学生从景物的选择和场景的描绘上着眼，把学生的思维聚焦到诗歌语言上。王老师还通过"七八个""两三点"这些"小数目"对表现"大美"作用的追问，让学生的思维层层深入。在比较和追问中，课堂不断生成推进，学生的思维一直处于活跃状态，易于形成情感上的共鸣。

4. 融情朗读

诗具有"歌"的特征，通过声音来表达感情。朗读有助于诗歌的理解，丰富诗意的感受。王君老师说，朗读永远是语文教学最俭省、最见效的方法。这节诗歌整合课，自朗诵始，至朗读终；每首诗在深入探讨之后都要进行融情朗读，以加深学生对诗歌的理解和感受；不但诵读课内所学诗歌，还不断引入同质的其他诗歌来印证所学，强化认识和理解，浸染情怀，整个教学过程充满琅琅书声。

三、开合有度显大气魄

最好的课，是能看出教师这个"人"来的。从王君老师这节课中，我分明看见她气定神闲、指挥若定的气度和风范。开课之初，用"你觉得课文插图好吗"这一主问题，让课堂别有洞天，这是"放"。学生的灵感被触发，生本对话非常热烈。王老师敏锐地捕捉学生的发现和争议，利用课堂生成资源，把对话的焦点引导到"小美"和"大美"的角度，这是"收"。从整体上谈感受、用一句话一个字概括诗人情绪情感是"放"，聚焦用"大美"的方式表达私人化的情感是"收"。在收放之间从容辗转，课堂因此而灵动自然。

青春语文"广泛勾连"的课堂特色在这节课中有充分的体现，每一处的勾连都收放自如、妙不可言。比如，在蓄势阶段轻轻拓开一笔，有选择地引入写愁的诗句，调动学生的审美经验，然后缓缓收束到主问题上。这就像为学生搭了一个梯子，有了这个铺垫，学生很快进入探讨问题的内核。再如，谈到《观沧海》中曹操的大胸怀时，自然引入写毛泽东的经典诗作。此处的拓展，加深了学生对"大手笔才能绘出大英雄"的理解，也让学生明白了当今时代同样以大为美，为后面人文情怀的点染作了铺垫。在结课阶段，王老师又用学生耳熟能详的诗句再次印证大美语言动人心魄的魅力。总的来说，整节课开放又聚焦，舒卷而有致，在大开大合中又有层级和梯度，呈现出大气象大境界。

最好的课，一定是以学生为中心的。对于学生的学习而言，群文教学的独特价值在于：重积累、重方法、重思维、重写作、重发展。从教学效果来看，王君老师的这节课，学生在课内外诗词的勾连中丰厚了积累，学到了终身受用的诗歌鉴赏方法，在追问和比较中思维得以层递深入，形成和提升了阅读和表达力。课堂中，学生是所有活动的主体，教师似乎退居舞台之外，又驾驭着课堂朝着预想的方向，在生成中不断优化、深入。

一节好课，正如叶圣陶先生所言，"观赏者无论站在哪个角度，眼前都是一幅完美的图画。"赏评王君老师的课，总觉得自己粗浅鄙陋，其中的妙处"不能指其一端"。在以后的教学中我将不断深研细读，以期学到其中之一二。

（孙秋备　许昌市襄城县斌英中学）

在孙权的朋友圈学习有效沟通
——基于《孙权劝学》的群文阅读

教学立意

为了和学生探讨有效沟通的智慧，我设计了三堂课：第一堂是《语言暴力给人的伤害》，整合了《范进中举》《孔乙己》《窃读记》。第二堂是《在孙权的朋友圈学习有效沟通》，这是一堂基于《孙权劝学》的群文阅读课。第三堂是《善良是一种才华》，整合了《窃读记》和《唯一的听众》。三堂课，先探讨沟通暴力的产生，然后研究沟通的具体技巧，最后直击沟通技巧的本质。层层深入，渐行渐美。

课堂现场

师：同学们，今天我们开始上课。先介绍一下，我们今天的文言文课堂学习和大家平时的学习可能不太一样。

【投影展示】
今天的《孙权劝学》课堂
文言文的拓展型文本学习
文言文的群文学习
文言文的诵读式学习
文言文的"连滚带爬"式"略读"学习
用文言文训练学生说话能力的学习

一、蓄势

师：今天的文言群文阅读课，老师给了一个主题，叫"在孙权的朋友圈学习有效沟通"。在日常生活中，我们几乎每时每刻都需要和其他人进行沟通。沟通是一件不容易的事，一不小心就——

生：谈崩了。（众笑）

师：对啊。比如，你主动和你父母沟通过吗？进行过关键对话吗？比如，这个周末，你想玩游戏三小时，然后你跟妈妈谈……

生：根本没门儿，一谈就崩。（众笑）

师：哦，提都不能提啊。结果呢，多半两种情况，一种是你知难而退，放弃谈判，乖乖听话。（众笑）

师：这种态度，叫作沟通中的妥协、逃跑、逃，谈不下去就算了。

（师在黑板上画流着泪的小人，写"逃"）

师：还有一种，谈判失败，内心愤怒，情绪激动，"啪"地关掉自己房间的门，在里边砸书、砸东西、骂人，甚至，直接骂娘。（众笑）

生：老师真理解我们。我们有时候只能这样反抗一下。（众笑）

师：这叫人际沟通中的"打"。老师懂呢。你们别看王老师这个温柔的小个子，"打"的时候多着呢。小时候，跟爸爸打架，结婚了，跟丈夫打架，当老师了，跟学生打架，跟家长打架……（众狂笑）所以啊，才对人际沟通有些想法，读了《孙权劝学》以及相关故事，迫不及待地想和同学们聊一聊关于优秀人物之间的沟通问题。

（师在黑板上画愤怒的小人，写"打"）

师：我们日常的不成功的沟通，往往两种表现，不是"打"，就是"逃"。好，现在我们走进孙权的朋友圈，看看他们是如何沟通的。今天我们研究以下问题：

【投影展示】

上级和下级的交流

同级之间的交流

下级和上级之间的交流

英雄和英雄的交流

……

【点评】 本课导入部分，可谓"一石二鸟"，首先，王君老师假定了一个生活情境，无形中拉近了和学生的距离，让学生敢于开口，加之王老师语言诙谐幽默，如邻家大姐姐一样的表情动作，让学生可亲可近，学生在王老师的课堂上没有"别人家的老师"带来的陌生感，轻松地打开了自己。其次，教学中，王君老师从呵护学生文言文学习的兴趣出发，以提升学生古典文学素养为基点，去确定"教什么"。王君老师敏锐地捕捉到《孙权劝学》文本中孙权善"劝"的特质，又立足学生已经学过的学情，独辟蹊径，采用了小群文阅读、聚焦式阅读、有针对性的阅读方式，让课堂学习有了深度和广度。立足学情，结合文本，让学生在轻松愉快的学习中有感悟、有提升，思维得以发展，这一点，王君老师这堂课给出了很好的示范。

二、上级和下级之间的沟通

师：咱们现在回溯文本，从《孙权劝学》开始。孙权劝学，是上级和下级之间的一次沟通，但这次沟通，并不是一开始就顺利的。来，读——

【投影展示】

初，权谓吕蒙曰："卿今当涂掌事，不可不学！"
蒙辞以军中多务。

师：最开始孙权是比较强硬的，"不可不学"从句式上来看，是一个——
生：双重否定句。
师：对，比较严肃，语气很硬。结果呢，人家吕蒙不买账，拒绝了。我考考大家的文言应用能力。你能把"蒙辞以军中多务"变成吕蒙的一句话吗？蒙曰——
生：蒙曰："军中多务，如何能学？"
生：蒙曰："军中杂事缠身，毫无空闲，不得学。"
师：很好。大概意思就是这样。读，读出吕蒙毫不客气的拒绝。

【投影展示】

蒙曰："军中多务，无暇，如何能学？"
（指导生读）

师：好了，同学们，沟通受阻，吕蒙不给面子啊。（众笑）这个时候，孙权就危险了。他也可能"打"，可能"逃"。"打状态"下的孙权，可能会如何想。大概是这样，老师先示范一下。读——

【投影展示】

　　权怒曰："君叫臣死，臣不得不死！君叫臣学，臣不得不学！不学，杀头！"

　　（指导学生读好）

师：（众笑）如果孙权真这样想，杀了吕蒙，三国的历史可能就改变了。吕蒙不学习，以后的事情就发生不了了。
生：白衣渡江就没有了。
师：对啊。孙权也有可能是"逃"的状态，他可能会这么想——

【投影展示】

　　权叹曰："罢了罢了……孺子不可教也，朽木不可雕也。此人非帅才，随他去吧。"

　　（指导生入情入境朗读）

师：这叫"逃"。说不动，放弃。如果真这样，吕蒙就完蛋了。如果真这样，孙权就不是孙权了。人家孙权面对下级的无理拒绝，不慌不忙，不打不逃，而是继续"劝学"，而且，劝得很漂亮，很成功，此番沟通后，刚才还凶凶的吕蒙就乖乖听话了。来，读，读了之后咱做一个练习，表扬孙权，他哪些地方劝得漂亮。

【点评】　结合文中孙权和吕蒙的对话，抓住"蒙辞以军中多务"一句，让学生再现古人怎样说话，进而鼓励学生用文言文的方式，来想象孙权"打"和"逃"的两种态度，这一过程，没有刻意让学生去学文言，但由于王老师营造出文言应用场，学生不仅在学，而且在用文言了。

【投影展示】

权曰："孤岂欲卿治经为博士邪！但当涉猎，见往事耳。卿言多务，孰若孤？孤常读书，自以为大有所益。"

蒙乃始就学。

（指导生读好）

师：现在咱们开始表扬孙权会说话，会沟通。

生：孙权很聪明，他把自己抬了出来作为榜样，将心比心，告诉吕蒙自己读书大有收获，好处多多。

师：对，你要对方做啥事儿，一定要充分地挖掘对方的需要，让对方看到这么干对自己有好处嘛。继续。

生：吕蒙畏难，说自己忙，孙权也没有讲大道理，而是现身说法，问吕蒙他难道有自己忙吗？这样一对比，吕蒙就没啥话说了。

师：对，孙权没有教育他，给他扣啥"不会打理时间""不勤奋刻苦"等大帽子，孙权只是说事实。事实永远比评论更有力量。同学们注意啊，在沟通中千万不要轻易做道德评价，这个最伤人。继续，希望角度不一样。

生：孙权还告诉吕蒙，他学习的目的不是做博士，搞学问，而是广泛涉猎，增加见识。

师：这用现代观点看，叫作为吕蒙量身定制了——

生：学习目标。

师：目标太高，学习者达不到，就没有兴趣。目标太低，学习者不用费劲儿就达到了，学习者也会没有兴趣。孙权很会说话，他是认真分析了吕蒙的特点，充分挖掘了吕蒙的学习需求。这样一番话下来，吕蒙当然心服口服"就学"了。谁来总结一下，既不逃亦不打的孙权，在这次沟通中成功的因素有哪些？

生：不愤怒，被拒绝时依旧尊重对方。不放弃。

生：充分挖掘对方的需求。

生：给予对方合适的目标。

生：让对方看到这么做的好处。

生：不轻易进行道德评价，用自己的经历作为说服理由。

【投影展示】

不生气　降目标

做榜样　　示收获

师：好，接下来我们看平级和平级之间的沟通交流。

【点评】　文言文教学讲求"三文合一"，即文字的理解、文章的欣赏、文化的渗透要有机结合，文化渗透无疑是文言教学的终极目标。在如何渗透文化上，我们常常会割裂"言"和"文"的关系而"死于章句，废于清议"。王君老师是反弹琵琶的高手，针对已学过的课文，让学生学着使用文言文对话，将文言文当成母语，给学生创设出学文言文的语言场和应用场，且这一环节的教学始终很聚焦，紧紧围绕"沟通"二字，让学生的思维向纵深发展。

三、平级和平级之间的沟通交流

师：孙权劝学之吕蒙和鲁肃的故事，《三国志》要比《资治通鉴》更细致生动，来，我们读——

【投影展示】

鲁肃与吕蒙结友

《三国志》

鲁肃代周瑜，当之陆口，过蒙屯下。肃意尚轻蒙，或说肃曰："吕将军功名日显，不可以故意待也，君宜顾之。"遂往诣蒙。

假如吕蒙感觉到了鲁肃不喜欢他。吕蒙会如何想？

（指导生读，读得不对的地方，师简单点拨停顿以及大意）

师：读懂了吧？鲁肃其实对吕蒙最初的态度是什么？

生：他瞧不起吕蒙。

师：同学们，人与人之间的关系感觉其实是有传递密码的。如果你（拍一个同学的肩膀），感觉到另外一个同学轻视你，瞧不起你，你会如何想？

生：他瞧不起我，我还瞧不起他呢！（众笑）

师：哦，受伤害了，躲开。这是"逃"。

生（手舞足蹈的）：你敢瞧不起我！你算啥啊，来，咱决斗，论个高下。
（众笑）

师：这是打，被激怒了。对，吕蒙被鲁肃轻视，他也可以不打就逃。读——

【投影展示】

蒙思："士可杀不可辱，肃既轻吾，此辱大也，必辱之！"

蒙思："肃既轻吾，割袍断交，终生不往来也。"

（指导学生生动地读）

【点评】 褚树荣老师说：文化的渗透和传承侧重于内容方面的阐发和构建，由这一篇的内容，联系到同一类的文章。把这一篇的"义理"，放在这一类的文化背景中去考察。王老师以小群文阅读的形式，让学生走进《三国志》中相关文字，读出人物背后更丰富的故事，其着眼点是文化的传承和渗透。课堂师生有效对话是将教师的教学预设和学生对接的重要途径，王老师看似随意地"转轴拨弦"，如"明明知道对方不喜欢我，如何沟通？你猜测一下！""男生的情绪体验可能更激烈一些"，因为教师的点拨始终站在学生的角度，很轻松撩拨出学生表达的欲望。

师：如果吕蒙这么做，三国后面的故事就没有了。人家吕蒙才不这么干呢，他开开心心地陪鲁肃喝酒，不动声色。读——

【投影展示】

酒酣，蒙问肃曰："君受重任，与关羽为邻，将何计略以备不虞？"

肃造次应曰："临时施宜。"

蒙曰：_____？

（指导生读）

师：关羽何许人也？战神啊！吕蒙好心好意问鲁肃如何对付这位战神，鲁肃什么态度？

生：敷衍的态度。

生：不屑讨论的态度。

师：非常不礼貌，如果吕蒙不开心了，他也可以"打"，可以"逃"啊。读——

【投影展示】

　　蒙怒曰："此人敷衍于我，不可交也!"

　　蒙怨曰："肃必不信我，何必操心，作罢作罢。"

　　师：吕蒙如果这样想，三国的历史也改写了。人家才不会这么短视呢。读——

【投影展示】

　　蒙曰："今东西虽为一家，而关羽实熊虎也，计安可不豫定?"

　　因为肃画五策。

　　（指导生读。重点读好"因为"的停顿和意义。）

　　师：面对朋友的无礼，吕蒙如何做的?

　　生：给鲁肃出了五条对付关羽的计策。

　　师：天啊，太了不起了。你不理我，但我依旧替你着想，替你解决问题。结果是什么?

【投影展示】

　　肃于是越席就之，拊其背曰："吕子明，吾不知卿才略所及，乃至于此也。"

　　遂拜蒙母，结友而别。

　　师：谁来表演? 既有动作又要有语气啊!

　　（生朗读表演，师指导）

　　师：看来，鲁肃最后被征服了，心甘情愿心服口服成为吕蒙的朋友了。谁说说，吕蒙靠什么征服了这个高傲的家伙。

　　生：吕蒙很有才学，他能帮助鲁肃打败周瑜。

　　师：真才实学，且能够以才学帮助朋友。这是交往中的黄金白银啊。（众笑）

　　生：他知道朋友最需要什么，可以帮助朋友解决实际困难。

　　师：这很重要。在人际交往中，你能够具体分析对方的需求且满足这种需求。你要得到，必先付出。

生：面对鲁肃的无礼，吕蒙不生气，表现很平和。他一点一滴地通过自己的努力让鲁肃最后接受了自己。

师：嗯，这点很重要。面对他人的不尊重，不愤怒，不抵触，而是静心想办法解决，不打，亦不逃，用自己的方法去突破，吕蒙，是智慧的。好，接下来的故事呢？下级和上级之间如何交流？

【投影展示】

不生气
研所缺
给所需

【点评】　此环节表面上看似远离了文本，但根脉在文本之中，最后又巧妙地回到文本中，可以说基于学情、本于课文、止于文化渗透，犹如把一棵树放到一片同种的森林中去审视、考察。

四、下级和上级之间的交流

【投影展示】

吕蒙说孙权
《资治通鉴》

吕蒙闻曹操欲东兵，说孙权夹濡须水口立坞。

诸将皆曰："上岸击贼，洗足入船，何用坞为？"

蒙：_____？

（指导生读。稍微做点拨）

师：孙权的军队善水战，他们是在船上打仗的。吕蒙劝孙权在濡须水口建防御工地，结果如何？

生：大家都反对。

师：对，众人皆反对。孙权也不说话，不表态。这也好理解。水军嘛，干陆兵的事情干啥？这下问题出来了，现在是以一对十，对百，众人都是反对者，咋办？如果是你怎么办？（拍一个同学的肩膀）

生：我肯定偃旗息鼓了。我斗不过大家。（众笑）

师：不错。还会用偃旗息鼓这样的雅词。这是一个读书的孩子。你的态度是逃。（问另一个学生）你呢？

生：我不怕，我跟他们争啊，现场辩论啊。我骂他们一顿，斥责他们短视。（众笑）

师：骂？大家想想，骂的后果如何？

生：肯定闹翻了。他成了大家的敌人。

师：这叫作触了众怒。成为众矢之的。日子就不好过了。在咱们中国文化的背景下，一般是教育人要和光同尘，不要锋芒太露的。刚才的两种选择，一打一逃，都不好。

【投影展示】

蒙怒曰："汝等短视小儿，见识浅薄，不可与之论天下大事！"

蒙惧曰："众皆谓不可。众议定有因。吾必多虑也，止也！"

（指导生读）

师：吕蒙没有这么做，咱们看他是如何说服孙权的。

【投影展示】

蒙曰："兵有利钝，战无百胜，如有邂逅，敌步骑蹙人，不暇及水，其得入船乎？"

权曰："善！"遂作濡须坞。

（指导生读。提示"邂逅、蹙人、暇"的读法和含义。）

师：为何刚才还沉默不语的孙权却乖乖听话了？

生：因为吕蒙讲得很有道理，他让孙权感觉到在陆地上建立军事基地是有必要的。

生：吕蒙还是用自己的才学征服了孙权。

【投影展示】

不生气

有理据

师：在这个地方，实际上吕蒙是为自己的军队做了一个预案。打仗嘛，不怕一万，就怕万一。失之毫厘谬以千里，做最充分的准备肯定是有用的。吕蒙的这番道理，表现出了他的谨慎严谨，后来事实证明他是很有军事眼光的。大家看，不打不逃，下级成功征服了上级。接下来，孙权朋友圈的最大人物要出场了。

生：曹操！

师：对。两个大人物，两个英雄人物之间又如何沟通交流呢？

【点评】 王老师在小群文阅读时，基于文本选取的历史故事很有层次感，课文《孙权劝学》是上级和下级之间的沟通；故事一《吕蒙与鲁肃结友》，是同级之间的沟通；故事二《洗脚上船》是下级和上级之间的沟通，沟通的难度在渐次拔高，学生的思维也在逐渐提升和发展。

五、英雄与英雄之间的对话

【投影展示】

濡须之战
《资治通鉴》

春，正月，曹操进军濡须口，号步骑四十万，攻破孙权江西营，获其都督公孙阳。

权率众七万御之，相守月馀。

操见其舟船器仗军伍整肃，曰："_____，_____。"

（组织生读）

师：我考考大家读懂了没有？这场战争，双方实力如何？

生：相差悬殊。40万对7万。曹操强大，孙权弱势。

师：战争的结果呢？

生：曹操胜利了。孙权江西营破，都督都被抓了。

师：孙权乱了阵营吗？

生：没有。孙权在这种状态下，还和曹操对峙了一个月，而且军队依旧威严。

师：败军之师如此。如果你是曹操，你会如何想？

生：我会想，是不是有诈？（众笑）

师：这是典型的"逃"。你呢？

生：我会很生气，这孙权，打不死的小强啊！快彻底收拾得了。（众笑）

师：打落水狗！被别人的坚定和强大激怒了。这是典型的"打"。读——

【投影展示】

> 怒曰："鼠辈顽固，打而不死，必取之！三军听令，整装待发，速速拿下孙贼！"
>
> 惧曰："孙权江西营破，以七万对吾四十万，与吾抗衡三十余日，此人奸猾，不可小觑，吾且小心为是。"
>
> （指导生读）

师：如果曹操这样想，历史就改变了。曹操就不是曹操了。曹操之所以是曹操，就因为此刻，面对败军之将的顽强抵抗，他说了一句话——历史上一个重要的时刻就要来到了——

生：生子当如孙仲谋。

师：嗯！你看书真多！读——

【投影展示】

> 曹操曰："生子当如孙仲谋；如刘景升儿子，豚犬耳！"
>
> （指导生读）

师：读出了什么？

生：曹操对孙权由衷的赞美。

师：刘景生就是刘表，其实也是一个英雄呢。豚犬就是——

生：猪狗。

师：读出了什么？

生：曹操不惜用刘表来反衬孙权，他是真心佩服孙权。

师：同学们，你看，这就是英雄之间的对话交流，很牛啊！你，班级第一名，对你的竞争对手，能有如此的由衷的赞美吗？

生：没有。我害怕他超过我。（众笑）

师：所以，什么是大人物？能由衷欣赏对手的人才是大人物。接下来，孙权要淘气了，你看曹操如何应对。

【投影展示】

　　权为笺与操，说："春水方生，公宜速去。"别纸言："足下不死，孤不得安。"

　　操曰：_____？

　　（指导生读）

　　师：你看孙权是不是很气人。他写封信派人送给曹操，说春水涨起来了，你呀，应该赶快离去。这还不够，另外还附上一张纸，写道：你曹操不死，我不得安身啊。是不是很气人。如果你是曹操，你读到这样的信，你会如何办？

　　生：我肯定气疯了，这孙权也太嘚瑟了吧，都败成这样了，还神气活现的，杀！（众笑）

　　生：我可能觉得有诈，一定是阴谋诡计。（众笑）

　　师：对。一般人，都可能是这两种思路。如果曹操是王老师这个水平，也可能这样想。读——

【投影展示】

　　操怒曰："竖子辱孤也！其罪大不可赦！今日孤领兵杀将过去，片甲不留！"

　　操惧也："竖子话虽糙，理在也。其兵不可小视，其地不可久留。为保颜面，孤斥之再做打算也。"

　　（指导生读）

　　师：如果曹操觉得被侮辱了，受不了，带兵冲杀过去，完了，他打不赢的，三国的历史也许从此就改变了。他也并没有去和孙权对骂，咱看看，曹操是怎么应对孙权的"挑衅"的。

【投影展示】

　　操语诸将曰："孙权不欺孤。"

　　乃撤军还。

　　师：好奇怪啊，曹操居然一点儿不生气，规规矩矩地就听话撤军了。你觉得到底是怎么回事儿啊？

生：我觉得是因为曹操判断孙权的话是对的。

师：如何理解？

生：孙权说春水正在涨起来，孙权是适合水战的。涨水之后，曹操就不大可能成功了。

师：这个孩子，地理知识和军事知识都不错，很有见识。了不起！曹操要彻底战胜孙权，必须跨越长江天险。但长江自古以来都是最难战胜的天险。枯水期还好，但如果水涨起来了，曹操就艰难了。所以，孙权的信，其实说的是实话。曹操判断这个事情，不是凭情绪，而是凭事实。他不被情绪控制，他尊重事实，他很善于过滤信息，留下自己有用的即可，其他的，一笑置之。所以，他在朝堂上坦诚地告诉诸将"孙权不欺孤"，而且，明智地撤军。你看，这就是英雄和英雄之间的交流，坦荡、坦诚、坦率，明亮，充满了智慧。

【投影展示】

　　不生气　夸对手

　　不生气　会过滤

　　不生气　当儿戏

【点评】　　沟通的艺术越来越丰富，主要人物孙权的形象越来越丰满，三国人物的素养、情怀在学生头脑中越来越清晰，这就是有效的文化渗透，自然而然，水到渠成，如雨泽大地，如润物无声。

六、总结

师：好了，同学们，走进孙权的朋友圈，明白了孙权劝学之后的故事，看了这么多优秀的人的交流沟通，我们现在来做个总结。

【投影展示】

　　优秀者的沟通

　　控制情绪，不打不逃

　　双核对话，始终尊重

目标不忘，守住初心
满足需求，你我同一
真才实学，双方共赢
（组织生读）

师：同学们啊，优秀者的沟通无不具有以上特点："双核对话"就是说不仅要关注对话内容，还需要关注对话气氛，如果气氛紧张了，就一定要调整。对话时要不断挖掘对方需要，也要死死守住自己的目标，不能被情绪带着走了。在沟通交流过程中，要关注双方的利益，要用真才实学去帮助对话者，实现双方的共赢。这种沟通方式，叫"非暴力沟通"。

【投影展示】

非暴力沟通（NVC Nonviolent Communication）

也被称作"爱的语言"，是借用圣雄甘地所指暴力消退后自然的爱——即"非暴力"。也许我们并不认为自己的谈话方式是"暴力"的，但我们的语言确实常常引发自己和他人的痛苦。这种沟通方式追求不再条件反射一般粗暴地对待他人和自己的感受和愿望，重塑我们对冲突的积极思维方式，打开爱和理解，增进人与人之间的联接，使得人们乐于互助。故称之为"非暴力沟通"。

师：老师给同学们推荐两本书，一本叫《非暴力沟通》，一本叫《关键对话》。欢迎同学们下来观看。今天的课就上到这里。下课。

【点评】　文化渗透最终要提高学生的文化品位，让具有我们民族特性的思维方式、精神品质得以延续传承。语文学习归根结底指向生活，我们培养的是鲜活的人，让学生将课堂习得应用于生活，提高学生的人生素养和生活质量，对语文而言，善莫大焉。王君老师也在启示我们：永远有一颗语文的慧心去感知生活。

【课例点评】

纵横捭阖　让文化渗透这般从容
——评王君老师的《孙权劝学》

王君老师《孙权劝学》一文的教学，倘要单从教学创意设计和教学形式来看，并不能完全彰显王君老师教学艺术的精华，因为王君老师精彩的语文课很多，但我们又不得不承认，这是一节耐人寻味的好课。细细品读，不难发现这节课特色鲜明、亮点颇多。

一、在"教什么"上聚焦于文化，指向生活

文言文教学常常让很多语文老师困惑，譬如："言"和"文"孰轻孰重？是依"言"带"文"，还是随"文"释"言"？王君老师的本堂课给我们很好的回答：文言文要依据文本特点，在"教什么"上聚焦于文化，在文化的渗透中释"言"用"言"。她敏锐地捕捉到《孙权劝学》中孙权善"劝"的特点，提炼出学有效沟通这一教学主题，然后通过小群文阅读、聚焦式阅读、有针对性的阅读方式，让课堂学习有了深度和广度，避免了学过的文本，再学习时学生思维在水平滑行。这一教学内容的确定，跳出了窠臼，更见胸怀和境界。王荣生教授指出：在文言文中，"文言""文章""文学""文化"一体四面，相辅相成。学习文言文，实质是体认它们的言志与载道；研习谋篇布局的章法、体会炼字炼句的艺术是重点；最终的落点是文化的传承与反思。[①] 可见文化的渗透是文言文教学的终极目标，也是教学的重点和难点。本堂课中王君老师立足《孙权劝学》，带领学生们走进《三国志》《资治通鉴》等历史故事中，将《孙权劝学》中的两个人物孙权和吕蒙，放在其所生活时代的同类文章中，做纵向和横向挖掘拓展，无形中让学生对文本中的人物感知更加丰富。如果说《孙权劝学》，学生知道了孙权的礼贤下士、宽宏大量，懂得了吕蒙能接受别人正确的建议，那么《鲁肃与吕蒙结友》《洗脚上船》《濡须之战》等历史故事中孙权的雄才大略和高度智慧，吕蒙的不计前嫌、襟怀坦荡，曹操的枭雄气度都给学生留下了鲜明的印象，三国时期的战争风云，三国人物的精神内核和文人风

---

① 王荣生：《文言文教学教什么》，华东师范大学出版社，2015 年 5 月 2 次版

范，直接或间接影响和熏陶了学生。而课堂上这一文化渗透，是立足学情，立足文本特质，表面看似远离了文本，但根脉始终在文本之中，不经意间，纵横捭阖，让文化渗透这般从容。

王君老师说：我觉得自己从来不仅仅是在教语文，而是在教生活，教人如何活在更好的生活中，如何在更好的生活中发现自我，成长自我。① 所以她在课堂中"遵循文本是人生的注脚、历史的诠释、社会的烛照，人生是文本的源头活水，历史是文本的坚实内蕴，社会是文本的坚实土壤的原则，在语文课堂上引导学生联结、对位、沟通"。② 关照师生生活，培养有温度的人，是王君课堂一贯的特色和风格。基于此，王君在《孙权劝学》的教学中将"教什么"，确定为"向孙权的朋友圈学沟通"，是符合其"青春语文"的教学主张的。我们不得不叹服王君老师的高明。这样的文本，她也能抵达语文的本源，萃取出鲜活的生命因子、生活元素，将原本枯燥的文言文学习，变得生动有趣。她总结的优秀沟通、成熟沟通的原则："控制情绪，不打不逃；双核对话，始终尊重；目标不忘，守住初心；满足需求，待我同一；真才实学，双方共赢。"不仅学生受益，就是在现场听课的数百名语文老师，也必定受益良多。

二、在"怎么教"上，营造母语学习的环境，发展学生语言

我们知道，学习英语最有效的方法是让学习者在使用英语的国家去做游学体验。同样的道理，学习文言文，最佳的方式是营造文言文学习的环境。因为文言文教学中需要教师解决的最大问题是"去陌生化"，即怎样拉近学生与文本的距离，让学生最大化熟悉古人的生活及遣词用语的习惯。所以我们常常奢望能带着学生"穿越"回古代，但苦于不得法门。王君老师《孙权劝学》的教学，就有了这种穿越的意味，这种穿越不是服饰和身份，而是教学场的穿越，发展语言和应用语言的穿越。譬如师生在教学中用文言对话，让学生模拟和吕蒙第一轮沟通不畅的孙权；再如在以小群文阅读形式推出的三个故事之后，让学生多次模拟吕蒙、孙权、曹操怎样应对，这一过程，学生的思维打开了，兴趣被调动起来了，学生似乎在玩角色扮演，玩着玩着猛然发现自己会说古文了，会用文言文了。当然这其中，也体现出王老师别有用心，三个故事，都和文本有关，且都聚焦"沟通"二字，层级提升，逐步向纵深推进。小孩子天生喜欢听故事，何况这堂课故事一个接一个，在读故事、理故事中，字词、句式

① 王君：《一路修行做女人》，天地出版社，2015年12月第1版
② 王君：《一位青年教师专业成长之路》，中国轻工业出版社，2012年3月第1版

等文言知识掌握了，在围绕故事思辨中，学生的语言发展了，会用文言文了。这样的语文课堂，让学生兴趣盎然，甚至欲罢不能也在情理之中。

三、教学呈现，灵动如水

王君曾这样评价余映潮老师：总用最清淡的语言和最平凡的机智表达着自己。其实这句话也适用王君自己，王君老师近几年的语文课堂，感性而赘余的东西一点也没有了，转型为理性而直接指向"语用"，指向语文和生活的本源。就如《孙权劝学》的教学，王老师不炫技法，不煽情，而像一条灵动的溪水时而飞花溅玉，时而静水流深。这份灵动首先表现在"用教材教"，通过小群文阅读的形式，上下勾连，抵达语文的内核和生活的本源；表现在小群文阅读三则故事的精准地选择和组合；表现在学生思维逐层拔高的师生对话；表现在教学环节清晰有序而又高度聚焦；表现在教师的风轻云淡和对课堂的有效掌控……王君老师是语文教学的天才，她懂得探究语言文字的深闳简约，领略短文背后的壮阔风景，离不开以学生为主体的语文活动，因而她善于引导、鼓励学生去思考、表达，去审视文言故事中三国人物，去感受他们的枭雄气度、雅士情怀、文人风范。进而向古人学习，在生活中不被情绪掌控，理性而客观地对待人和事。

让我们回眸课堂的那些瞬间，看到王君老师那张娃娃脸上明媚笑容的呼唤，孩子们也用灿烂的笑脸来应答；当伴随着手抚学生肩头动作的那句"小同学，你会怎样想"，响起了不很响亮但分明战胜了自己怯懦的声音；当学生一遍又一遍、一浪高过一浪朗读的声音传送至耳鼓……现场听课的老师是沉醉其中的，因为他们感受到生命在拔节、在开花，有了如沐春风的滋味。

对于一堂好课而言，总感觉言有尽而意无穷，对于好课的点评难免管窥蠡测、挂一漏万。好在王君老师是语文教学坚定的思考者、前行者，她具有无穷的创造力和高远的创新追求，她总能给我们带来惊喜的好课。

感谢王君，因为有你，语文这般沉醉而美好。

（房卫华 陕西省城固县城关中学）

何不讲个酣畅淋漓

——《人琴俱亡》课堂实录

教 学 立 意

我和我的学生都喜欢看央视的"百家讲坛"。于是我常常琢磨"百家讲坛"现象。

如果按照现在很多所谓优秀教学模式中的对教师只能讲多少分钟的原则来衡量，"百家讲坛"一讲到底的方式根本就是违背新课改的基本方向的。

可是我的学生偏偏听百家讲坛那么专心和专注，全没有在我的课堂中间或的敷衍马虎。我于是自责：我如果堂堂课都能够讲到百家讲坛那种水平，孩子们还有不喜欢语文的吗？

看来，老师讲得多与少，并不是一个课堂成败的关键。

我进一步想，如果把每一次讲坛的讲座都当作一堂语文课，那它的教学文本属于哪一种文本特质？它的课型又属于哪一种呢？按照我自己的分析，应该是属于拓展型文本吧？应该是教学的"变式"中的"教师主讲式"吧？

对，我们还是需要这样的一种语文课的：允许老师滔滔不绝声情并茂地讲，允许以"非语文课"的方式来把语文讲好。不管白猫黑猫，只要捉到耗子就是好猫。

其实，课堂教学的魅力就在于它一直在变化之中。我们平时研究的基本的教学原则，仅仅是原则而已。文本本身比原则丰富得多，生命本身更比各种原则复杂得多。是原则为教学服务，还是教学为原则服务？我们一定要想清楚弄明白。

所以，偶尔百家讲坛一回又何妨？

♥ 课 堂 现 场

一、初读

师：今天学《人琴俱亡》。这是个成语，比喻对已故之人的怀念。不过今天我们会讲多一些。今天的课是个故事会，大家会觉得比较有意思。同学们先把课文自由读两遍。

（生自由读书）

【插评】 "文章思有路，遵路识斯真。"由文题释义导入，点出以"故事会"的形式，强化趣味性。

师：先把两个主要人物弄清楚。《人琴俱亡》讲的是谁和谁的故事？
生：王子猷和王子敬的故事。
（师板书主人公名、字，和王羲之的关系等信息）
师：故事会开始了。王家是魏晋时代的大家族。王羲之大家很熟悉。他的儿子中最著名的就是王徽之和王献之。王献之练字的故事小学时候学过吧，谁讲讲？
生：他练字洗笔把一口池塘都洗黑了。
师：对，很勤奋。王献之在墙上写的方丈大字连父亲王羲之也自叹不如。王献之小的时候练字，王羲之偷偷地在他后面突然抓他的笔，可是竟然没有从王献之手里拽过来，可见王献之用笔多么有力。王徽之呢，书法也很不错，也是东晋名士，相传他特别爱竹子。这两兄弟性格还是很不一样的。有个故事说兄弟俩在屋里读书，突然起火，王徽之急忙冲出去连鞋都没穿，王献之却依然气定神闲，呼唤从人慢慢走出来。最妙的是，一次夜里一群小偷到王献之家里偷东西，东西都拿好了，看到桌子上有个器物，顺手也抄走，一直躺在床上的王献之说话了："这个是我家的旧物，把它留下来。"小偷本来开开心心地来偷东西，没想到以为熟睡的人突然开口说话，吓得东西也不要了，一群人作鸟兽散，大概回家还要吃点压惊的药，然后苦苦地思考为什么他早不说话？

（生哈哈大笑）
师：大家猜猜这两兄弟谁更有名？

生：王献之。

【插评】 知人论世，从书法造诣、兴趣爱好、性情态度等方面丰富认知，帮助学生了解魏晋人物独特的个性。

师： 确实是这样。后来两兄弟都同时得了重病，于是就发生了我们课文中的故事。好了，开场暂时讲到这里，现在回到课文当中去，再读，结合注释，完成103页课后练习题第二题。黑板上的词语也要注意。

（师生共同完成第二题。翻译全文。落实"丧"等字的读音。落实：俱、笃、舆、素、径、因、绝、卒、都、恸等词的意义。要求学生做好笔记）

【插评】 "不放松文字"是朱自清作为教师、作家的深刻理解，也是王君老师课堂的着力点，以此夯实基本功。

二、疑读

师： 好了，准备工作做好了，请再回到课文中去。《人琴俱亡》讲的是一个奔丧的故事。丧事对中国人来说是个大事，大家可能在现实生活中看到过，或者在电影电视中也看到过。中国人的规矩是很多的。请你细读课文，王子猷去给兄弟奔丧，哪些细节你觉得不可以理解。

（生默读，思考，圈点勾画）

【插评】 教给"圈点勾画"的阅读方法，提示"奔丧""细节"，聚焦内容，既激发了思维潜能，又提高对课文的自主研读能力。

师： 请发言。
生：他都确定兄弟已经死了，为什么却不悲痛呢？奔丧的时候也不哭呢？
生：可是他后来却大哭大悲，为什么有这样的变化呢？
生：王子猷去奔丧，怎么可以坐在灵床上呢？这不是很不礼貌吗？
生：琴是死去之人的遗物，我猜想恐怕不是可以随便取来用的吧？子猷怎么就取了就弹呢？
生：琴弹出的声音不好听，他也不至于就给砸了吧。这样太不礼貌了。

生：子猷说"人琴俱亡"，人可以说亡，琴碎了，怎么也说"亡"呢？

生：兄弟死了，自己该加倍保重才是，怎么奔丧最后搞得自己也死掉了。这伤心也太过分了吧。

生：先前的事情也可疑。为什么一病就两个人都病呢？

生：为什么不老老实实告诉子猷子敬已经死了呢？为什么要瞒着他？

生：这么强烈的感情，为什么标点符号中都没有一个感叹号呢？

师：你这个发现很了不起。标点符号是后人加的。后人干吗不用感叹号呢？比如——你读！

生：此已丧矣！

生：子敬子敬，人琴俱亡！

师：你对语言文字很敏感，了不起！

【插评】　放手让学生自主式学习，学生能够从前往后、由浅到深、循序渐进、前后勾连地提出质疑。

师：好，大家提了很多问题。这次奔丧确实有很多怪。我先不回答大家，也不组织大家讨论。因为没有办法讨论。如果老师不讲些故事来帮助大家，你们还真没有办法讨论。好，故事会又开始了。

（提前发给学生文言群文资料，让学生预读原文）

【插评】　不把现成的答案公布，甚至不做正面回答，而是意欲结合学生的疑问引导他们联系相关内容，探寻魏晋名士的人格追求。

三、扩读

师：魏晋时代的人，比较有个性，和我们不一样。子敬，王徽之就是一个代表人物。据说王徽之平生有四好：酒、琴、色、竹。尤其是对后者，到了死了都要爱的地步。一次，他去拜访一个隐士，而隐士去旅行了，于是他住进了人家的庭院，随后便令人种上竹子。有人问："不过是暂住，为什么还那么麻烦地种上竹子呢？"王徽之啸咏良久，指着眼前的竹子说："何可一日无此君？"

（生大笑）

师：据说早些年，王徽之曾在桓温幕中工作，桓温是当时当政的官啊。王徽之就蓬头散带，不理公事。后来他又到车骑将军桓冲的骑兵参军，段子更多了。一次，桓冲问他在哪个部门工作，王徽之回答："不太清楚，只是时而见牵马者来，也许是管马的部门。"桓冲又问他管多少马，他回答："我不过问关于马的事，又怎么能知道它的数目呢？"又问："这些日子有没有马死了？又死了多少？"他回答："未知生，焉知死！"

（生大笑）

师：更离谱的是，后来，有一天，王徽之跟桓冲出行，正值暴雨，王徽之便下马钻进桓冲的车里，桓冲吓了一大跳，王徽之说："大下雨天的，您怎么好意思一个人坐在车里！"他就这么胆子大。一天清晨，桓冲来到王徽之的办公室，催他进入工作状态，他没搭理自己的上司，而是临窗远眺，用手扳撑着腮帮子，徐徐道："看那西山的早晨，似有一股清爽之气。"桓冲拿自己的部下没办法，王徽之也没再为难他的上司，不久后就离任了。

师：当然，王徽之最著名的一个故事是这样的——

【投影展示】

王子猷居山阴，夜大雪，眠觉，开室命酌酒，四望皎然。因起彷徨，咏左思《招隐诗》。忽忆戴安道。时戴在剡，即便夜乘小舟就之。经宿方至，造门不前而返。人问其故，王曰："吾本乘兴而行，兴尽而返，何必见戴？"

（生读）

师：这个故事讲啊，一个冬天的傍晚，山阴下起了大雪，雪越下越大，渐渐覆盖了山川林木，不一会儿天地之间就一片洁白了。我们已经睡了的主人公在雪的召唤之下居然醒来了！王徽之遥望暮色中的世界，一阵欣喜。这东晋的傍晚，天色昏沉，而大地一片皎洁，美得让人心碎。于是在大雪中，王徽之开始咏左思的《招隐诗》。他饮酒弹琴诵诗，玩得很高兴。突然，他想到了艺术家朋友戴逵戴安道。当时，戴逵正在剡县隐居，住得远啊。经过一夜的行船，黎明时王徽之终于看到了戴逵在江边的寓所。下船后，王徽之来到了宅门前，想去拍门。但那一巴掌好像跟历史有所默契，终于没拍下去。后有人问其故，他回答："我是乘着兴去的，兴尽了便返回，为什么就一定得见到戴逵呢？"

（生笑）

【插评】 由单一的文本阅读教学，走向多个文本阅读教学，但多文本之间彼此具有互通的路径，也就是具有统一的内在阅读核。

四、悟读

师： 这样的故事很多。魏晋时代有著名的"竹林七贤"，每一个人都有传世的故事，但基本精神状态和生命状态跟王徽之是神似的。同学们现在琢磨琢磨，当时的这些人，跟咱们有什么不一样？

生： 他们好像不太遵守世俗的规矩啊。

师： 确实是这样，不拘矩度。

（板书"不拘矩度"）

生： 他们都非常爱大自然，喜欢生活在自然中，不喜欢生活在人群中。

师： 是，这是一群发现了自然之美的人。

（板书"向外发现自然"）

生： 他们都很任性，想怎么做就怎么做。

师： 对对，不看别人脸色，这叫"任由性情"。

（板书"任由性情"）

生： 我觉得这些人内心世界很丰富，他们对生活有自己的看法。他们要活出不一样，跟芸芸众生区别开来。

师： 你的感觉很准确。后人评价他们"向内发现自我"。

（师板书"向内发现自我"）

生： 我觉得他们还挺天真的，似乎一点儿都不懂人情世故。

师： 一群天真的人！

（板书"天真率性"）

【插评】 新课标指出，阅读教学是学生、教师、教材编者、文本之间的多重对话，是思想碰撞和心灵交流的动态过程。师生交流环节，充分说明了群文阅读场的构建让孩子们理解了魏晋名士的性情、风度、精神。

师： 我再补充讲一个故事。公元 386 年，当时 50 岁的王徽之、43 岁的王献之两兄弟，相继病危。当时天师道流传着这样一种说法：在人快死的时候，只要有人愿意自折阳寿，那快死的人便能转危为安，逐渐康复。受家族影响，同样信奉天师道的王徽之便让人请来了一位术士，在病床上挣扎着直起身，气息虚弱，艰难地对那位术士说："我的才能、官职都不及我弟弟王献之，今天就请大师用我的阳寿为我弟弟续命吧。""唉！"术士深深地叹了口气为难地说，"能够替他人续命的人，自己得先有未尽的阳寿啊。今年，你与你弟弟，大限都到了。你又拿什么替你弟弟续命呢？""苍天啊，为什么？"王徽之听后，大叫了一声，便昏死过去。数日之后，王徽之从昏迷中醒来。他睁开眼，第一句话，便是用时断时续，极其微弱的声音问夫人，弟弟王献之的病情怎样了？夫人没有直接回答他的问题，只是眼眶中闪过了一朵泪花。王徽之顿时猜到了噩耗，他的两只手紧紧地抓住了身上的被子，两行热泪也缓缓地涌出了眼眶。过了几天，王徽之病情稍有好转，他便不顾家人和郎中的反对，拖着奄奄一息的病体，赶去为王献之奔丧。接下来就是我们课文中的故事了。有新的领悟吗？

（生感叹）

生：看来他们兄弟情深，不是一般情深啊！

师：对，情深。这些人有情深的特点。

（师板书"一往情深"）

师：大家看黑板，这些，就叫"魏晋风度"，基本体现了魏晋文人的精神风貌。你现在再回过去评价刚才子猷奔丧的那些"怪"，有没有新的认识呢？

生：我有点儿懂了。不能坐灵床，不能弹琴，这些规矩对于子猷而言，根本就不算规矩，他没有想过要去遵守。他有他自己悼亡亲人的方法。他不拘规度。

生：摔琴也是，他觉得内心痛苦，他就摔了，这就是他自然而然的表达，他谁的脸色都不看。

生：他觉得人和琴是合一的，所以他才说"人琴俱亡"。

师：他理解兄弟对于艺术的爱。他最理解，或者只有他理解。

生：他表达感情的方式非常直接，非常热烈，他一点儿都不掩饰，这也是一种自然吧。

生：我感触最深的是他们兄弟情深。远远超过了一般的亲情。

师：对此老师也很有共鸣。现代社会兄弟阋墙的事多了去了。王徽之表面上玩世不恭，放浪形骸，没心没肺，但内心却纯洁如雪，热情似火，肯为兄弟两肋插刀，献出生命，真的是令人感动啊。

生：我还是不太明白他为什么开头要"不悲"和"不哭"。

师：这个问题很难。古代有个庄子鼓盆而歌的故事。谁读过？

生：好像是说庄子的老婆死了，他不仅不哭，还唱歌。他说老婆是回家了。

生：我觉得是不是王徽之他们看淡了生死。他内心深处对"死"是很淡定的。

师：魏晋时代的人物还有一种风度就是追求面临大事件能够镇定和从容，不惊慌失措，始终气定神闲。就像我们开头讲的王献之的故事。是不是王徽之也有这个追求呢？我想到开头那位同学提到的该用句号还是该用叹号的问题，你琢磨琢磨，是不是后人故意用的句号，表达一种不惧不惊。

生：我觉得他开头不悲不哭是因为对生与死的淡然，而后面的大悲大哭则是对兄弟的怀念，两种感情都是真的。

师：悲与不悲都是因为真性情？这个见解有深度！好了，同学们，今天我们聊到这儿。推荐一本书，你读了，就会更多地了解魏晋时代的人，了解魏晋风度。请注意课文注释一，读——读。

生：《世说新语》……

师：下去把《世说新语》找来读一读，你的许多疑问会解决一些。还剩下几分钟，请大声读课文，背诵课文。

（在读背中下课）

【插评】 通过再一次的群文关照，拓展延伸，让学生更加明白文本里的子猷对子敬亡故的独特方式，是一种做人的真诚，真名士自风流，真，正是魏晋风度的一个有机组成部分。这样，看起来超越文本的拓展，实际上恰是回归了文本，反哺了文本。我们还可以跟着王君老师的课堂进一步思考怎样把教师的主讲式变成学生的主讲式，或者交给他们查阅资料的方法，变为他们主持的"百家"讲坛。课堂意欲多声部、多元化，需要从单文到群文，更需要从单人研究到学界共识。

课 例 点 评

故事汇编，聚焦生命点
群文荟萃，光照映初心
——评王君老师《人琴俱亡》课堂实录

我们的教学中学生最怕文言文已成了不争的事实，王君老师也指出过"经典遭遇尴尬是必然"的顽症。那么，怎样打通教与学的藩篱，使文言文焕发青春活力，让学生听得尽兴从而不再畏惧文言文的苦涩，让教师讲得酣畅从而体验无声润物的喜悦，王老师早在世纪初就提出"整合思想"，下面，我们就以这堂课为蓝本，认识她十几年来持续不断追求的"整合"艺术。

一、"整合"不是堆积材料，而是激发兴趣。

任何一篇课文，打开教参，或百度，都能找到与之相关的一大堆材料。比如这篇课文，从交友上有高山流水、割席绝交等；从兄弟关系上有相煎何急、桃园结义等；从魏晋风度上有袒腹东床、刘伶醉酒等。而《人琴俱亡》这堂课，王君老师涉及的课外材料多达十个，却只围绕一个"真"字的内核剪裁。这就是她提倡的"群文教学最基础的思维特质是'同类信息敏感'，最基础的操作方法是'同类信息整合'"，切忌没有主脑而堆积材料。

另外这堂课的开始，王老师即亮出以"故事会"的形式："故事会开始了。王家是魏晋时代的大家族。王羲之大家很熟悉。他的儿子中最著名的就是王徽之和王献之。王献之练字的故事小学时候学过吧，谁讲讲？"这种喜闻乐见的形式，很快抓住学生的眼球。其实讲故事的好，胡适也深有领悟，他主张从兴趣入手，以兴趣原则编写教材，他说小时候讲故事，这种"讲"，逼他把文言文的故事翻成绩溪土话使他更了解了古文的文理。可见，跟夏丏尊、叶圣陶合编的《文心》体式一样，讲故事能让所有学生形成强烈的学习内驱力，"具有戏剧性和情景教学的优点"。

二、"整合"不能信马由缰，而要扎根文本。

课例中的小故事，分别来自《世说新语·任诞》《世说新语·简傲》《晋书·王徽之传》等古籍，这些书籍里涉及的两兄弟的故事，其实还有不少则，为了避免在课堂上的信马由缰，王君老师关于如何撷拾课外资料，提出了群文教学的追求，她这样说："体现了道家'一生二，二生三，三生万物'的追求，它走向的是一种九九归一的'和''合'之大境界"，也就是说再多材料，其旨归必须体现"和""合"精神，下面我们看她如何操作的。

在初读环节，王君老师让学生认识"讲的是谁和谁的故事"的时候，通过三则材料展示了这两兄弟的兴趣爱好性情各异后，迅速返归文本，夯实字词。在接下来的学生质疑环节，她仍没有给出正面答案，而是带着班级再一次探讨课外资料，在这次知识迁移中，学生能够迅速找出四个本文相通的精神内核。如果课堂仅仅停留于此，也还是平面水平，而名师就是名师，她再通过"续命"表述，把兄弟这种不顾惜自己的"大爱"精神昭示。最后反观课文，问学生："有新的领悟吗?"一个把生死置之度外的人，什么礼俗、王法都可弃置不顾的人，任何形式都是多余，学生就很容易理解"不悲、不哭→弹琴、摔琴→恸绝、亦卒"等特异行止背后的精神特质，那就是宗白华在《美学散步》里说的"中国知识分子的人格"，王老师把学生的见解一个词一个词地板书出来。课堂的"卷舒开合任天真"，名士风标的"不以物务婴心"，尽在板书的一撇一捺间。

课堂拓展的摇曳生姿，源于教师博览根柢；扎根文本，源于对学情的深入钻研，也就是说文化内功修炼和对课堂的浓情是开发审美视角和课堂艺术的根本。

三、"整合"不能浮光掠影，而是渗透文化。

从文学功用上来说，是文以载道，还是独抒性灵，左右摇摆，没有定论的。这就要求，教师在教学目标"情感、态度、价值观"的三维空间中，要具有多元性，不能以一元为基础。如果以一元的"执"，就会让人贻笑大方。例如有人说，"子猷在亲人离世后表现出的以情夺理、纵情不羁，与中医传统'怡情养性'的理论是相悖的，不能算是一种健康的情感宣泄方法""教学《人琴俱亡》而不对文中子猷表现出的过度抑情、纵情自任引起足够的重视，对学生良好的个性、健康情趣的养成有着很负面的影响。"这种论调，与《面朝大海，春暖花开》的作者海子的悲观厌世论，与《愚公移山》中行为破坏生态环境，如出一辙。

对于经典，怎样结合时代，把文化渗透进去，王君老师选择的第一个故事是献之练字的逸事，"拽不过来笔"，说明他做事专注、笔力强劲，为其以后的成就做了暗示，也正是这种不着痕迹的暗示，才有了徽之为其祈求续寿的"我的才能、官职都不及弟弟王献之"的感人之语；也正是为其续寿的"惺惺相惜"，才有了"摔琴"的任诞之举，这也是庄子的鼓盆而歌的继承。课堂渗透文化，自然而然地就会以文化视角关照青春语文平时提倡的"瞻前顾后""前后勾连"。

整合材料的梯度设置和电影蒙太奇似的聚焦手法，让我们了解了"个案"背后的"群像"精神：即从两兄弟的性情，蠡窥了整个魏晋时代的风尚。在课堂对话中，王老师不仅对学生的理解表示嘉赏，还记下了"不拘矩度""向外发现自然""任由性情""向内发现自我""天真率性"等精彩发言。课堂没有一句涉及这种任诞行文负面影响的语言，而是以"悲与不悲都是因为真性情?"

总结出一个"真"字了得。

魏晋名士的精神风貌，奠定了一代又一代知识分子人格的基础，学生潜移默化地被这种精神熏陶和感染，课堂具有了深度、广度和境界，这也就具有了孙绍振先生说的"立体层次结构"。而我们平时在文言文课堂上，主要依据自己的理解，把解释、翻译等知识点传授给学生，学生做好笔记，被催逼着背背就行，背好了考试大吉的观念，不仅没有培养起学习兴趣，还扼杀了文言文的美丽。王君老师的这堂课例给我们做了生动的示范。

（张娟　安徽凤台四中）

开发《三峡》
——《三峡》教学中的"整合"资源探索

赴山东临沂讲学，授命讲古典名篇《三峡》。思忖良久，决定另辟蹊径。时逢群文教学兴起，关于"整合"的研究方兴未艾。何不立足于《三峡》，教与学生一种思维方式。故有此课。

课 堂 现 场

一、整合角度的介绍

师：老师们，同学们，今天的课，是一个研究课。我们通过《三峡》的学习来感受"群文教学"的思想，学习"群文教学"的一些技巧。"群文"思想的基础是整合。整合的视角很多，对文言文，以下的角度是经常用的：

【整合】

> 文言之"言"的整合
>
> 文言之"文"的整合
>
> 词的整合
>
> 句的整合
>
> 段的整合
>
> 篇的整合
>
> 文本之内的整合

文本内外的整合

......

师：我们今天不讲理论，我们以《三峡》为例子，边操作边讲。大家先把课文朗读一遍，下边这些词语的读音要特别重视，我听听大家的停顿是否正确。

【投影展示】
略无阙处
素湍绿潭
绝巘生柏
飞漱其间
清荣峻茂
高猿长啸
属引凄异
泪沾裳

重岩叠嶂
隐天蔽日
不见曦月
夏水襄陵
沿溯阻绝
乘奔御风
（生读）

【插评】　由字音、停顿始，既夯实基础，又在朗读之中感悟文言凝练、典雅之美。

师：其实这样的整理也是一种最基层的整合。好，下边我们正式开始了。首先是文本之内的整合，"言"的整合。

二、文本之内的整合

1. 各种文言现象的整合

师：请先思考和寻找——

【投影展示】

> 文本中出现了
>
> 几个"自"？
>
> 几个"至"？
>
> 几个"绝"？
>
> （生自由发言，并在老师提示下说意义）

师：对，大家看，这种基础整合，我们平时做得很多，叫——

生：一词多义。

【投影展示】

> 自三峡七百里中　　（在）
>
> 自非亭午夜分　　　（如果）
>
> 至于夏水襄陵　　　（表示另提一件事）
>
> 每至晴初霜旦　　　（到）
>
> 沿溯阻绝　　　　　（断）
>
> 哀转久绝　　　　　（消失）
>
> 绝巘多生怪柏　　　（极）

【插评】　词义在整合之中比较，在比较之中清晰，在清晰之中易于掌握。

师：请旁批。继续思考，在文言中，"奔"和"响"的用法有什么相同点？

【投影展示】

> 乘奔御风
>
> 空谷传响

生：都是动词做名词。

师：发现共同点，提炼规律，这样的整合，我们也是经常用的。

【投影展示】

词类活用

乘奔御风（动词活用作名词，奔驰的快马）

空谷传响（动词活用作名词，回声）

师：现在难度加大一点点，继续思考下边加点词语的规律。

【投影展示】

或王命急宣

良多趣味

生：它们是古今异义词。

师：对于文言文，收集整理古今异义词是非常重要的。

【投影展示】

或王命急宣（古义：有时；今义：或者，表示选择）

良多趣味（古义：确实，实在；今义：好，善良）

师：难度加大，这个句子是这篇文言文中的难句，如何解释？

【投影展示】

重岩叠嶂

生：我查过资料，这种句子叫互文句。

师：对，要理解这样的句子，可以稍微调换一下顺序——重叠岩嶂。这一类句子《三峡》中还有，我们可以整合，感受互文句的美妙。试一试。

【投影展示】

> 重岩叠嶂——重叠岩嶂
>
> 隐天蔽日——
>
> 林寒涧肃——

生： 隐蔽天日。

生： 林涧寒肃。

师： 互文句有一种精练之美，音韵之美。以后我们学《木兰诗》《沁园春·雪》还会遇到。

【投影展示】

> 互文句
>
> 重岩叠嶂——重叠岩嶂
>
> 隐天蔽日——隐蔽天日
>
> 林寒涧肃——林涧寒肃
>
> （生读）

【插评】 由一个到一类，在"类"中寻找、归纳出规律。这是引导学生主动发现问题，得出规律的过程，是真正有效的学习过程。学方法的同时，关注汉语之美。

师：《三峡》中还有一种句式，是其他文言文文本中很少出现的。大家看，这样的句子，如何理解？

【投影展示】

> 自非亭午夜分，不见曦月。
>
> 素湍绿潭，回清倒影。
>
> （生沉默，讨论）

师： 要正确理解这个句子，也需要把各个语言因子"打回"原处。比如第一句，看注释，看完之后我们一起来。自非亭午，不见——

生： 曦。

师： 自非夜分，不见——

生：月。

师：对了，就是这样。试试下边一句。

（生在老师的帮助下完成：素湍回清，绿潭倒影）

师：对了，这种特殊的结构，在文言中叫作"对举"，或者"并提"。

【插评】 这一文言现象老师们在教学中很少会涉及，王君老师又教了我们一招。

【投影展示】

> 文言中的"对举"（或者叫"并提"）
>
> 自非亭午，不见曦；自非夜分，不见月。
>
> 素湍回清，绿潭倒影。
>
> （生读）

2. 各种文化现象的整合

师：对举和互文一样，都让文言文显得典雅、优美。同学们，刚才我们在"言"上的整合，是所有文言文文本都可以有的角度，在"言"上，还可以针对一个具体的文本的独特之处，做更有趣的整合。比如，《三峡》选自《水经注》，它不是一个抒情文本，而是一个地理文本，在这篇短小的文章中，有很多和地理相关，又和语文相关的文字知识，如果稍微整合一下，会开发出非常有意思的学习内容。这种整合，我是向我们学校的王金玉老师学习的。比如，大家可以做游戏，猜一猜。

【投影展示】

地貌简图						
篆书						
楷书						

（生游戏，趣味盎然）

师：正确答案应该是这样的。

【投影展示】

地貌简图							
篆书	峽	瀾	𧮰	湍	潭	泉	瀑
楷书	峡	涧	谷	湍	潭	泉	瀑

（生惊叹）

【插评】 激发学生兴趣的同时，沟通了语文学科与地理学科之间的联系。古汉字的呈现彰显出汉字之神奇、古人之睿智、中华文化之精妙。

师：中语界的著名的余映潮前辈在设计《三峡》教学的时候，也有类似的思路，他也是以"山"旁和"水"旁作为字词学习的基点，很惊艳。所以，教语文、学语文，如果我们智慧通达的话，再难的文本，都会变得充满活力。

【插评】 文言文教学必须要以"言"为基础，只有扎扎实实将"言"做好，才能促进对于"文"的理解。上述教学过程通过整合的方式，踏踏实实地落实了古汉语知识，实实在在培养了学生归纳、提炼的思维模式，真真切切地让学生体验了在文言词句之中知美、寻美、品美的过程。

三、文本内外的整合

1. 和相似文本构成"群文"

师：刚才我们做的是文言之"言"的整合，主要是在文本内部。接下来，我们尝试着从"文"的角度做一些尝试，并且，跨越文本内外，这就更有意思了。

师：比如，联想到相似文本，是最常用的"群文"组合方式。读《三峡》，所有人都会想到李白的《早发白帝城》。你能读出多少相同点？

【投影展示】

早发白帝城
李白

朝辞白帝彩云间，千里江陵一日还。
两岸猿声啼不住，轻舟已过万重山。

师：你能从文中找出语句来印证李白的《早发白帝城》中的诗句内容吗？

生：李白写山，是"万重山"，郦道元写山，写得比较丰富："自三峡七百里中，两岸连山，略无阙处。重岩叠嶂，隐天蔽日。自非亭午夜分，不见曦月"。

师："万重"言山之多，郦道元的山，还有什么特点比较鲜明？

生：郦道元还写出了山的连绵不绝，山特别高，隐天蔽日。

师：诗歌讲究高度的精练，不能展开写，散文可以展开。所以郦道元既正面描写，又侧面烘托，跟诗歌不一样。

生：两个作品都写了猿猴。李白只写猿声啼不住，郦道元主要是写猿声又高又长的特点，以及猿声渲染了悲凉的气氛。

师：李白写猿其目的不是写猿，其实是为了写——

生：水流的湍急，船开得非常快。

师：而郦道元写猿，猿是主角，是三峡的重要组成部分。

生：李白整首诗主要是表达一种欢快的心理，他描写的三峡景观主要突出三峡夏季水势的凶猛，水势的迅疾。郦道元写的内容就比较多了，春夏秋冬都写到了。

师：他们的写作目的不一样，当然内容就不一样。这样的对比阅读是很有意义的。

【插评】 诗与文比较，短小凝练的诗与文背后不同的写作要求、丰厚的文化内涵、个性化的人文情感都自然地展现出来。这样的教学过程灵动，内容厚重。

2. 文本渊源考证形成"群文"

师： 这个问题大家下去再研究。现在我们加大难度。我听王金玉老师讲《三峡》，有一个教学设计很具研究力度。她拿出了严山松的《宜都记》和盛弘之的《荆州记》，一比较，会发现，郦道元的《三峡》大幅度地"抄袭"了《宜都记》和《荆州记》。这并不是一个"秘密"。但奇怪的是，不仅没有人提出异议，而且《宜都记》和《荆州记》都不甚有名，而《三峡》却成为举世公认的名篇，奥妙何在？同学们你们也来破破这个迷案。

【投影展示】

《宜都记》
袁山松

峡中猿鸣至清，山谷传其响泠泠不绝。行者歌之曰："巴东三峡猿鸣悲，猿为三声泪沾衣。"

自西陵溯江西北行三十里入峡，山行周围，隐映如绝，复通高山重障，非日中夜半不见日月也。

《荆州记》
盛弘之

峡长七百里，两岸连山，略无绝处，重岩叠嶂，隐天蔽日。常有高猿长啸，属引清远。渔者歌曰："巴东三峡巫峡长，猿鸣三声泪沾裳。"

《三峡》
郦道元

自三峡七百里中，两岸连山，略无阙处。重岩叠嶂，隐天蔽日。自非亭午夜分，不见曦月。至于夏水襄陵，沿溯阻绝。或王命急宣，有时朝发白帝，暮到江陵，其间千二百里，虽乘奔御风，不以疾也。春冬之时，则素湍绿潭，回清倒影。绝巘多生怪柏，悬泉瀑布，飞漱其间，清荣峻茂，良多趣味。每至晴初霜旦，林寒涧肃，常有高猿长啸，属引凄异，空谷传响，哀转久绝。故渔者歌曰："巴东三峡巫峡长，猿鸣三声泪沾裳！"

师： 我们用朗读比较的方式选择一个小点来研究。比如写猿，你觉得他们三个谁写得更好？

（师指导学生反复朗读三段文字中的写猿句）

生：写猿，显然郦道元技高一筹。仅看字数，都要多很多。（众笑）

师：字数多，可能是好事，但也可能坏事。字数不是关键，写作质量是关键。

生：郦道元写猿猴，写了猿声的时间长，声音凄异，以及在空谷中传响的特殊效果，写得很丰富。而盛弘之只有两句"高猿长啸，属引清远"，表达不那么丰富。

师：盛宏道用"清远"，而郦道元用"凄异"，你觉得哪个好？

生：当然"凄异"好，"清远"不足以让"泪沾裳"的。

师：你知道联系后文来分析，这种思维方式很宝贵。

生：《宜都记》写猿，完全不能和郦道元相比。我觉得郦道元最成功的是把猿声放在"晴初霜旦，林寒涧肃"这个背景下来写，环境更烘托出了猿声的凄异。

师：这种关注前文，联系前文的方式也很棒。比较的角度越多，我们的思维能力得到的训练越多。

……

师：又比如引用的民歌，郦道元完全地"照抄"了《荆州记》，他为什么不"抄袭"《宜都记》呢？（众笑）

（师指导学生反复朗读两段民歌）

生：《宜都记》中引用的民歌都不押韵，读起来不舒服。（众人笑）

师：别笑。古典诗文的音韵美不美确实会严重地影响我们的阅读体验。押韵，且押得自然和谐，是很让人喜欢的。

生：郦道元引用的民歌，"巴东三峡巫峡长"是写景，"猿鸣三声泪沾裳"写人，写景的句子很好地烘托了气氛，是一个铺垫。

生：《宜都记》中的"猿鸣悲"和"猿鸣三声很重复"，读起来觉得啰嗦。

师：郦道元没有用"泪沾衣"，而用"泪沾裳"，除了押韵的原因，还有其他原因吗？

生：我们以前查过词典，"裳"跟"衣"不太一样，"衣"是上衣，而"裳"是古人穿的下衣，有点儿像现在的裙子。古人一般都是上衣下裳。也许郦道元写的更符合实际。

师：这个还可以考证。大家下来还可以研究一下写山的句子。你可能会发现，郦道元的"借鉴"其实很有创造性的，他有很高的文字鉴赏力，他的

"抄"是一种创造性的抄。所以，《三峡》超越了跟它相似的前文，成了经典。看，同学们，这其实就是一种跨文本整合，这对于我们走进文本深处，是不是很有意思？

【插评】 前面的诗与文的比较，本次文与文的比较，都激发了学生的学习兴趣，变被动接受、识记知识为主动思考获取知识。

3. 纵向取材构成"群文"

师：刚才的思路是横向的思路，还有一种跨文本整合的思路，是纵向的思路。举个例子，《三峡》选自于伟大的著作《水经注》，我们还可以进入《水经注》中，通过阅读这本书中跟《三峡》相似或者不相似的内容，来拓宽我们的学习视野。比如浙江永康外国语学校的司艳平老师选择了这三则学习内容——

【投影展示】

从《三峡》走进《水经注》……

【投影展示】

语段一

江水又东流，经瞿巫滩，就是下瞿滩，又叫博望滩；左岸有汤溪水注入。汤溪水源出县北六百多里的上庸边界，南流经历县境，两岸有盐井一百多处，巴、川就靠这些盐井来自给。盐粒大的一寸见方，中央隆起，形状就像一把张开的伞，所以叫伞子盐。有的虽然不呈伞状，但也一定是方形的，和普通的盐不同。王隐《晋书·地道记》说：从汤口进去四十三里，有石头可以煮出盐来，石头大的像升，小的像拳头，煮到水都干尽，盐也就结成了。这大概也是蜀地的天然气井一类，水火互相配合，才能煮出好盐来。

语段二

江水又东迳广溪峡，斯乃三峡之首也。其间三十里，颓岩倚木，厥势殆交。北岸山上有神渊，渊北有白盐崖，高可千余丈，俯临神渊。土人见其高白，故因名之。天旱，燃木岸上，推其灰烬，下秽渊中，寻即降雨。常璩曰：县有山泽水神，旱时鸣鼓请雨，则必应嘉泽。《蜀都赋》所谓应

鸣鼓而兴雨也。峡中有瞿塘、黄龛二滩，夏水回复，沿沂所忌。瞿塘滩上
有神庙，尤至灵验，刺史二千石迳过，皆不得鸣角伐鼓，商旅上水，恐触
石有声，乃以布裹篙足。今则不能尔，犹飨荐不辍。此峡多猿，猿不生北
岸，非惟一处，或有取之放著北山中，初不闻声，将同貉兽渡汶而不
生矣。

语 段 三

　　江水继续东流，经广溪峡，这是三峡的上端。峡长三十里，其间惊险
的危岩，斜出的树木，看来几乎两边要互相交接似的。北岸山上有神渊，
渊北有白盐崖，高达一千多丈，俯临神渊。当地人看到它又高又白，所以
取了这个名字。天旱时在岸上焚烧树木，把灰烬推到深潭中，弄脏潭水，
立刻就会下雨。常璩说：县里山泽水神，天旱时击鼓求雨，就一定应验，
会有甘霖喜降。这就是《蜀都赋》所说的：一敲鼓就会下雨。峡中有瞿
塘、黄龛两处险滩，夏天洪水激起旋涡，上滩下滩都要提心吊胆。瞿塘滩
上有座神庙，尤其灵验，刺史二千石一级官员经过这里，都不可吹号打
鼓。商旅上水时，怕碰到石头发出声响，就用布包起撑竿的下端。现在虽
不必这样做了，但祭祀进献水神还是没有中断过。峡中猿猴很多，但北岸
却没有猿猴——这里不是仅指某一处，有人捕捉了猿猴放到北山去，却一
点也听不到它的叫声了，也许就像貉那样，过了汶水就不能生存了。

　　师：老师给同学们准备了资料。大家下来可以读一读，通过这样的群文阅
读，你对三峡的了解，对郦道元的了解都会更进一步。为什么群文阅读会成为
一种趋势呢，就在于它让课堂教学具备了"跳板功能"，由一篇到多篇，由一
种视角到多种视角，我们学习的视野完全打开了，我们的思维得到了最好的
历练。

　　【插评】　拓展知识，走进大三峡；打开视野，走向大语文。

4.学生质疑组成"群文"

　　师：最后，我们从"文"的角度，再举一个例子。老师在教《三峡》的时
候，我们谈到了三峡之"美"的各种形态，有一个同学问了一个很有深度的问
题，他问——

【投影展示】

……高大之美，绵延之美，雄奇剑拔之美，险峻之美，奔放之美，动之美，静之美，色彩之美，声音之美，活泼之美，宁静之美……

质疑：三峡固然有很多美，但最后一段不美，因为写得太凄凉了。
师：同学们，你们如何看？咱先读读。

【投影展示】

每至晴初霜旦，林寒涧肃，常有高猿长啸，属引凄异，空谷传响，哀转久绝。故渔者歌曰："巴东三峡巫峡长，猿鸣三声泪沾裳！"

生：好像是有一点儿，感觉有些难过。
生：难过也是一种美吧。难过归难过，但我感觉气魄很大。
生：我觉得有点儿悲壮的感觉。
师：嗯，能初步感觉也很不错了。美学的东西我们讲得还很少。后来老师讲这个问题，用的也是"整合"的方式，我引入了相同类型的关于"美"的诗文。

【投影展示】

大漠孤烟直，长河落日圆。

星垂平野阔，月涌大江流。

敕勒川，阴山下……天苍苍，野茫茫，风吹草低见牛羊……

千秋霸业，百战成功，边声四起唱大风。一马奔腾，射雕引弓，天地都在我心中。狂沙路万里，关山月朦胧，寂寞高手一时俱无踪。真情谁与共，生死可相从。大事临头向前冲，开心胸。一马奔腾，射雕引弓，天地都在我心中。（电影《射雕英雄传》主题曲）

（指导学生动情朗读）
师：大家觉得这是悲凉吗？
生：有一种孤独，但更有雄壮。
生：悲而不凉。

师：对了，其实，"猿鸣三声泪沾裳"单独看是有"悲"的，但它不是独立的，这个景象一旦融入了雄壮的三峡，它就让人们产生了另外一种审美体验，老师的感觉是——"苍凉"

（生纷纷颔首）

【投影展示】

雄美　壮美　险美　秀美

苍凉之美

【插评】　大容量，大聚合，大数据，大气魄，大胸怀，大语文，大美！

师：当然，审美体验人与人不同，同学们也可以有自己的见解。这个例子是一种尝试，我们超越"青"，超越文字，走向文本更丰富多彩的可能。

师：除了文本内外的整合，还有一个重要的思路是把文本和生活链接，做更有深度的研究性学习。比如——

【投影展示】

三峡大坝建成后，郦道元《三峡》中的哪些风景已经消失了？

（生惊呼）

师：是不是很有意思？这就是"群"的魅力。文本内外，总是天光云影共徘徊的，我们能不能享受到其中浪漫，全靠我们的创造力。

【插评】　在语文教学中自然而然地注入"时代的活水"，让学生在学习语文的同时，关注社会，关注生活，让教育真正做到对"人"的培养。

四、总结

师：同学们，老师们，今天我们以《三峡》为例，初步了解了"整合思想"和"群文学习"。这是新的时代对语文学习的呼唤，你会做出应答吗？我们语文的状态永远是这样的——

【投影展示】

　　语文是两岸连山，略无阙处；重岩叠嶂，隐天蔽日……

　　（生读）

师：整合之后语文学习是这样的——

【投影展示】

　　是朝发白帝．暮到江陵，其间千二百里，虽乘奔御风，不以疾也。

　　是素湍绿潭．回清倒影。绝巘多生怪柏，悬泉瀑布，飞漱其间，清荣峻茂，良多趣味。

　　是晴初霜旦，林寒涧肃，常有高猿长啸，属引凄异，空谷传响，哀转久绝。

　　（生读）

【插评】　　其一曰群文阅读激发学习热情，学习有乘风疾行之快感；其二曰群文阅读角度多样，课堂有异彩纷呈之状态；其三曰群文阅读促进"大语文"的发展，语文前程有海阔天空之境界。

师：同学们，尽情地去享受，去发现语文之美吧！下课。

课例点评

黄河落天走东海，万里写入胸怀间
——王君《开发三峡》点评

　　《开发三峡》是王君老师的群文阅读研究性课例之一，这节课集中体现了群文阅读大数据、大聚合的特点，也体现了王君老师大智慧、大气魄的群文教学特色。我想王君老师想通过这一课例展示群文阅读的教法、学法，并以此影响到师生的活法。

　　"群文"思想的基础是"整合"。整合就是教师根据学生和教学需要，从文本特质出发，围绕某个特定的点联系文本内外内容进行提炼、组合，从而形成一个独特的"群"。比如本课中，王君老师提炼"重岩叠嶂""隐天蔽日""林寒涧肃"三个短语，整合成为一个"互文"群。以苍凉之美为出发点，整理出"苍凉之美诗歌群"。

群文整合的角度可以是多样的。本课中王君老师共进行了12次整合。内容涵盖了"文本之内的整合"和"文本内外的整合"两个大层次，包含了文言知识、文化现象、相似文本等7个小方面，涉及一词多义、词类活用、互文句等12个点。这样的整合使课堂教学有了厚度、宽度和深度。更为老师们进行群文阅读设计提供了具体、直观的范例。其中以文本渊源考证形成"群文"、以苍凉之美组成"群文"，角度新颖，有利于引导教师创新群文整合思路。王君老师联系地理知识、汉字知识，联系"三峡大坝建成后，郦道元《三峡》中的哪些风景已经消失了"这一社会现实问题，打通了语文与其他学科、与生活的联系，体现出"大语文"的思想。使师生们充分认识到：生活中处处是语文，生活处处用语文。语文的学习应该是开放的、多元的。教语文，学语文，要将天地、自然、万物收于胸中，展于课堂。如此，教师、学生、课堂才有了大气魄、大胸怀，师生呈现出青春蓬勃的生命状态，实现了教法、学法和活法的完美统一。

"群"的学习过程可以是由一而三，由三而一的过程。由文本某一特质出发运用"同类信息整合"的方法，将"一个"组合成"一类"，然后运用综合抽象思维、概括推理思维等思维方式得到"这一类"的规律。比如王君老师以"互文"为出发点，构筑"互文群"，学生通过朗读、比较、概括，在王君老师的点拨下迅速掌握了互文句的翻译方法，感悟到互文句具有的精练之美、音韵之美。

"群"的学习过程可以是由一而三，由三而异的过程。即比较"群"中的"因子"，在比较中发现新，探究异。王君老师将《宜都记》《荆州记》《三峡》组成群文，引导学生运用关联思维、比较思维等发现、探究他们的相同点之中的不同点：都写猿，哪个写得更好？都引用民歌，郦道元为何照抄了《荆州记》中的民歌？学生在比较中发现、领悟了文章遣词造句、选取材料等方面的不同方法。

无论是"由一而三，由三而一"的过程，还是"由一而三，由三而异"的过程，不再是学生被动地接受知识的过程，而是运用各种思维能力解决问题的过程。学生思维之花在课堂绽放的同时，各种思维能力都得到了锻炼和提升。比如，在对比三次写猿的优劣时，将同样写猿声时间长的"清远"和"凄异"

再进行比较。比较中又有比较，一次又一次掀起学生思维的狂潮。学生的思维宽度、思维厚度、思维精度、思维批判度都向前迈出了一步。群文阅读使学生思维动起来，教学方式的转变带来了学习方式的转变，教与学便会成为有趣的事情，课堂也成了兴趣场、欢乐场、思想场、教学场乃至生命成长场。

本课是以文言文《三峡》为基础展开的群文阅读，王君老师从文言文教学的规律出发，以"言"为基础，促进学生对于"文"的理解。通观全课，王君老师沿着文字→文句→文章→文化，且各阶段都渗透人文情怀的这样一条思路展开教学活动，不仅如此，王君老师还撑起一支生活的长篙，向语文的青草更青处漫溯：三峡大坝建成后，郦道元《三峡》中的哪些风景已经消失了？文言教学延展到生活之中，这样的文言教学思路彻底解决了文言文教学或"死于章句"或"废于清议"现象。

整合思想的引入使"言"的训练更加巧妙、扎实。王君老师对《三峡》中的"对举"进行整合，要求学生将其中一句各语言因子"打回"原处，学生迅速理解了此种文言现象，可谓巧妙。学生还原第二句，及时地得到了训练，可谓扎实。整合使"文"的训练更加灵动、厚重。将《三峡》与李白的《早发白帝城》组成群文，比较、探究他们在内容、写法等方面的异同及原因。训练方式灵动，教学内容厚重有物。《三峡》与有关社会现象的整合，让我们窥见文言教学的丰富性、创造性。

王君老师的这些积极的尝试为文言教学开辟出一条清晰、实用的道路。

王君老师的这节课是注重朗读的。朗读是语文教学最根本、最有效的方法。本课仅学生的齐读就有 11 次，有两次还是学生反复朗读，坐在王君老师的课堂，耳畔一定阵阵琅琅读书声。学生们在朗读中感受互文的神奇美妙，感受文言的端庄典雅，感受李白被赦免还家的激动喜悦，感受郦道元对三峡的挚爱深情……朗读起来，说教不多，灌输没有；老师教得省力，学生学得轻松。

王君老师这节课是注重审美教育的。审美教育是语文教育的重要组成部分，而整合使语文的审美教育变得轻松。通过整合，"一个"成为"一类"，在朗读与比较之中，"这一类"独特的个性之美自然而然地显现出来。学生经过思考获取知识，又初步"品尝"到各种思维之美。这节课学生感悟了古典诗文的端庄典雅之美，互文句的凝练之美、音韵之美，古汉字的形象之美、意境之美，三峡的多姿多彩之美，李白、郦道元的情怀之美，发现、探索问题之美，质疑之美……最后，师生感悟到的是语文之美，学习之美，生活之美。

本课中，王君老师共做出 12 次整合，这 12 次整合可谓异彩纷呈。这得益于她蕙质兰心、知识广博，更得益于她眼界开阔、胸怀浩大。她认识到没有一个文字、没有一个生命是完全孤立的。每一个生命都应该去拥抱其他生命，甚至去拥抱世界。于是，自然、万物、天地皆入她眼中；于是，古文、今文都为她所用；于是，余老以"峡"字作为讲授《三峡》一课基点的想法让她感到惊艳，同事王金玉老师的设计让她搬进了自己的课堂，徒弟司艳萍老师的材料她拿来借鉴，甚至是某位学生偶然的质疑也成为她组成群文的内容。她的心中有长者、有同事、有徒弟、有普通的人……她的"群文"课堂就是她大胸怀、大爱的体现，是她真实生活状态的体现。

"黄河落天走东海，万里写入胸怀间"出自李白的《赠裴十四》，这两句诗是李白广阔胸怀的体现，也是王君老师广阔视野、博大胸襟的体现。只有拥有如此胸襟的人才会上出《开发三峡》这样大格局、大气魄的课来。

当然，王君老师的这一节《开发三峡》是一节研究课，旨在展示群文阅读的整合角度。这众多的角度，老师们在实际的教学中可以从中提取、借鉴，并不是每一节群文阅读课都要做这样多角度、大容量的整合。当然，王君老师更希望老师们能够结合具体的文本内容开发出新的整合角度。另外，群文整合时，一定要分清"群"内各"因子"之间的关系——并列关系抑或主次关系，切忌出现"伴娘"变"新娘"的闹剧。

（魏志强　济南市章丘区辛锐中学）

现代文群文教学

语言暴力对人的伤害

——《范进中举》《孔乙己》《窃读记》群文教学实录

教 学 立 意

为了和学生探讨有效沟通的智慧,我设计了三堂课:第一堂是"语言暴力给人的伤害",整合了《范进中举》《孔乙己》《窃读记》。第二堂是"在孙权的朋友圈学习有效沟通",这是一堂基于《孙权劝学》的群文阅读课。第三堂是"善良是一种才华",整合了《窃读记》和《唯一的听众》。三堂课,先探讨沟通暴力的产生,然后研究沟通的具体技巧,最后直击沟通技巧的本质。层层深入,渐行渐远,渐行渐美。

经典小说的读法有"宏观主题式阅读"和"局部立意式研读"。"局部立意式研读"的基本特点是:片段取材、广泛勾连、同类整合、突破一点。

这堂课,采取的就是这种思路。

课 堂 现 场

一、蓄势

【课前投影展示】

经典小说的两种读法

宏观主题式阅读

局部立意式研读

(师生问好)

师：我先给同学们介绍一下今天的学法。我们学习经典小说，最基本的方法有两种，一种是像陈晓东老师那样的宏观主题式阅读，还有一种，就是做局部立意式研读。

【投影展示】
　　　　局部立意式研读
　　片段取材
　　广泛勾连
　　同类整合
　　突破一点

师：什么意思呢？它是一种小群文式的阅读。因为经典文章它的养料非常多，我们从《范进中举》的每一个部分走进去，都会发现"天光云影共徘徊"的美点。

经典文章，我们可以"弱水三千，只取一瓢饮"，片段取材，突破一点，然后我们用群文的方式，来进行广泛地勾连，进行同类整合。这样的学习方式要求我们的视野非常开阔。我今天就和大家谈一个问题：你们被老师、家长和同学们的鞭子抽过，板子打过吗？

生（笑）：没有……

师：那你们被其他人的语言的板子打过吗？被他们的语言的鞭子抽过吗？

生（齐答 笑）：打过。

【投影展示】
　　　　　　　语言暴力
　　　　就是使用歧视性的语言，致使他人的精神和心理遭到侵犯和损害，属精神伤害的范畴。

师：这是百度上对语言暴力的解释。它远远不如我们的文学作品说得生动形象。我们可以链接《范进中举》《孔乙己》《窃读记》等有语言暴力的文本内容来学习。

【点评】　　直接导入，展示学法，明了意图，不拖泥带水。"局部立意式研读"原本有点深奥的说法被巧妙融化到生活日常，深入浅出，进而引出本课需要突破的一点"语言暴力"研究。通过百度解释，继而又把学生引入经典文本，从中汲取生命的营养。《范进中举》是九年级的文章，而授课对象是七年级的孩子。王君老师果断地放弃宏观主题式阅读，选择"语言暴力"，这种局部立意式研读，更符合学生的认知，亦容易激发他们的共鸣。为了让课堂更有厚度，王君老师又选取了初三教材中位于同一个单元的《孔乙己》，还选取了七年级上册的《窃读记》，外加一个热点视频，组合成了一个小小的关于"语言暴力"主题的群文阅读群。既有深度，又有"生度"（学生、生活、生命），既是灵清的课型定位，又是灵透的文本解读。

二、亲人对亲人的语言暴力伤害

【投影展示】

《范进中举》

亲人对亲人的语言暴力伤害

师：我们先进入《范进中举》的文本，学习亲人对亲人的语言暴力伤害。今天，我们会进行一次写作训练——写课本点睛诗。如果让你用一句话，把《范进中举》最核心的内容提炼出来的话，你会说一句什么样的话？

生：范进中举前后周边亲人、邻里等对他态度的变化。

师：归纳得不错。今天我们尝试用课本点睛诗的方式来整体概读。

【投影展示】

范 进

你是文学史上的大名人

不仅仅是因为你考了 36 年

才终于终于金榜题名

还因为

中举前

你挨的那千古一骂

中举后

你受的那万古一掌

成功的你
却反而成为最经典的笑话

——王君之《范进中举》之课本点睛诗

师：什么是课本点睛诗呢？就是我们用比较精练的语言把文本中最核心的内容提炼出来，写作成诗。现在展示的就是王老师创作的写给范进的诗。诗写得很朴素，我点名朗读。（指一名学生）请你朗读。读的时候请把老师想传达出的韵味表现出来。

（生读诗，教师指导评价。重点指导两个"终于"的语气语调、诗句"中举前""中举后"后的句子的嘲讽意味和最后一节的重音。全班再齐读。）

师：今后你们就可以做这样的训练，一篇文章用几句诗把它的主要内容提炼出来。这首诗写的就是范进的故事。范进所受的语言暴力主要源自他的亲人。什么是亲人？亲人就是这世界上理所应当对我们最温情蜜意的人。但是《范进中举》中的亲人胡屠户对范进却没有温情蜜意。当范进正式去参加"国家公务员"的考试，他告诉老爹："老爹，为了改善咱家的经济状况，为了让您的女儿过上好日子，为了更好地孝顺您，我想还参加一次考试。但是我没有盘缠啊，老爹，借点给我吧……"可胡屠户根本不跟他对话，而是滔滔不绝生成千古一骂。

【评】　《范进中举》篇幅较长，让学生自己先用一句话进行概括能够让学生快速地回忆文本内容，建立宏观构架。然后用诗意概括文本的方法——课本点睛诗，除了有内容概括和情节提炼的妙处，还对语言的表达形式作出了示范，亦是帮助学生解读文本的一把钥匙，更是本堂课的一粒熠熠闪亮的珍珠。通过朗读训练，反复感受老师对范进的情味，在声情并茂的朗读中传递给学生，引导学生聚焦至"千古一骂"，由面到点，局部立意初见端倪。能提笔成文的王君老师，是在对教材进行再创造，带领学生高屋建瓴，钉珠织网。

【投影展示】

不要失了你的时了！

你自己只觉得中了一个相公，就"癞蛤蟆想吃天鹅肉"来！

我听见人说，就是中相公时，也不是你的文章，还是宗师看见你老，不过意，舍与你的。

如今痴心就想中起老爷来！

这些中相公的都是天上的文曲星！你不看见城里张府上那些老爷，都有万贯家私，一个个方面大耳？

像你这尖嘴猴腮，也该撒泡尿自己照照！

不三不四，就想天鹅屁吃！

趁早收了这心，明年在我们行事里替你寻一个馆，每年寻几两银子，养活你那老不死的老娘和你老婆是正经！

你问我借盘缠，我一天杀一个猪还赚不得钱把银子，都把与你丢在水里，叫我一家老小嗑西北风！

师： 这就是文学史上著名的千古一骂。（板书"千古一骂"）这一骂让胡屠户的形象"彪炳史册""万古流芳"。（众笑）但被骂的范进不太妙啊！我们从语文的角度研究为什么它是"千古一骂"。好，同学们，现在你们就是胡屠户了。（走到一生面前）要演好胡屠户可不容易，滔滔不绝地一顿骂要神情毕现。（走向一个特别热情举手的学生）

师： 你够厉害吗？

生： 够。（众生笑）

师： 注意啊，小朋友，你现在是个屠户，老丈人在范进面前是从来不讲道理的。我来配合你，我是你的女婿。向你借钱。你便抓住机会教训了我一顿。我希望你朗读表演时有表情有动作啊。我先问你一些问题，你认为读这段文字语速应该快还是慢？

生： 我认为应该快。

师： 你的判断很正确，滔滔不绝的黄河之骂天上来。（众生笑）那你认为这语气应该柔还是狠啊？

生： 狠。

师： 嗯，在你骂的过程中，我这个女婿要是想插话，你让不让插？

生： 不让。没他说话的份儿。（众笑）

师： 那好，你不用管我，我会配合你表演好这一个人物。请你站出来。你千万不要同情我，进入你的角色。你要恶狠狠地骂我，你读得越好同学们分析这些语言文字就会越到位。还有，你的笑容很可爱，（众生笑）你要注意一点，胡屠户骂他的女婿的时候肯定不会笑，你的表情应该是——

生：凶狠的。

师：对，我们开始。

（师生角色表演）

师：（躬身作揖状）老爹——，你看小婿我好不容易有了这次考试的机会，我呀特别想给你姑娘——就是我老婆买件好看的衣服，我呀——也想好好孝顺您，所以，我想参加"国家公务员"的考试。要是考中的话，我们家的情况就会得到非常大的改变。但是，老爹你也是知道的，我们家实在是没钱了，你能不能借我点盘缠？

生：（恶狠狠地）不要失了你的时了！你自己只觉得中了一个相公，就"癞蛤蟆想吃天鹅肉"来！我听见人说，就是中相公时，也不是你的文章，还是宗师看见你老，不过意，舍与你的。

师：（畏缩地后退）不——不是的，老爹——

生：（不停地）如今痴心就想中起老爷来！这些中相公的都是天上的文曲星！你不看见城里张府上那些老爷，都有万贯家私，一个个方面大耳？像你这尖嘴猴腮，也该撒泡尿自己照照！

师：（畏缩地躲闪，哀求地）老爹——

生：不三不四，就想天鹅屁吃！

（师羞愧地蹲下来，埋起了头）

生：趁早收了这心，明年在我们行事里替你寻一个馆，每年寻几两银子，养活你那老不死的老娘和你老婆是正经！

师：（轻拉胡屠户的袖子，哀求地）老爹——我老娘她还在……

生：你问我借盘缠，我一天杀一个猪还赚不得钱把银子，都把与你丢在水里，叫我一家老小喝西北风！

师：（哭泣地）老爹，你教训得是，教训得好。

（听课教师和全体学生齐鼓掌）

师：这孩子真是太出色了，将来长大后也一定是一个厉害的角色，非常棒。我们再找一名女胡屠户。（手指一名女生）这名女生你出来，你要准确找到一名男性的老年屠户的感觉。这个表演你的难度更大，你要注意"泼妇"和"泼夫"还是有不同的。你也还需要管理好你的笑容。

（师生再次演绎）

师：现在郑重宣布：在平时这段文字不能经常练，经常练咱们也变胡屠户这样了，可不行。（众笑）

120

【评】 师生传神的演读范进和胡屠夫这"千古一骂"的妙剧，王老师活灵活现的表演把学生带入情境，仿佛穿越至范进和胡屠夫对话现场，把课堂推入一个高潮。王君老师对文本有个性的创造性的理解，艺术的设计教学的匠心与手法在这里可见一斑。欢乐可以有，但郑重也必须要。这样暴力的语言只可以用来表演，却不可以实用至生活，处处可以感受到王君老师对于生命的关怀和尊重。

师：什么是千古一骂？刚才你们体验了，现在从语文的角度来审视这段文字，为什么这胡屠户骂得真是打引号的"精彩"？他怎样骂得这样狠啊，用了什么方式？理性地分析。

生：他引用了俗语——癞蛤蟆想吃天鹅肉。

师：好丑的语言，对于知识分子来说是秀才遇见兵——有理说不清啊！

生：他还运用了对比的手法，把范进和城里的那些老爷进行对比，把范进贬得一文不值。

师：太棒了。对比是最要命的，我们都最恨的就是"隔壁家的那些孩子"，这里出现了"隔壁家的贤婿"，太吓人了。

生：他说："养活你那老不死的老娘和你老婆是正经！"骂范进的母亲很不雅观，让范进没有底气。

师：这叫连带，不仅骂范进，祖宗十八辈都牵连带在一起骂，损人，真狠！我教同学们一种精段研读的方法。

【投影展示】

    精段研读基本方法

  看篇 看层 看句

  看词 看点 看意

（注："点"指"标点符号"）

师：今后我们遇到任何一个精彩的语段，都可以用这样语文的方式去审视它。

（生齐读）

师：什么意思呢？我们看。这段小说原文投影上是老师分的段，为了帮助大家朗读的。它本身有没有分段？

生：（齐答）没有。

师：它本身是没有层次的。胡屠户的骂需不需要分层次？

生：（齐答）不需要。

师：为什么？

生：因为胡屠户不给范进还嘴的机会。

师：这叫一气呵成之骂，不给还嘴的机会，胡屠户把话语权牢牢掌握在自己的手中。本来对话应该是你一句我一句的，如果出现话语权一边倒的情况，这个对话就出现了问题。再看篇。语段中出现的标点符号最多的是哪一种？

生：（齐答）感叹号。问号。

师：为什么出现最多的是感叹号和问号。

生：胡屠户骂得很激动。（众生笑）

师：一个人的成熟、稳重和优雅就在于他说话从来不用感叹号，他说话永远是句号，这是一个人的修养。一个人气急败坏的时候，说话永远是感叹号和问号。再说一个问题，语段中出现最多的词语是哪一个？

生：不。

师：几乎每一个句子当中都出现了"不"。我问同学们，当一个一个的"不"倾泻向你的时候，实际上它暗含了说话人什么样的情绪啊？

生：讽刺。

生：否定。

师：很好，如果每一句话都在否定你——你不三不四，不伦不类，不人不狗，那么一个人就很容易被摧残了。我们从语文的角度研究胡屠户的骂，它之所以是千古一骂，其实是有原因的。注意这种亲人对亲人的暴力语言伤害有这些形式——

【投影展示】

看篇：对话变为独自咆哮，完全霸占话语权

看层：语气迅疾无停顿不分层

看句：全是反问句和感叹句

看词："不"反复出现；污言秽词滚滚来

看点：感叹号反问号居多

看意：否定其成功；不合理比较；竭尽否定之能事……

（说明：加粗字为投影中红色字体）

（师读"红字"，生读黑字）

师：这是亲人之间的说话啊！你可不要觉得这是别人的故事。在我们的日常生活中，亲人对亲人往往容易用这样的语气说话。我们有时候对外人说话有所顾忌，对亲人却无所顾忌。微信上有一篇文章，里面有句名言——看一个人的涵养就看他（她）怎样和自己的母亲或父亲说话，怎样和自己的妻子或丈夫说话，怎样和自己的孩子说话，而不是看他（她）怎样和老板说话，怎样和领导说话，怎样和同事说话。像胡屠户这样的说话叫作语言暴力之穷凶极恶型。

【投影展示】

语言暴力之穷凶极恶型

挑最毒的词语

用最狠的语气

嘲笑他的请求

否定他的努力

打击他的自信

践踏他的尊严

摧毁他的希望

剥夺他的权利

师：语言暴力之穷凶极恶型它的集中表现是——

生：（齐读，记笔记）

【评】 通过变化"千古一骂"的断句，由感性的表演转变为理性的分析，精段研读基本方法的指导，在学生不知道自己"需要什么的关节处"搭桥铺路，一步一步往深处开掘，找到语言暴力的第一个特点——穷凶极恶型。真是语文味道处处有，语言咀嚼时时在。

三、学习群体对个体的语言暴力伤害

师：我们第一学习板块结束，进入第二学习板块。我们就《孔乙己》来学习。孔乙己比范进还惨，你读懂了吗？

生：范进起码中了秀才，但孔乙己秀才都没有中。

师：够倒霉的。

生：孔乙己不但没有中秀才，而且还走上了偷的道路，最后死了。

师：实在没办法了，饿肚子就要偷点书，搞点小偷小盗的。

生：因为偷书，腿被打折了。

师：弄个残疾，不值得。

生：范进虽然死读书，但说话并不死板；孔乙己连说话都带着之乎者也了。

师：学语文不就是学说话吗？哪有读书读到最后连说话都不会了的。孔乙己其实算一个很纯粹的读书人，但纯粹得完全和生活脱节了。

生：孔乙己连亲人都没有。

师：一定要看到这一点。范进虽然挨骂，但他有媳妇和老娘，孔乙己一无所有。

生：周围的人都笑话孔乙己。

师：孔乙己比范进还要可怜，他的遭遇比范进还要值得同情和反思。

【投影展示】

鲁迅的《孔乙己》

群体对个体的语言暴力伤害

师：我们研究孔乙己，实际上是研究群体对个体的语言暴力伤害。孔乙己到底有没有亲人我们不知道，自始至终我们没看见一名亲人出场。可能他有亲人，却也不当他是亲人。这样一个可怜人，群体对他进行语言暴力伤害，我们仍然可以用一首小诗来描述——

【投影展示】

孔乙己

最后粗暴地扒下你的长衫的

让大家断定你必死无疑的

不仅是你终生的考场失意

不仅是你无力谋生的穷困潦倒

不仅是丁举人们的残暴嚣张

不仅是掌柜们的阴森冷漠

也是

那群跟你一样卑微的短衣帮

过节般欢乐的

口水

和

唾沫

——王君《孔乙己》课文点睛诗

（指名朗读，提示朗读重音，让学生越读越好）

师： 这名同学理解了老师的诗。这首诗重点要表达的内容放在了前面还是后面？

生： 后面。

（学生齐读《孔乙己》课文点睛诗。重点指导"也是"后面的部分）

师： 你要观察这首诗的语言形式。前面都是由"不仅是"引领的排比句式，后面语言形式突然一变，由"也是"引领，所以老师重点强调的是后一部分。前面我们可以认为是一个不成器的读书人自作自受，我们可以认为是社会上层人物对下层人物的集体欺压。但孔乙己的悲剧性最让人心痛的是后边部分。

【投影展示】

孔乙己一到店，所有喝酒的人便都看着他笑，有的叫道，"孔乙己，你脸上又添上新伤疤了！"他不回答，对柜里说，"温两碗酒，要一碟茴香豆。"便排出九文大钱。他们又故意的高声嚷道，"你一定又偷了人家的东西了！"孔乙己睁大眼睛说，"你怎么这样凭空污人清白……""什么清白？我前天亲眼见你偷了何家的书，吊着打。"孔乙己便涨红了脸，额上的青筋条条绽出，争辩道，"窃书不能算偷……窃书！……读书人的事，能算偷么？"接连便是难懂的话，什么"君子固穷"，什么"者乎"之类，引得众人都哄笑起来：店内外充满了快活的空气。

孔乙己喝过半碗酒，涨红的脸色渐渐复了原，旁人便又问道，"孔乙己，你当真认识字么？"孔乙己看着问他的人，显出不屑置辩的神气。他们便接着说道，"你怎的连半个秀才也捞不到呢？"孔乙己立刻显出颓唐不

125

安模样，脸上笼上了一层灰色，嘴里说些话；这回可是全是之乎者也之类，一些不懂了。在这时候，众人也都哄笑起来：店内外充满了快活的空气。

（说明：加线字为蓝色字体，加黑字为红色字体）

师：可是下层群体人物对下层个体人物的语言暴力是怎样体现的呢？那和胡屠户是完全不一样。胡屠户满口脏话，可是这些人一句脏话都没有。请同学们读这段话，读完后请同学们思考这样一个问题：如果胡屠户是千古一骂的话，那么在《孔乙己》当中这个短衣帮群体对孔乙己的语言暴力叫作千古一什么？（板书：千古一_____）

（一名女生读蓝色、黑色字体，一名男生读红色字体。指导朗读短衣帮戏谑的话语）

师：这段文字，我们还是可以用刚才介绍的方法"看篇、看层、看句、看词、看点"的方式来研究。请自由说说。

生：我发现孔乙己不太愿意接短衣帮们的话头。这些对话还是短衣帮把持的。

生：文字中有很多的"笑"。

生：对话中也有很多感叹句。

生：描写短衣帮的那些副词很有表现力。

师：对，我们可以这样归纳——

【投影展示】

看篇：压倒性的不平等不和谐"对话"

看层："温吞式停顿"，语气悠闲但依旧几乎不分层；纠缠式对话

看句：挑逗式问句；挑逗式叙述句

看词：修饰性副词的出彩应用

看点：问号偏多，挑逗式怀疑

看意：戏弄人，挑逗人，把人作为游戏的工具……

（指导生读）

师：思考，如果胡屠户的语言是千古一骂，短衣帮的语言是——

生：千古一嘲。

生： 千古一讽。

生： 千古一鄙。

生： 千古一辱。

生： 千古一伤。

师： 同学们都读懂了。大家跟当年鲁迅先生的理解是一样的。

【投影展示】

　　凡捕食雀鼠，总不肯一口咬死，总要尽情玩弄，放走，又捉住，又放走，长此以往，直待自己玩厌了，这才吃下去，颇与人们的幸灾乐祸，慢慢折磨弱者的坏脾气相同。

——鲁迅《狗·猫·鼠》

（学生齐读）

师： 慢慢折磨弱者的千古一嘲、千古一讽、千古一辱、千古一戏，我认为比胡屠户的千古一骂别有用心。我把这种语言暴力叫作调戏玩弄型。

【投影展示】

语言暴力之调戏玩弄型

挑起别有用心的对话

玩着穷追不舍的游戏

一道一道地撕开伤口

一遍一遍地赏玩痛苦

（学生齐读）

【评】 从范进到孔乙己，从胡屠夫到短衣帮，从一个人到一群人，从一个时代到另一个时代，语言暴力有过之而无不及，王君老师的设计总能把学生的思维延伸得更广远，开掘得更深入。第二颗珍珠——关于孔乙己的课本点睛诗再次朗读，精读方法二次操练，填字游戏的重新提炼，鲁迅名言的及时引入，此处真是有声有情，有训有练，有放有收，语言暴力的第二个特点——调戏玩弄型又水到渠成地被发现了。

四、大人对孩子的语言暴力伤害

师：接下来我们走进《窃读记》，这篇课文里有大人对小孩儿的语言暴力伤害，也可以说是一种更无痕的语言暴力。文章里面更没有脏词，好像也没有戏弄之语，甚至还义正词严。但是，它同样伤人于骨髓。来，请读课本点睛诗。

【投影展示】

一个小女孩儿
一念天堂
一念地狱

只因为
这个小女孩儿
在书店里　窃书读
惊恐不安

地狱里
那位小老板
五个大手指如一只巨掌，压住书，冷笑着问
你到底买不买

而天堂里
一位小店员
悄悄地把书送到她的跟前
说
请看吧，我多留了一天没有卖

——王君《窃读记》课本点睛诗

（教师朗读，学生分别接读第三、四节最后一句，教师指导朗读）

师：同学们，这个小老板可以像这个小店员一样说话，可是他没有。这种语言暴力我归结为冷漠不助型。

【投影展示】

语言暴力之冷漠不助型

可体谅处不体谅

能容人时不容人

师：冷漠不助型语言暴力并不是说人有多大的罪恶，但他可以做得更好，而不是对别人漠不关心。它的特点是——

生：（齐读）可体谅处不体谅，能容人时不容人。

【评】 小说是现实生活的折射，散文是现实生活的复刻，从小说中的范进与孔乙己再到散文里的林海音，从亲人对亲人，到群体对个体，再到大人对孩子，语言暴力的伤害就如毒药的毒性一样步步升级，能伤人入骨髓的冷漠不助型语言暴力的引出，给"体谅""宽容"这样的生命密码以更为直观的注解。

五、从来没有停止过的语言暴力伤害

师：同学们，这三篇文章是很多年前的文章，清代的、民国时代的、中华人民共和国成立前的。但语言暴力从来没有停止过。我们看一段视频。

（教师播放有人跳楼轻生，围观群众起哄的视频）

【投影展示】

语言暴力之幸灾乐祸型

面对他人的悲剧无动于衷

看着同类欲坠深渊落井下石

师：这种围观群众的语言暴力我称之为幸灾乐祸型。我们日常生活中也有这种现象。比如说有的同学被老师批评了，旁边就有同学起哄，特别是男孩。我当老师这么多年，每次讲到有学生轻生的新闻，周围总会有笑声。为此，我写过好多的文章。这种现象表现的是——

生：（齐读）面对他人的悲剧，无动于衷；看着同类欲坠深渊，落井下石。

（教师指导学生用凝重、沉痛、愤怒的语气朗读）

【评】 从古至今，语言暴力伤人至深。从书本上到生活中，王君老师始终不忘语文即生活，生活即语文，语文要让学生走进生命的道场。不似前几个板块的问答讲解，一段骇人的视频，带出语言暴力的第四种类型——幸灾乐祸型，一次充满情感的朗读，直击学生的心灵深处，反思日常的自己。

六、归纳总结

师：语言暴力还有很多。我们主要归结为这四种。

【投影展示】
      面对弱者
  语言暴力之穷凶极恶型
  语言暴力之调戏玩弄型
  语言暴力之冷漠不助型
  语言暴力之幸灾乐祸型
  ······
（学生齐读）

师：请同学们思考：语言暴力的背后是什么？
生：语言暴力的背后是受挫的心灵。
师：这是从受到语言暴力的人的角度来说的。
生：语言暴力的背后是幸灾乐祸的心理。
生：是扭曲的人格。
生：人们对于他人的冷漠和冷眼。
师：冷漠和冷眼，两个冷字用得好。
生：语言暴力的背后是事不关己，高高挂起的心态。
师：你引用了俗语。
生：语言暴力的背后是伤害。
生：语言暴力的背后是对别人的侮辱和嘲讽。
师：我相信人性本善。实施语言暴力的人也可能接受过别人的语言暴力，所以他才会把这种暴力传递给其他人。社会要想改变这种现象，需要从源头抓起。

【投影展示】

我觉得我们民族最缺乏的东西是诚和爱。
——鲁迅论国民性之奴隶性

师：孩子们，语言暴力的背后是因为我们这个民族最缺乏鲁迅所说的——诚和爱。

【投影展示】

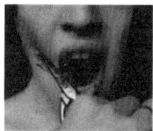

师：同学们，这是新加坡的公益广告。我第一次看到就非常震撼。现在我们要现场作诗了，作课堂点睛诗。我们每人至少说两句，我的嘴可以是……也可以是……你的语言可以是……也可以是……格式上两两对应就可以。开始。

生：你的语言可以是伤害别人的利器，你的语言也可以是安慰别人的一缕阳光。

生：你的语言可以是伤害别人的一把利刃，也可以是反映内心的一面明镜。

生：你的语言可以是把人拉上天堂的天使之手，也可以是将人拉向地狱的恶魔之手。

生：你的嘴可以是世上最猛的毒药，也可以是世间最好的良方。

生：你的语言可以是滋润他人的玉露，也可以是伤害他人的匕首。

生：你的语言可以是赞美他人的天使，也可以是嘲笑他人的恶魔。

生：我的嘴可以是让他人升入天堂的朝天梯，也可以是让他人陷入地狱的鬼门关。

生：你的语言可以是玫瑰，也可以是玫瑰的刺。

生：我的嘴可以是沙漠里的一口清泉，也可以是沙漠里的一阵沙尘暴。

师：同学们，你们是想用语言送去暴力，还是想用语言送去爱呢？全看你是一个什么样的人。

【投影展示】

写给你的嘴

你的嘴
可以是一个花园
也可以是一片荒原

你的嘴
唇，可以如天使
舌，也可以像魔鬼

你的嘴
可以流出甜美的清泉
也可以渗出霉臭的污水

你的嘴
可以比阳春三月还温暖
也可以比数九寒冬还冰冷

你的嘴
可以如温柔的手和慈爱的眼
也可以像锋利的投枪与匕首

你的嘴
可以如天籁鸟鸣
唤醒春天
也可以如天塌地陷
把死亡吸引来

你的嘴

可以是天堂

也可以是地狱

你的嘴

可以救人

也可以杀人

生：（配乐齐读）

【投影展示】

祝愿你的嘴

不生产暴力

只生长＿＿＿

师：祝愿你的嘴不生产暴力，只生长——

生：幸福。

师：祝愿你的嘴不生产暴力，只生长——

生：真诚。

师：祝愿你的嘴不生产暴力，只生长——

生：关爱。

……

【投影展示】

祝愿你的嘴

不生产暴力

只生长

善良

悲悯

理解

同情

温柔

爱

以及

所有的

美

师：下课。

【评】　从读别人到看自己，始终不丢生命的自省，由总结语言暴力的特点，到分析语言暴力产生的原因，始终不放生活的情怀，从朗读到写作，始终不离语言文字的使用。摄人图片的警示，助力话题的推进，课堂点睛诗的创作，拉升了课堂的高度：语言暴力背后站着的是一个人，表现的是一个民族性格的缺失，更有教者美好的期望。语言的意义——你的说法就是你的活法。这样的文本解读，这样的课堂设计，是由文到人，是推人及己，"是百转千回后的一语中的，是山重水复之后的柳暗花明。"更是一种"大融莘莘学子生命场"人道主义情怀。

　　　课 例 点 评

群文局部立意　生命主题深掘

王君老师是青春语文的掌门人，特别擅长整合教材中的文本资源，同时又能在语文教学中实现师生的有效对话，从而提高语文教学的效益。她经常说青春语文就是要"以课堂的质量抵抗生命的轻飘易逝，凭借课堂的高度走向生命的高度"。这节课，既有课堂的质量又有生命的高度，既是局部聚焦的小群文阅读，又是立意深刻的大主题设计。细细品味，余韵悠悠。

一、上下勾连，群文局部立意，紧扣文本的特质

1. 贴近实际，精选研读方式

对于像《范进中举》《孔乙己》这样的经典名篇，按照王君老师对于文本特质的分类，是比较适合上成主题型文本。类型有两种：一是宏观主题型阅读，二是局部立意式研读。文本特质能决定课堂教学在教学内容上的选择取舍，但考虑到七年级的学生，体贴的王君老师还是采用了——语言暴力，这种更贴近学生学习和生活实际的局部立意教学设计。王君老师说："弱水三千，只能取一瓢饮。这一瓢，要经由语言学习之路，最后切实帮助学生解决一个生命难题。"再好的设计如果不能贴近学生的实际，不立足于学生语文能力的发展和语文素养的提升也是虚妄的，不走心的。

2. 上下勾连，群文局部立意

有研究者通过研究指出，完整的儿童阅读可分为四个层次。具体来说，阅读的第一层次是课文阅读；第二层次就是群文阅读；第三层次是整本书阅读；第四层次是主题书阅读。蒋晶军先生进一步指出，阅读的四个层次是渐进掌握的，但是大部分人只掌握第一层次阅读。群文阅读处于第二个层次，发挥着一种承上启下的重要作用，是联系课内阅读与课外阅读的纽带。而这种小群文阅读又特别考验教师对文本的选择和整合。王君老师说："整合，让语文教材立体起来，让语文教学灵动起来。……深度开发教材，促成内容的整合，就能避免教学的零碎敲打。"因而这节课既有宏观的上下勾连——《范进中举》《孔乙己》《窃读记》，又有微观的局部立意——语言暴力。《范进中举》里胡屠夫的千古一骂，《孔乙己》里群体对个体的千古一嘲，极尽谩骂和嘲讽之能事，这是两种有痕的语言暴力。接着《窃读记》里大人对小孩儿的语言暴力伤害，没有脏词，好像也没有戏弄之语，甚至还义正词严，可以算是无痕的语言暴力，却能伤人心髓。最后加上一段视频，鲜活的生命即将消失，底下是一群麻木的看客"面对他人的悲剧，无动于衷；看着同类欲坠深渊，落井下石"，这种幸灾乐祸型的语言暴力仿佛是一面镜子，更能照出身边很多人的真实模样。这样的小群文阅读，可以看到王君老师既能积极主动地面对教材，又不脱离语文学习的目标，还能结合当前的社会实际，更能立足于学生的现实需要，对教材内容进行取舍改造，从古至今，上下勾连，局部立意，充分体现青春语文之愿景：文本，有青春如新的解读；课堂，有青春灵动的设计。

3. 紧扣文本，挖掘生命主题

把文本当成一个鲜活的生命，这样你就能对这个生命有整体的关照和细节的研究，也就有新的发现。王君老师是这样说的，也是这样做的。她的语文课堂也就是生命课堂，在解读文本时她常说，"先救己再救人，先己悟再助人悟"。课堂里的王老师有对范进的可怜，对孔乙己的同情，对窃读女孩的心疼，对那些看客们的愤慨。王荣生教授说过，语言赖以发生的根基 ——文化，其目的在于为言语的运用提供环境和脉络。言为心声，言有文化，语言的暴力后面是暴力的心，暴力的人，暴力的民族，暴力的文化。亲人对亲人，个体对群体，大人对孩子，陌生人对陌生人，都缺失了"真诚与爱"。这样步步深入，层层开掘，直抵文化和生命的内核，人性的源流。她不仅是在多维多向地开掘文本的思想意蕴，还能联系学生实际，把语文课化作学生健康成长的生命营养。所以刘祥老师说："王君的青春语文，其青春之根，全在于生命的省察。"

二、尺水兴波，聚焦语言暴力，呈现诗意的表达

1. 尺水兴波，聚焦语言暴力

语文教学，内容芜杂，小说教学，花色繁多，如何去粗存精，去繁就简，就看一个老师的文本解读功力。王君老师说过：语文教学，是一个从看不见到看得见，从看不清到渐渐看清的修炼过程。而这堂课我们看到了王老师拨开层层翳云，摄来一轮明月，在语言的清潭里跳起灵动的青春之舞。"语言暴力"是主问题，是珍珠线，它串起了三大经典文本，它串起了课堂和生活，它串起了文学和生命。在老师的逐层引导和点拨下，孩子们渐渐地从语言暴力的类型追溯到语言暴力的根源。四个类型的安排也是有序铺展，从有痕到无痕，从有招到无招，从直接到间接，语言暴力的伤害也步步升级。在分析语言暴力的类型的过程中，王君老师总会在关键处给学生搭桥铺路，这次的精段研读基本方法——看篇、看层、看句、看词、看点、看意，像一叶小舟带着学生在语言的河流里不断漫溯。从语言中来到语言中去，变型、填字、演读、作诗，始终在语言的水波里畅游。所以有人说："昭君的爱，不是高高在上的施与，而是以孩子们希望的方式给予他们最需要的帮助。"青春课堂的灵动之气，经过酝酿，经过蓄势，经过聚焦，经过铺陈，经过点燃，最后勃发在生命的思考上。

2. 穿插助力，呈现诗意表达

对于材料的穿插一直以来争议较多，但是如果时机把握好，内容选得巧，却能给课堂带来事半功倍的效果。王君老师这次课堂最大的亮点不是她的视频和图片穿插，也不是鲁迅先生的几处名言引入，而是她自己写的课本点睛诗。从范进到孔乙己再到窃读女孩，每一首诗的背后站立的是一个有情怀的老师，站着的是一个写作极其勤勉的老师。王君老师有其始终不忘的初心——学生应该是课堂的主体，老师写得再好，不如学生在老师的滋养下拔节生长。课堂最后学生集体创作课堂点睛诗，让尖锐刺耳的语言暴力成了温柔如春的诗意表达。"教学，可以是一条射线。起点，是你定的。但终点，属于每一个孩子的远方。"这也正是青春语文的特点：语言学用要灵动；学情应变要灵敏；规律把握要灵便。

3. 多重朗读，掀起课堂波澜

余映潮老师说：朗读是一种富有情韵的课堂活动，也是一种活泼的形式优美的教学手法。这节课王君老师把朗读的妙处发挥到极致，多重多样的朗读不仅"切实有效地提高了学生的朗读能力，也尽善尽美地让学生在情感上受到感染熏陶"。

第一波：想象型演读，让学生进入情境设身处地地用想象"经历"小说人物的经历，体验小说人物经历的人生。本课中展演的是胡屠夫和短衣帮们的暴力语言，对于第一个板块的演读，王君老师驾轻就熟，她以聊天的方式，在表演前提示学生，比如："演时你的表情动作应当怎样？为什么？速度快还是慢？为什么？如果我想插话，你能不能让我插，为什么？"这些预备活动充分完成后，学生对胡屠户这个角色就有了精准的定位，并明确了表演的方法。于是，表演过程中，面对扮演范进的老师可怜巴巴地几次插嘴哀求，学生都没有跳出角色外，反而更加怒不可遏，把"老师"骂了个狗血喷头，整个表演淋漓尽致，精彩纷呈。王君老师就用演读的方式身临其境地感受人物，师生角色扮演，朗读与情思的碰撞，掀起课堂的高潮。

第二波：诗意型朗读。本堂课王君老师自己创作了三首课本点睛诗，多首课堂小结诗，每首诗的呈现王老师都认真对待，用形式各样的朗读印刻在学生心中。每次朗读都非泛泛而读，有要求，给方法，多训练，学生才能更亲近文本，感悟人物的个性，体会生命的真诚。

第三波：咀嚼型品读。青春语文其本质之一就是提倡通过激活汉语言本身的生命力等手段使语文教学过程保持青春状态。王君老师很擅长咬文嚼字地品读。一个标点，一个副词，一个动词，在王老师眼中都是很好的解读对象，更是优秀的朗读对象。在朗读中分析，用分析促朗读，把学生的思维由感性的此岸滑向理性的彼岸，养成细腻感受文本和深入阅读的好习惯，提升对语言敏锐的感受力，提高学生的语文素养。

多重多层的朗读，是让"语文教学过程保持青春状态"的法宝之一。

三、灵动课堂，勃发青春状态，奏响生命的旋律

霍军老师称王君是课堂美学的建构者，这一点也不为过。灵清的课型定位——小群文局部立意抓生命主题；灵活的组织形式——朗读写诗聚焦语言暴力；灵透的文本解读——语言暴力背后是民族文化；灵动的语言学用——精读方法铺路搭桥；灵敏的学情应变——学生才是课堂的主人；灵便的规律把握——语文教学要在语言文字里出生入死。王君老师把备课当成是怀孕生娃，新课娃娃是用青春语文的精血养成的，自然会懂得关怀，懂得尊重，懂得爱与被爱，懂得让学生能有言说的欲望和勇气，懂得激活他们的诗情，懂得引逗出他们新的发现，懂得激发出他们惊人的潜能，懂得给予他们语文营养，懂得生发出他们仁爱慈悲的情怀。维果茨基认为，教学不应当指望于儿童发展的昨天，而应指望于他的明天。"我上课是想帮助孩子们走出生活中的精神困境，着眼孩子们的精神人格的发展。"王君老师如是说。所以"在王君的课堂上，时时有所谓语文'工具性'的扎实训练，更处处渗透着教学生做一个大写的人、独立思考的人的雨露春风。"她说教法也是心法，心法就是活法。她说积淀、眼光、情怀，决定着课堂高度。而我要说，这节好课是王君老师用生命把文本、作者、学生、课标一起放在心中，然后慢慢地"养"出来的。是自己跟自己较劲，不断创新，是爱与智慧修炼出来的正果，勃发着青春的活力，奏响着青春的旋律。

当然一堂好课想要评说的太多，能紧贴大地，又能仰望星空，敢走能走并能走好"不寻常"之路的王君老师，定然还会带给我们更多的惊喜。

（陆　艳）

善良是一种才华

——《窃读记》《唯一的听众》群文阅读课实录

这堂课，依旧选择的是"局部立意式研读"思路。片段取材，广泛勾连，同类整合，突破一点。

群文课，讲究"大"与"小"的配合。"大"是取材的视野，"小"则是立意的聚焦。弱水三千，只取一瓢饮，甚至半瓢饮，乃是此类课的操作关键。

🍂 课 堂 现 场

一、研读《窃读记》中店员的善良

师：同学们，我们今天把《窃读记》和《唯一的听众》整合起来学习。先看《窃读记》。我们这节课研究的是善良的问题。那咱先说说文章中那个似乎不太善良的人物，就是——

生：书店的老板。

师：他是坏人吗？

生：他不太可爱，但也说不上坏。

师：何以见得？

生：他是商人，挣钱是他的目的。如果每个人都像林海音一样偷偷看书不买书，那他就亏了。

师：这样看问题比较全面，也比较慈悲。文中哪个句子可以看出书店老板并不是一开始就呵斥林海音的。

生：书店老板斥责林海音说"不是一回了"。可以见得他也是一忍再忍了的。

师：对，这个人，不太理解穷人家的小孩子，他的心灵还不够柔软，但站在他的角度，他这么做有他的道理。其实评价任何一个人，都不能简单用"坏人"或者"好人"去评价。但是，一个人站在自己立场上的"义正词严"也往往会给他人造成伤害，哪怕这种伤害是无心的，但杀伤力还是会很大。你看，书店老板维护书店利益的呵斥，客观上如一把刀子，狠狠地插进了小海音的心。

【投影展示】

> 但在这次屈辱之后，我的心灵确实受了创伤，我的因贫苦而引起的自卑感再次地发作，而且产生了对人类的仇恨。

（指导学生朗读。用丑陋的大字板书：屈辱　创伤　自卑　仇恨）

【点评】　　开课明意，比读《窃读记》《唯一的听众》，选取研读角度："善良是一种才华。"立足文本，聊天式进入，先从"不太善良"的说起，引导学生明白——一个人站在自己立场上的"义正词严"也往往会给他人造成伤害，哪怕这种伤害是无心的，但杀伤力还是会很大。并板书写下"屈辱""创伤""自卑""仇恨"四个触目惊心的词，课本与生活瞬间勾连，侧面入手，正面解读。让学生明白"善良"的重要性，明白"勿以恶小而为之"的必要性，引出本堂课的话题。可谓自然而然，顺势而至。

师：同学们，"屈辱""自卑""仇恨"这些负面情绪本来就是十分可怕的，对于一个小孩子，更是定时炸药，如果得不到及时的疏解，完全可能成为心理问题，伴随一个人一生。小海音很幸运。当她被这些可怕的情绪折磨的时候，她遇到了一个天使——

生：书店的店员。

师：对，和这个店员邂逅后，小海音的情绪问题彻底解决了，你看她变化多大——

【投影展示】

> 我低着头走出去，黑色多皱的布裙被风吹开来，像一把支不开的破

伞，可是我浑身都松快了。忽然想起有一次国文先生鼓励我们用功的话：

"记住，你是吃饭长大，也是读书长大的！"

但是今天我发现这句话不够用，它应当这么说：

"记住，你是吃饭长大，读书长大，也是在爱里长大的！"

（指导学生朗读　用规范漂亮的字板书"松快""爱"）

【点评】　继续在文本的具体词句中行走，聚焦书店店员的"善良"，也先不说他怎么"善良"，而是说他"善良"的结果。前后对比，"善良"和"不太善良"带来的结果大相径庭，给学生对于善良的"即视感"，也为研究"善良"蓄势。预做铺垫，顺利推进，调动了学生所有的好奇，牢牢把握学生的心理，非高手不能为也。

师： 同学们，佛语说"一念天堂一念地狱"，其实，"人"才是最重要的。遇见一个人，下地狱；遇见一个人，上天堂。人与人，是多么不一样。我们先聚焦小店员，研究一下，他到底有什么神奇的力量，能够让小海音发生那么大的改变。现在请自由读书思考。

【投影展示】

正在这时，一个耳朵架着铅笔的店员走过来了，看那样子是来招呼我（我多么怕受人招待），我慌忙把眼光送上了书架，装作没看见。但是一本书触着我的胳膊，轻轻地送到我的面前：

"请看吧，我多留了一天没有卖。"

啊，我接过书羞得不知应当如何对他表示我的感激，他却若无其事地走开了。被冲动的情感，使我的眼光久久不能集中在书本上。

当书店的日光灯忽地亮了起来，我才觉出站在这里读了两个钟点了。我合上了最后一页——咽了一口唾沫，好像所有的智慧都被我吞食下去了。然后抬头找寻那耳朵上架着铅笔的人，好交还他这本书。在远远的柜台旁，他向我轻轻地点点头，表示他已经知道我看完了，我默默地把书放回书架上。

（生朗读）

师： 研究一个人，基本方法都是一样的：察其言，观其行，看他怎么说，怎么做。还有一个方法就是"假设情境法"，你可以问自己：假如你自己在现场，你会怎么做？你会跟你研究的对象一样吗？好，现在请同学扣紧小店员的言行，谈一谈自己的发现。注意，我们的话题是：他到底有什么神奇的力量，能够让小海音解开心结，情绪状态发生那么大的改变。

生：店员的语言很温暖。他说"请看吧"，用了"请"，对一个偷偷看书的小学生用"请"，可见得他非常尊重孩子。一个连孩子都尊重的人，很让人佩服。

师：是啊！我们的文化是很难把孩子当大人看的。店员只说了一句话，但传递出来的信息很丰富。除了礼貌和尊重，你还从这句话中看出一些什么？

生：我觉得店员很用心，他应该已经观察了小海音很多天了。"多留了一天"说明他一直在等这个孩子来。

师："等"，多么动人啊！和书店老板"拒"的态度相比，境界是多么不一样。

生："没有卖"说明这本书很好卖，店员心疼小海音，宁愿顶着违反店规的风险不卖书，也要给海音留着。这个店员真的特别善良。

师：嗯，体会得很细致。他对小海音的帮助是"蓄意"的，有准备的。这个人，太好了啊。

生：店员的动作也很贴心，他给我书的时候，是"一本书触着我的胳膊，轻轻地送到我面前"。

师：哪些词语必须重视？

生："轻轻地送"，是"送"过来，不是让我自己来拿。而且是"轻轻地"，很怕打扰我，惊动我。

生："触"字也特别动人，"触"是特别轻特别细微的动作，用书的一个角和我打招呼。

师：对，我们写，一般会写作"碰"。"碰"和"触"动作弧度不一样，心灵的柔软度也不一样。大家还可以关注一下这段话中的两个"走"。

【投影展示】

正在这时，一个耳朵架着铅笔的店员走过来了……

啊，我接过书羞得不知应当如何对他表示我的感激，他却若无其事地走开了。

（指导生读）

生：第一个"走"，是店员观察到"我"看见书没有了着急失望的时候的行动。他应该一直在等待"我"，在观察"我"，他"走"的时机很对。

师：其实他可以不必"走"，他可以叫一声"喂，小姑娘，请过来一下"，他为什么不叫呢？

生：他应该是看出了我的局促，如果叫，会让我更难为情更惭愧。他自己走过来，可以照顾我的自尊心。

师：这叫作"把关心和爱送上门去"，这个小伙子真细心。

生：送了书后"若无其事地走开"更动人，马上走开是不想打扰我，让我安安心心地看书。"若无其事"是不想让别人知道他送了书，也让我没有心理负担。

师：分析得真棒。这叫作走进了人物的内心世界。后文还有一个"轻轻"，大家也可以做同类信息聚合的分析。

【投影展示】

　　但是一本书触着我的胳膊，轻轻地送到我的面前……

　　在远远的柜台旁，他向我轻轻地点点头，表示他已经知道我看完了……

　　（生读）

生："轻轻地点头"是让别人不能发现自己在和小姑娘交流。

生：动作越"轻"，行为就越隐蔽，人家就越不知道，海音心头的负担就越轻。

生：店员的动作越"轻"，就越能显示出自己的不在意，这样就越能让海音感觉这是一件寻常事儿，没有心理负担。

师：海音用眼神寻找他，他为什么不直接走过去，而是选择在远处"轻轻地点头"呢？

生：一走动，目标就大了，就容易引发老板啊，或者其他人的关注。店员是在想方设法地让我的"窃读"成为一件私密的事。

师：这里是人与人之间动人的无声的交流。我要关心你，但不想让别人知道；我要关心你，甚至也不希望你知道。这是真正的关爱，完全的奉献，不需要宣传，更不需要报酬。

143

师：来，同学们，我们做一个概括练习——

【投影展示】

> 店员的善良
> _____体察　发现需求
> _____给予　默默成全
> 悉心呵护　_____关爱

生：认真体察；默默给予；细致关爱。

生：及时体察；慎重给予；全心关爱。

生：完美体察；静静给予；真诚关爱。

师：大家都有了自己的理解，很好。老师是这样概括的——

【投影展示】

> 店员的善良
> 敏锐体察　发现需求
> 悄悄给予　默默成全
> 悉心呵护　远远关爱

（生读）

【点评】　研究小店员的善良，划标识——红色字体标注，引导学生关注关键词；给方法——察其言、观其行，"假设情境法"，"同类信息聚合分析法"；给话题——他到底有什么神奇的力量，能够让小海音解开心结，情绪状态发生那么大的改变。教师"授之以渔"，目标指向明确，学生主体地位发挥充分，很快从语言、动作等方面展开分析，店员形象渐臻丰满，"善良"的内心也更立体，更加细腻地走进人物内心，深刻感悟那份"善良"。最后还通过一个概括练习，实现了由感性的具体到理性的抽象，顺势引申，丰满内容。

师：这是陌生人之间的关爱，这是大人对小孩子的关爱，这是用行动而几乎不用语言表达来传递的关爱，这是初心结果都不求回报的关爱，这就是人世间最高贵的品质——善良。老师写了一首诗，献给这位可爱的店员。

【投影展示】

因为善良

他
他一直在等待
等待
一个小女孩儿

这个小女孩儿
偷偷看书
从来不买
慌里慌张
总是害怕被发现

于是
他悄悄留下
她最爱的那一本
等着她来

她终于怯怯地来了
以为那本书已经卖完
她伤心又悲哀

于是他连忙走过去
轻触她的胳膊
默默把书送到她面前

他轻轻说
请看吧
我多留了一天
没有卖

然后
若无其事地走开
让小女孩儿
安安静静
不紧张不焦虑地
慢慢看

小女孩儿一读
就是两个钟点

他温柔的注视
一直围绕在她的身边

终于看完
小女孩儿到处找寻他的视线
他在远处轻轻地点头
示意她可以离开

他不认识小女孩儿
他只知道
一个爱读书的孩子
应该被呵护
应该拥有甜蜜的安全

他不知道
那个傍晚
因为善良
他的书触碰到的
不是小女孩儿的小胳膊
而是她的
全部心弦
她充满了忧郁耻辱仇恨的心

从此弹奏出了
喜悦和松快

后来小女孩儿长大了
骑着读过的书飞得很远很远
但他送过来的那一本
是她
最最隆重
最最恒久的
怀念
（生动情诵读）

【点评】 一首小诗，以"他"为题，初见"善良"：真正的善良不是虚张声势，不是心理负重，它是"轻轻地来""轻轻地走"，它是灵魂的照拂，是心灵创伤的缝合剂。似一曲安宁和谐的弦乐，又似潺潺多情的溪流。诗是一个小结，也是一处点睛。让学生既有思想上的拔高又有一种美的享受。足见师者的智慧和才情，精致和优雅。

二、研读《唯一的听众》中老人的善良

师： 现在我们进入《唯一的听众》这个故事。这是北师大版五年级上册的一篇课文，跟《窃读记》一样打动老师。把它们整合起来教学，是老师在阅读时的冲动。这个故事里，也有一个关于善良的故事。故事中的主人公"我"，最开始也有心灵创伤，你读到了吗？

生： "我"因为拉琴拉得不好，被父亲和妹妹称为白痴，"我"特别沮丧和伤心，甚至都不敢在家里练习了。

师： 你看，人世间的伤害总是发生得让人始料不及。制造伤害的人可能自己都不知道。《窃读记》中的书店老板是如此，《唯一的听众》中的父亲和妹妹可能也是如此。书店老板是陌生人，而父亲和妹妹还是亲人。来自陌生人的伤害尚可理解，而来自亲人的伤害特别让我们唏嘘感叹。做一个好人，留一点儿口德，真的很重要。

师： 让我们用沉重的沮丧的语调来读这句话。

【投影展示】

　　用父亲和妹妹的话来说，我在音乐方面简直是一个白痴。这是他们在经受了我数次"折磨"之后下的结论。我拉出的小夜曲，在他们听起来，就像是锯桌腿的声音。我感到沮丧和灰心，不敢在家里练琴。

　　（生朗读。师用混乱潦草的大字板书"白痴""沮丧""灰心""不敢"）

【点评】　　第二部分照应第一部分，词语品析，咀嚼回味。先从"伤害"说起，所不同的前面是陌生人的伤害，这里却是亲人之间，点出有一些伤害或许制造者自己都不自知，而这种伤害的威力一点也不小。卡西尔说，"我们可能一千次地遇见一个普通感觉经验的对象，却从未'看见'它的形式。"王君老师拨云见日，振聋发聩。于这种警醒中，教师带领学生不知不觉又攀爬了一个阶梯。

　　师：一个人的自我评价低到了称自己为"白痴"，低到了连家都要逃离，连最亲的人都要逃离，这是让人多么难过的事情。这样的情绪，也是一种很危险的情绪。和小海音一样幸运的是，"我"遇到了一个陌生人，跟这位陌生人的接触彻底改变了"我"。

【投影展示】

　　后来，拉小提琴成了我无法割舍的爱好，我能熟练地拉出许多曲子。在各种文艺晚会上，我有机会面对成百上千的观众演奏小提琴曲……

　　（指导学生用喜悦的深情的语言朗读）

　　师：你看，变化有多大？一颗被沮丧、恐惧、自责充满的心变为了——
　　生：一颗被爱充满的心。
　　生：一颗充满自信的心。
　　师：很神奇，那这样的变化是如何发生的呢？现在我们聚焦老教授的语言，通过语言的咂摸来感受那改变人的心灵的力量来自哪里。在这个故事中，有五次对老教授的语言描写，我们分成五个小组，每个小组着重研究一句话。每个小组的任务是：用情朗读，用心品味。好，现在开始思考讨论。

【投影展示】

1. 老人叫住我，说："是我打搅了你吗？小伙子。不过，我每天早晨都在这里坐一会儿。"

2. "我猜想你一定拉得非常好，只可惜我的耳朵聋了。如果不介意我在场的话，请继续吧。"

3. "也许我会用心去感受这音乐，我能做你的听众吗？就在每天早晨。"

4. 她总不忘说一句："真不错。我的心已经感受到了。谢谢你，小伙子。"

5. 有一次，她竟说我的琴声能给她带来快乐和幸福。

（生分小组自主朗读讨论）

师：好，时间到，现在我想听听同学们有什么发现。从第一个组开始吧。

生朗读：老人叫住我，说："是我打搅了你吗？小伙子。不过，我每天早晨都在这里坐一会儿。"

师：语气语调真温暖。为什么温暖呢？

生：当时"我"突然发现拉琴的地方有人，"我"很紧张很沮丧，"我"是想逃跑，老人的话瞬间就让"我"放松了。

师：为什么老人的话能让"我"放松呢？

生：老人说"是我打搅了你吗"，这句话提醒"我"，不是"我"打扰了老人，而是老人打扰了"我"。这样我就不紧张了。

师：你注意这是一个什么语气的句子吗？

生：是一个疑问句。

师：为什么不这样写"小伙子，我打搅了你，真抱歉"，用肯定句难道不好吗？

（生沉默）

师：你读一读，用心体会一下。

（生读：是我打搅了你吗？小伙子。）

生：用疑问句有一种商量的味道，不太确定一件事的感觉，像是在征求意见，显得很有礼貌。

师：有道理，疑问句让语气更加和缓，很照顾对方的情绪。

生：我发现老人是把"小伙子"放在后边，"是我打搅了你"放在前边，为什么不把"小伙子"放在开头呢？

师：我可以教给你一个原则。一般来说，作者想要着重表达的，一般会放在前边。你看，老人在第一时间想告诉"我"什么？

生：哦，她想让"我"在第一时间就放心，让"我"没有愧疚感。

师：语言表达是一种能力，老人说话是很用心的。她还说"不过，我每天早晨都在这里坐一会儿"，你能读出这句话的言外之意吗？

生：我觉得是"请你原谅我，小伙子，我不是故意打扰你的"。

师：你对语言很敏感！同样的意思，用什么样的方式说出来，给对方的感觉是不一样的。老人的第一句话，就让我们看到了一个什么样的老人？

生：老人很善于站在他人的立场想问题。

生：老人特别会宽慰人。

生：老人习惯自己承担更多一些的责任。

生：老人说话不武断，很尊重他人的感受。

师：请第二组继续说说你们的发现。

生朗读：我猜想你一定拉得非常好，只可惜我的耳朵聋了。如果不介意我在场的话，请继续吧。

师：模仿老人的语气语调读得不错。老人为什么要这样说？

生：我觉得这就是一般说的善意的谎言。老人以"耳朵聋了"为借口，让"我"不再紧张。

师：嗯，分析得很好。这是这个故事最大的一个"局"。老人设局，是为了帮助"我"走出困境，她看出了"我"慌乱的原因。

生：老人是想帮助"我"。她帮助"我"的方法是鼓励"我"放下顾虑，坚持练习。

师：老人很懂心理学啊！

生：我发现老人说这句话也跟第一句一样很客气。"我猜想你一定拉得非常好"，她其实可以说成"你一定拉得非常好"。

师：同学懂这种说话方式吗？用"猜想"，用"不确定"来表达商榷，都可以让对方舒服。比如"如果不介意我在场的话，请继续吧"，也可以说成"你可以不介意我在场，请继续吧"，比较一下，好不好？

（生自行朗读，比较）

生："如果不介意"也表达一种不确定，也有商量的味道，哪怕是对对方好，也不自作决定，而是小心翼翼地征求对方意见。老人太懂得尊重人了。

生：我们是第三组的，我们发现老人的第三句话也有这个特点。

生朗读：也许我会用心去感受这音乐，我能做你的听众吗？就在每天早晨。

师：读得真棒，把问号的感觉完全读出来了。请说说你们的发现。

生：老人说这句话，用了"也许"，"也许"也表达一种不确定，显得特别谦逊。"我能做你的听众吗"，是一种请求的语气，老人年龄老，身份高，但还用请求的语气说话，可见得她很谦逊，对年轻人很尊重。

师：你们小组读书读得真用心！这个地方老师想多讲两句，可以吗？

（生笑）

师：笑了吧？就是这种感觉，愿意为对方付出，愿意奉献，还要征求对方的意见，这就是尊重。这里是不是和《窃读记》中的小店员很相似，我想帮助你，但害怕这个帮助伤害了你。这是多么柔软的情怀。但这还不是最动人的，最动人的是当老人说"我能做你的听众吗"的时候，她其实最是一个心理学家，你知道为什么吗？

生：我觉得是她观察到了"我"的恐惧，她还发现了此时此刻"我"最需要什么。"我"最需要观众，她就请求为"我"做观众。

师：这个同学也是一个心理学家呢！在我们的这个世界上，人人都想做主角，人人都想站在舞台中央，很少有人愿意坐在路边为他人鼓掌。但这个老人，在最短的时间内洞悉了"我"的内心世界，并且以商榷的口吻要给"我"做观众，你说，可贵不可贵？第四组的同学，你们还有新的发现吗？

生：我们研究的是第四句。

生朗读：她总不忘说一句："真不错。我的心已经感受到了。谢谢你，小伙子。"

师：好像读得有点儿问题。有同学发现了没有？

（生沉默）

师：请你再读一遍如何？

（生又读）

师：听出来了吗？注意第一个句子的语气语调。

生：他读的是："真不错！"而原文是："真不错。"

师：好棒！关注文本最细微之处，哪怕是一个标点符号，这是语文学习的基本功。为什么这个地方作者用的是句号，而不用表达强烈语气的感叹号呢？

按理说作者在这里表达赞美，用感叹号不是可以显得更热情吗？

生：我觉得用感叹号反而假了，老人已经说自己是聋子了，她根本听不到，赞美本来就是一种礼貌上的赞美，如果语气强烈了反而虚假。

师：有道理！

生：一般人越老，就越平静，从老人的年龄来看，不太适合语气强烈的表达。

师：这个角度很新，真了不起。大家发现了吗？老人的所有语言中，出现过感叹号吗？

生：没有。一个都没有。

师：你还能从其他语言细节中发现老人说话很平静这个特点吗？

生：老人好像自始至终都很平静呢。我发现这一段。

生朗读：我们没有交谈过什么，只是在一个个美丽的清晨，一个人默默地拉，一个人静静地听。老人靠在木椅上，微笑着，手指悄悄打着节奏。她慈祥的眼睛平静地望着我，像深深的潭水……

师：发现得很好。作者写得很深情，我们也来深情地读一读。

（全班深情朗读）

师：这个老人，一直都很平静，这是她独特的气质，特殊的修养。这种气质，这样的修养，是修炼出来的。王老师也希望自己能够时时刻刻保持平静，无论遇到什么事情都能心平气和地对待，但老师的涵养还不够，嚷嚷着说话的时候还很多，很惭愧啊。（众笑）

师：别笑我，还有发现吗？

生：老人很奇怪，她为我做了听众，她赞美了我，她还说"谢谢"。

师：这一点很有意思，这位同学，你真了不起，我为你的发现而感恩呢。这是一个难点。同学们理解吗？我为别人做了事情，我奉献了，我还说"谢谢"。

生：应该被帮助的人说谢谢啊。

师：我以前也不懂，人到中年之后慢慢懂了，人世间有一种感恩叫作"感恩得到"，但还有一种感恩叫作"感恩奉献"，越奉献越感恩。这样的人，不觉得奉献是奉献，他们觉得奉献就是一种得到。真正懂得了"感恩奉献"，内心就会真正充满谦卑。我觉得老人就是这样的人。所以，她的一句"谢谢你，小伙子"，是发自内心的。还有发现吗？

生：我对"她总不忘说一句"中的"总"很感动。这个"总"说明老人一次都没有忘记赞美我，赞美是她的一种习惯。

师：真好！能关注一个句子中的副词，体会一个小小副词的表情达意的作用，语感很棒。王老师在清华附中圆明书院，我们的"阳光思维方式"第一句就是"喜微笑爱赞美"，恰如其分的赞美，是一种了不起的才能，只有真正有胸怀的人才能真诚地恰到好处地持续地去赞美别人。点赞，是一种才华呢！最后一组的同学，你们研究的就应该是赞美吧？

生：对，"有一次，她竟说我的琴声能给她带来快乐和幸福"，这句赞美太重要了。因为在之前，连"我"最亲的人，父亲和妹妹都直接表达不能忍受"我"的琴声，"我"的琴声给他们带来了灾难。而这位老人对"我"的这句赞美简直拯救了"我"呢！

师：从哪个词语上你能够感觉"我"被拯救了呢？

生："竟"字，这个字表达出"我"听到这个赞美时候的激动和欢乐。

师：好！读书真仔细，读进去了！赞美有各种各样的形式，"能够带来快乐和幸福"的赞美是最高赞美啊！同学们，如果你得到了这样的赞美，你的灵魂世界会发生什么样的变化？

生：我会非常开心，非常自信。

生：我会自信爆棚，觉得自己特别帅。

生：我的自卑会消失，做什么事情都充满力量。

生：我自己也会快乐和幸福起来。

……

师：同学们，人生是很艰难的。在艰难的生命之途中，他人的热情洋溢的肯定，能够帮助我们跨越艰难。欣赏赞美，是生命的无价之宝。故事中的"我"之所以能够从自卑自责的生命低潮中走出来，乃是因为老人把这无价之宝很真诚地赠予了他。现在我们来做第二次概括训练。我们站高一点，总结一下，老人到底为我做了什么，到底怎么做的，让我从"白痴"变成了一个热爱音乐的人。

师：请用这样的方式说一句话——

【投影展示】

_____就是老人的善良。

生：谦卑就是老人的善良。

生：为对方着想就是老人的善良。

生：说话总是真诚地征求对方的意见就是老人的善良。

生：乐于赞美就是老人的善良。

生：不吝啬赞美就是老人的善良。

生：给别人自尊就是老人的善良。

生：愿意给别人当观众就是老人的善良。

……

师：同学们概括得很好。人与人之间的沟通交流、互相帮助仅仅靠热情是不够的，还需要情怀，需要能力。老师这样概括——

【投影展示】

老教授的"善良"

责任全揽，诚恳致歉

消除内疚，热情鼓励

句句请教，甘做观众

持续赞美，表达感恩

【点评】　围绕对话牵动品读，灵活评点敏捷机智，分层总结凸显主题。抓住老教授的五句语言，引导学生分组品读每一句语言背后善良的用心，这里面细到一个动词一个形容词一个副词甚至一个标点，"沉入文本""在词语中'出生入死'"可见一斑。师生对话的环节每一句都堪为经典，精彩纷呈。尤其教师的精彩点评，或适时中肯或敏捷机智，因势利导，大家风范毕露。师生激烈而欢快的碰撞后，不时有"很少有人坐在路边为他人鼓掌""平静是一种修养""感恩奉献"等富有哲理的句子掷地有声，师生再两次分层次概括总结老教授的"善良"，主题渐次显现。这个环节让人纵目骋怀又醍醐灌顶。妙哉妙哉！

师：老师也写了一首诗，献给这位可爱的老人。

你

你把准备仓皇溜走的我叫住

你说你打扰了我

请求我的原谅

你说我一定拉得非常好
可惜你是聋子听不到
你说希望我继续
千万不要介意你的在场

你说你愿意做我的听众
用心灵感受我的音乐
就在小树林子里的
每一个早上

你总不忘夸奖我弹得不错
每一声谢谢从不迟到
我因此而羞愧发愤
不再迷茫不再惆怅

有一次你竟然说我的琴声
给你带来了快乐和幸福
你不知道
我为此欢欣欲狂

很久很久之后我才知道
你根本不是聋子
我内心醍醐灌顶热泪盈眶
我更加全神贯注发愤图强
因为只有这样才对得起
你永远安静聆听的模样

我问自己
你到底拥有什么神力
让我告别了灰心和沮丧
你到底施了什么魔法

让一个白痴
登上了音乐殿堂

后来我才明白
那只是因为你善良
你懂得爱与尊重
懂得每一颗灵魂都渴望飞翔
于是你把自己放得很低很低
低得像尘土
让每一朵小花儿的开放
都恣肆和张扬
（生动情诵读）

【点评】　读此诗感动而舒畅，用第二人称"你"直接表达对老教授的感激和褒扬，"善良"传达出一个气场，树立又一个慈悲的形象，让当事人和读者都心旌摇荡，"青春语文"的情怀就这么自然地赓张，听课一众皆享受在这诗意的课堂。

三、总结

师：最后还有一首诗，献给学习了《窃读记》和《唯一的听众》的我们自己。

【投影展示】

我

悄悄地送书的店员啊
装聋静静聆听的老教授啊
谢谢你们
让我也懂得了
善良
善良是洞察

洞察别人小心翼翼藏在心底的渴望
善良是给予
给予得春风化雨无声无响

善良就是奉献了也不需表白
善良就是表达了也绝不张狂

因为善良
所以习惯站在别人的立场
因为善良
所以时刻时刻自觉地谦逊退让
因为善良
所以总像珍宝一样呵护他人的自尊
因为善良
所以总在别人难过的时候及时救场

善良啊
不仅是一种情怀
善良
更是动人的才华
（生动情诵读）

师：同学们，保持善良，学习善良，是我们一生的功课。下课。
（热烈的掌声）

【点评】　　《他》《你》《我》三首小诗合成"因为善良"，从"他"到"你"最终落实在"我"的身上，多么精妙恰当！一步一步攀登，一步一步拾级而上，有"仰望星空"的情怀又有"脚踏实地的徜徉"，"教师的责任就是动用一切有创意的方法让学生被书本深深吸引"就这么自然贯穿在于君老师的课堂。一次一次看完，还忍不住回望，是有多美好的心肠和担当才铸成了这倾国倾城的青春模样！

【附小学课文】

唯一的听众

（北师大版 5 年级上册课文）

　　用父亲和妹妹的话来说，我在音乐方面简直是一个白痴。这是他们在经受了我数次"折磨"之后下的结论。我拉出的小夜曲，在他们听起来，就像是锯桌腿的声音。我感到沮丧和灰心，不敢在家里练琴。我终于发现了一个绝妙的去处，楼区后面的小山上，有一片年轻的林子，地上铺满了落叶。

　　一天早晨，我蹑手蹑脚地走出家门，心里充满了神圣感，仿佛要去干一件非常伟大的事情。林子里静极了。沙沙的脚步声，听起来像一曲悠悠的小令。我在一棵树下站好，庄重地架起小提琴，像一个隆重的仪式，拉响了第一支曲子。

　　尽管这里没有父亲与妹妹的评论，但我感到懊恼，因为我显然将那把锯子带到了林子里。我不由得诅咒自己："我真是个白痴！"

　　当我感觉到身后有人而转过身时，吓了一跳，一位极瘦极瘦的老妇人静静地坐在一张木椅上，双眼平静地望着我。我的脸顿时烧起来，心想这么难听的声音一定破坏了这林中和谐的美，一定破坏了这位老人正独享的幽静。

　　我抱歉地冲老人笑了笑，准备溜走。老人叫住我，说："是我打搅了你吗？小伙子。不过，我每天早晨都在这里坐一会儿。"有一束阳光透过叶缝照在她的满头银丝上，"我猜想你一定拉得非常好，只可惜我的耳朵聋了。如果不介意我在场的话，请继续吧。"

　　我指了指琴，摇了摇头，意思是说我拉不好。

　　"也许我会用心去感受这音乐，我能做你的听众吗？就在每天早晨。"

　　我被这位老人诗一般的语言打动了；我羞愧起来，同时暗暗有了几分信心。嘿，毕竟有人夸我了，尽管她是一个可怜的聋子。我于是继续拉了起来。以后，每天清晨，我都到小树林去练琴，面对我唯一的听众——一位耳聋的老人。她一直很平静地望着我。我停下来时，她总不忘说一句："真不错。我的心已经感受到了。谢谢你，小伙子。"我心里洋溢着一种从未有过的感觉。

　　很快，我就发觉我变了，家里人也流露出一种难以置信的表情。我又在家里练琴了，从我紧闭门窗的房间里，常常传出基本练习曲。若在以前，妹妹总会敲敲门，装出一副可怜的样子，说："求求你，饶了我吧!"而现在，我已经不在乎了。当我感觉到这一点时，一种力量在我身上潜滋暗长。我不再坐在木椅子上，而是站着练习。我站得很直，两臂累得又酸又痛，汗水早就湿透了衬衣。同时每天清晨，我还要面对一位耳聋的老人尽心尽力地演奏；而我唯一的听众也一定早早地坐在木椅上等我了。有一次，她竟说我的琴声能给她带来快乐和幸福。我也常常忘记了她是个可怜的聋子。

　　我一直珍藏着这个秘密，终于有一天，我拉的一曲《月光奏鸣曲》让专修音乐的妹妹感到大吃一惊。妹妹逼问我得到了哪位名师的指点，我告诉她："是一位老太太，就住在 12 号楼，非常瘦，满头白发，不过——她是一个聋子。"

　　"聋子!"妹妹先是一愣，随即惊叫起来，仿佛我在讲述天方夜谭，"聋子? 多么荒唐! 她是音乐学院最有声望的教授，曾经是乐团的首席小提琴手! 你竟说她是聋子!"

　　我一直珍藏着这个秘密，珍藏着一位老人美好的心灵。每天清晨，我总是早早地来到林子里，面对着这位老人，这位耳"聋"的音乐家——我唯一的听众，轻轻调好弦，然后静静地拉起一支优美的曲子。我渐渐感觉我奏出了真正的音乐，那些美妙的音符从琴弦上缓缓流淌着，充满了整个林子，充满了整个心灵。我们没有交谈过什么，只是在一个个美丽的清晨，一个人默默地拉，一个人静静地听。老人靠在木椅上，微笑着，手指悄悄打着节奏。她慈祥的眼睛平静地望着我，像深深的潭水……

　　后来，拉小提琴成了我无法割舍的爱好，我能熟练地拉出许多曲子。在各种文艺晚会上，我有机会面对成百上千的观众演奏小提琴曲。但总是不由得想起那位耳"聋"的老人，每天清晨里我唯一的听众……

双篇比读　定点深挖出"清流"

　　"双篇比读"是余映潮老先生提出来的，"可以突现不同点为目的，也可以突现相同点为目的"，王君老师在这基础上更显灵动，深挖一个点，一线贯穿，不进行全篇的比读，只就某个局部进行比读，一般寻找相同点，称为"小群文"阅读。可以比读两篇文，也可以是三篇四篇更多。本节课"善良是一种才华"就是将《窃读记》和《唯一的听众》整合起来进行小群文的双篇比读，达到了意料之中又意料之外的佳境，说意料之中是因为王君老师一直以来对课堂教学的研究大有一种"课不惊人死不休"的态势，说意料之外是因为本节课不断带领大家拾级而上，处处皆有旖旎的风光且激发出人们心底最细腻最美好的情感来。

一、选准角度，聚焦一点深挖

　　余映潮老师说："角度"这东西，不经过"山重水复"的跋涉，是看不到它的；不达到"千呼万唤"的地步，它是出不来的。所以选准角度，就需要教师的很高的专业素养，就需要深读文章的一个点，"或读出一处极深的地方，或读出一处极美的地方，或读出一处极有韵味的地方，或读出一处表达技巧精巧优美的地方……"是需要花时间、下气力、动脑筋的事。黄厚江老师也说："一般来说，这个点越是明确、具体、集中，效果会越好。"而王君老师在课堂教学上也一再强调"聚焦聚焦再聚焦"，在这节课里她的切入点是"善良是一种才华"，"善良"做主题太宽泛，可"善良是一种才华"主题更明确且具有了思想性。她抓住《窃读记》里小店员的"善良"和《唯一的听众》里的老教授的"善良"分别进行分析，最后再总结，分为三个板块。慢慢咂摸，稳稳品读。先说他们的"善良"带来的深远影响，然后探讨他们如何"善良"，最后总结他们的"善良"，善良是"我要关心你，但不想让别人知道；我要关心你，甚至也不希望你知道。这是真正的关爱，完全的奉献，不需要宣传，更不需要报酬"。善良更是"责任全揽，诚恳致歉，消除内疚，热情鼓励，句句请教，甘做观众，持续赞美，表达感恩"。逐层达成主题"善良是一种才华"，我相信课上完所有人的内心最柔软处都被击中了，顿悟真正的"善良"跟社会上一些做点好事就唯恐天下人不知的"伪善良",还有就是做了好事最起码让对方知道的这种寻常人的"善良"都不同,从而深感王君老师内心的细腻柔情和高瞻远瞩的理性。"我们可能会一千次地遇见一个普通感觉经验的对象却从未'看见'它的形式。"卡西尔如是说。而王君老师把我们都拉过来正视这种形式和实质。

二、立足文本,工具人文并行

黄厚江老师批评时下一些课堂时这样说道:"在有些课堂里,课文还没有读懂,就和文本对话;文章还没有理解,就对作者质疑;基本内容还没有掌握,就开始探究。还有另一种更可怕的课堂'教什么,学什么,都紧紧盯着考试;考什么就教什么,考什么就学什么。'"王君老师的课堂从来都是"理性思考"加"诗意策划"。她说,"在汉语里出生入死。"她说,"每一个词语都是一方池塘。"她说,"语文课,以文本为桥,扎根在关键词句上,向思想更深处漫溯。"她一直在践行:教师的责任就是动用一切有创意的方法让学生被书本深深吸引。本节课上亦是如此,无论研读小店员还是老教授的"善良",无论研读书店老板还是父亲和妹妹的"不太友善",都是从人物的具体言行出发,从一个动词,一个形容词一个副词甚至一个标点出发,在具体的词句中深挖。每一点的引导也都是言出有处,绝不随意杜撰。她对词语极其敏感,常常于细微逼仄处打开洞天,而这得益于她长期以来的"上下求索",正如她所说,这其中的磨砺"恰似西天取经,非有九死一生执着不悔的精神方能开掘出语言的通途,继而发现世界通达自我"。

三、给足方法,师生精彩对话

王君老师课堂上的师生对话常常令人惊艳,成为一道奇崛的风景。她深谙学生的心理,懂得如何在文本和学生之间架构桥梁,从不架空文本,和学生"胡吹乱说"。她在一次悟课中说道,"不是天马行空地让学生发表见解,不是以课堂的热热闹闹作为追求的目标。我们一直和文字很近,我们的讨论那样巧妙,那样紧扣文本。这是学生和文字真正紧密接触之后的对话,这是真正有语文味的对话——简简单单,自然和谐。"可是这精彩对话的背后其实更多的凝结的是老师的智慧和用心。学生水平参差不齐,"他们有的已经会走,有的还不会爬。他们有的感性,有的理性——你如何带领他们,穿行在多重话语之间,让人人有所思,有所得,有所悟,甚至有所创。"如何引导他们自然生成,而不是牵着拽着推着,即使对名师也绝对是个很刺激的挑战,正因为有了这些思考,王君老师在课堂上一定以学生为主,汇聚各种方法手段一步一引带领学生在文本中爬坡，且群情振奋。

在本节课上研读小店员给出具体方法：察其言、观其行，假设情境法、同类信息聚合分析法；分析老教授抓住她的五句语言，分成小组一组一句，集中火力，细细分析，指导发现。不同形式的朗读一直贯穿始终，边读边品，读品结合，激起一个又一个课堂高潮。比如在老师的引读下一个学生有了发现："是我打搅了你吗，小伙子？"为什么不把"小伙子"放在前面？老师顺势一引，教给一个原则："一般来说，作者想要着重表达的，一般会放在前边。"话题一转，"你看，老人在第一时间想告诉我们什么？"直指人物内心，主题渐次逼近。再有在读的过程中，一生把"真不错"语气读成了高亢的声调，老师引导看标号。然后学生自然指出"越老越平静"，由"平静"二字再到文中寻踪，发现自始至终老人都是很平静的，点出人物的修养，善良的本真。真正水到渠成，天然去饰。

四、小诗镶嵌，步步回环呼应

霍军老师说："王君是个语文教学艺术家。"一点也不假。你看她的课堂自创小诗俯拾皆是，她的诗从来不是炫技，有的只是和文本天然相契的自然与飘逸，提炼与升华。就本堂课而言，小诗用《他》小结第一板块小店员的善良，从距离我们最远的"他"说开去。接着用《你》小结第二板块老教授的善良，"你"字逐渐缩短距离，最后一首《我》总结前两个板块，引起反思，发出默默的倡议，所有的善良都从"我"做起，至此"你我他"形成合曲"因为善良"，整个课堂就这么步步回环呼应，也形成了一首结构严谨、音律优美的诗歌。

余映潮老师说："语文教育应该让学生在教学的美感中生活，让学生在一种高雅的语文环境中生活，这不仅仅只是有利于提高学生的文化品位与审美情趣，更重要的是一种美好情趣的培养，一种健康性格的养成。"

为了追寻这份美，王君老师乐此不疲，找点，定点，愚公移山似的深挖，再深挖，直至汩汩清流喷薄而出，润泽了一个一个干涸的灵魂。

而我在此课中收获的不仅是感动还有感恩！

（俞春霞　扬州市甘泉中学）

基于读整本书的
群文教学

想说爱你不容易
——让我们聊聊《平凡的世界》中的爱情

班上早恋现象严重，宜疏不宜堵，遂有了专题写作课"让我们聊聊爱情"的创意。让爱情观教育和性启蒙教育同步，也许是青春期性教育的正途。这堂课是这次创意写作的开启课。

课 堂 现 场

第一课时

【投影展示】

Whoever is a girl does not want to be loved，and

whoever is a boy does not want to be royal to his lover?

师：哈哈，请翻译。

（生翻译，答案丰富多彩。）

师：这是对于所谓"早恋"的最有名的名言。

【投影展示】

哪个少男不善钟情，哪个少女不善怀春。

——歌德《少年维特之烦恼》

（生记笔记、背诵）

【投影展示】

早恋

师： 事实上这个词语有问题。你要"恋"了，就说明你该恋了，到时候了，没有早不早的问题。如果你只有四岁，让你去"恋"，你干吗？给你个姑娘也不要。

（众笑）

师： 但想"恋"了，还不一定会恋呢。王老师非常崇拜一个人，叫弗洛姆，他写过一本非常著名的书，叫《爱的艺术》。这本书对老师的影响非常大。他说：

【投影展示】

没有什么比"爱"更容易了——这看法尽管被一再证明是错误的，但仍旧很流行。几乎没有任何一种活动，一项事业像"爱"那样怀着巨大的希望开始，而又如此有规律地以失败告终。

——弗洛姆《爱的艺术》

（生读）

师： 还有另外一个著名诗人，叫里尔克，他也说——

【投影展示】

一切正在开始的青年们还不能爱。他们必须学习。他们必须用他们的整个生命、用一切的力量，积聚他们寂寞、痛苦和向上激动的心去学习爱。

——里尔克《给一个青年诗人的十封信》

（生读）

【点评】 歌德的小说《少年维特之烦恼》、弗洛姆的杰出理论专著《爱的艺术》、里尔克的书简《给一个青年诗人的十封信》和路遥的小说《平凡的世界》，这四部著作，因为"爱"的话题"联结"起来。选择什么样的内容"联结"，考验着教师的阅读视野、品位以及阅读教育理念。"爱"这个话题，看起来很熟悉，其实学生并不理解。在导入环节，王君老师把中外各种文本中关于"爱情"的话语，巧妙地调遣腾挪，排列组合在一起，给予学生由浅入深地诠释，弥补了学生的认知不足。在这里，我们不得不佩服王君老师把握学情之精准，设计之巧妙，眼界之开阔。

师：所以，同学们，老师实践上个学期的诺言，要和大家——

【投影展示】

让我们聊聊爱情

师：我们从已经完成的名著《平凡的世界》开始聊起。这是本奇书。说实话，老师对政治不感兴趣。只要是《平凡的世界》中的关于政治的描写，我都匆匆翻过，但是，只要是写爱情的，我就一遍一遍反复读。（众笑）别笑。跟你们一样啊，是不是？路遥虽然写的是 20 世纪 70 年代的爱情，但很经典，也很全面，各种情爱都写尽了。我们就先来梳理梳理。

【投影展示】

她在十八九岁的时候，身体就完全发育起来，心中已经产生了需要一个男人的念头。但本村和周围村庄她认识的小伙子，她连一个也看不上。她是个农村姑娘，又没机会出远门，无法结识她满意的男人。当然，这不是说她要攀个工作人。不。她知道自己没文化，不可能找一个吃官饭的人。就是有工作人看上她，她也不会去嫁给人家——两个人地位悬殊，又说不到一块，活受罪！

师：这是谁？
生：贺秀莲。
师：农村姑娘贺秀莲十八九岁的时候开始希望恋爱了，比你们晚，那毕竟是四十多年前的事情了。这个姑娘很不一样。

【投影展示】

秀莲一见少安的面，就惊喜得心怦怦乱跳：天啊，这就是她要找的那个人嘛！他长得多帅！本地她还没见过这么展扬的后生！再说，这人身上有一股很强的悍性，叫一个女人觉得，跟上这种男人，讨吃要饭都是放心的；只要拉着他的手，就对任何事不怵心了。相比之下，本地那些想和她相好的小伙子，一个个都成了毛手毛脚的猴球小子！

她马上把自己一颗年轻而热情的心，交给了这个远路上来的小伙子。当少安一再说他家如何如何穷的时候，她连听也不想听。穷怕什么！只要你娶我，再穷我也心甘情愿跟你走！

（生朗读）

师：在贺秀莲的爱情选择问题上，她遇到的困难是什么？

生：穷。孙少安家太穷了，穷得连住的地方都不够。

师：是，因为穷，他也出不起彩礼钱，不能在本地找媳妇，所以，他才和不要彩礼的贺秀莲认识了。他和秀莲后来的婚姻生活怎么样？

生：非常美满。

师：原因是什么？

生：他们一起艰苦奋斗，让家境越来越好了！

师：他们的爱情，从一无所有到走向富裕，完全靠两个人团结一心的共同拼搏。可以用一个词语来概括，同——

生：同甘共苦。

师：对。我们可以把他们的爱情特色简单概括为"同甘共苦"。

（师板书）

【点评】 这三个问题的选择有讲究。第一个问题是"她遇到的困难是什么"，从"孙少安家太穷"这个答案，推测第二个问题"他和秀莲后来的婚姻生活"，答案应该是被贫穷折磨得苦不堪言。然而，困难的处境与美满的婚姻构成强烈的反差。接着，教师抛出第三个问题"原因是什么"，由现象推知原因，将学生的思考引向深入，也为后面阅读梳理提供了范例。

（在后面的学习中，老师引导学生们朗读《平凡的世界》中的精彩的爱情描写，一起分享讨论，概括了主要人物各自在爱情中面临的困境和他们的爱情特色，并板书。）

【投影展示】

田润叶和孙少安的爱情

少安赶快低头看润叶交到他手里的那封信，才发现这不是田福军给公社领导写的那封！

他莫名其妙地把信从信封里抽出来，看见一张纸上只写着两句话——

少安哥：

我愿意一辈子和你好。咱们慢慢再说这事。润叶

孙少安站在公路上，一下子惊呆了。

他扭过头来，看见润叶已经穿过东拉河对面的石圪节街道，消失在了供销门市部的后面。街道后边的土山上空，一行南来的大雁正排成"人"字形，嗷嗷地欢叫着飞向了北方……

田润叶和李向前的爱情

这是人生的心酸。在我们短促而又漫长的一生中，我们在苦苦地寻找人生的幸福。可幸福往往又与我们失之交臂。当我们为此而耗尽宝贵的青春年华，皱纹也悄悄地爬上了眼角的时候，我们或许才能稍稍懂得生活实际上意味着什么……田润叶自己也弄不明白，为什么多年来那个肢体完整的人一直被她排在很远的地方，而现在她又为什么自愿走近这个失去双腿的人？

人生就是如此不可解说！

总之，田润叶突然间对李向前产生了一种怜爱的情感。她甚至想到她就是他的妻子；在这样的时候，她要负起一个妻子的责任来！真叫人不可思议，一刹那间，我们的润叶也像换了另外一个人。我们再看不见她初恋时被少女的激情烧红的脸庞和闪闪发光的眼睛；而失恋后留在她脸上的苍白和目光中的忧郁也消失了。现在站在我们面前的是一个含而不露的成熟的妇女。此刻，我们真不知道该为她惋惜还是该为她欣慰。总之，风暴过去之后，大海是那么平静、遥远、深沉。哦，这大海……

田晓霞和孙少平的爱情

孙少平接过这三本彩色塑料皮日记本，随手打开了一本，那熟悉的、像男孩子一样刚健的字便跳入了眼帘……酷暑已至，常去旁边的冶金学院游泳，晒得快成了黑炭头。时时想念我那"掏炭的男人"。这想念像甘甜的美酒一样令人沉醉。爱情对我虽是"初见端倪"，但已使我一洗尘泥，飘飘欲仙了。我放纵我的天性，相信爱情能给予人创造的力量。我为我的"掏炭丈夫"感到骄傲。是的，真正的爱情不应该是利己的，而应该是利

他的，是心甘情愿地与爱人一起奋斗并不断地自我更新的过程；是融合在一起——完全融合在一起的共同斗争！你有没有决心为他（她）而付出自己的最大牺牲，这是衡量是不是真正爱情的标准，否则就是被自己的感情所欺骗……孙少平的视线被泪水模糊了。

郝红梅和田润生的爱情

在一个满天飞霞的傍晚，有个提着小包的瘦高个青年，从前沟道的架子车路上走来。他蹚过霞光染红的小河，来到了这块玉米地，一直走到了她面前。

这是田润生。

对红梅来说，这个人就像从天而降！她说不出话，流不出泪，只是惊讶地看着他。世界在一瞬间凝固了。紧接着，天地一齐像飞轮般旋转起来。

亮亮惊恐地依偎在红梅身上——他对任何走近母亲的男人都永远怀着惧怕。孩子问："妈妈，他是谁？"

她嘴唇颤动着，哽咽地说："这是……你的爸爸！"

她抱起儿子，幸福地闭住眼睛，投向他伸开的双臂之中……

金波和藏族姑娘的爱情

别了，草原！别了，雪山！别了，我亲爱的姑娘！无论你此刻在什么地方，我都向你祝福，祝福你美满地生活在人间。我会永远珍藏着你的微笑，你的歌声，一直到我闭住眼睛的那一天。我同样会不息地唱那支歌，那支青春和爱情的歌；愿你常能听见这支歌。我仍然在焦渴地企望，某一天，甚至我们已白发苍苍，我们或许还能相见；如若不能，哪怕是在梦中，或在死后的另一个世界里……别了，我心上的人啊！

孙兰花和王满银的爱情

唉，细细一算，他已经是快四十岁的人，逛了多年门外，逛白了头发，却依然两手空空，一无所有。他又不是个天生的白痴，一旦悔悟，也会像正常人那样思考问题。他现在才意识到，他一生中唯一的财富，就是这个含辛茹苦的老婆和两个可爱的娃娃。现在回想起门外风餐露宿的生活，他都有点不寒而栗，甚至连去黄原的勇气也丧失了。他突然感到自己脆弱得像个需要大人保护的儿童。在他眼里，如今身强体壮的兰花不仅是他的妻子，也是他的母亲。他甚至感到连猫蛋和狗蛋都比他强大。两个孩子说书上的事。他在旁边敬畏地听着。而当孩子们亲偎着他，叫他"爸爸"的时候，他感到"荣幸"并为此而心酸……过了一些日子，王满银竟然对妻子说："我也跟你到山沟里去。"

王满银已经累得像散了骨头架；一绺头发耷拉在汗迹斑斑的额头上，手里拉着四岁的女儿猫蛋，松松垮垮地走着。不过，终于释放回来了，他脸上带着说不出的轻松和愉快，一路走，一路嘴里还哼哼唧唧吟着信天游小曲。兰花把两岁的儿子狗蛋抱在自己热烘烘的胸脯里，跟在她的二流子男人身边，也喜得眉开眼笑。

半路上，兰花心疼地对男人说："家里还有六颗鸡蛋，我回去就煮！你和猫蛋狗蛋一人两个！"

孙兰香和吴仲平的爱情

兰香漫步在这迷人的夏夜，心中涌动着青春的热潮。她突然渴望立刻找到仲平，对他说，我去你们家！

这么晚了，她当然不能到男生宿舍去找他。明天吧……第二天早晨上偏微分方程课时，她像往常那样坐在吴仲平早就为她占好的座位上。开课前，她从笔记本里撕下一张纸条，在上面写了"我去"两个字。悄悄推到他面前。

仲平看了看纸条，立刻有点坐立不安。他悄悄对她说："我下课后就给家里打电话！"

杜丽丽和武惠良的爱情

"我仍然爱你！像过去一样爱你！"丽丽眼里也涌满了泪水。

"那你和古风铃……"

"我也爱他。"

武惠良放开妻子，两眼呆呆地望着她。

"我不应该骗你。我爱你，也爱他。"丽丽平静地说。"你什么时候变成了这样的人？"

"我也不知道。我一直爱你，但在感情上不能全部得到满足。你虽然知识面也较宽阔，但你和我谈论政治人事太多了，我对这些不感兴趣，但我尊重你的工作和爱好。我有我自己的爱好和感情要求，你不能全部满足我。就是这样。未认识古风铃之前，我由于找不到和我精神相通的朋友，只能压抑我的感情。但我现在终于找到了这样的人……""那么，咱们商量个办法吧！怎样离婚？"

【点评】　群文教学最基础的思维特质是"同类信息敏感"。即对同一文本中或者不同文本中具有相同气质和相同意义指向的语言信息具有高度敏感，意识到它们之间的呼应和联系，有把它们共同构成为一个独立的语言场的语言冲动。王君老师，耐心地梳理出了小说中多组片段。这些片段从不同侧面展现爱情，学生读这一组片段时，可以在有限的时间内多角度、全方位地思考"什么是爱情"，从而最大限度地丰富了学生对爱情的理解。

（经过朗读讨论，最后形成以下板书。除了金波之外，主要从女性的角度来进行归纳。）

人物	困难（女方视角）	爱的显著特点
贺秀莲与孙少安	穷困	同甘共苦之爱
田润叶和孙少安	城乡之隔	一厢情愿之爱
田润叶与李向前	我爱的人不是爱我的人	迷途终返之爱
田晓霞与孙少平	身份地位悬殊	精神交融之爱
郝红梅与顾养民	城乡之隔身份悬殊	爱情理想破灭之爱
郝红梅与田润生	孤儿寡母	怜惜同情之爱
孙兰花和王满银	遇到一个浪荡子	坚韧无我之爱
孙兰香和吴仲平	家世悬殊	志同道合之爱
金波和藏族姑娘	时空相隔	柏拉图式的精神恋爱
杜丽丽和武惠良	同时爱上两个人	矛盾撕扯之爱

（以上为第一课时）

【点评】　用阅读单进行问题设计，将多个片段、多个话题视角融在一张表格上，大容量、大板块地进行讨论梳理，避免内容芜杂，易于形成比较式阅读。从《平凡的世界》中我们可以看出，作者有意将人物置身于真实的现实社会中，小说中没有所谓一帆风顺的爱情，爱情和婚姻都要经受苦难，最终才能收获果实。王君老师把多组爱情描写整合，与学生分享讨论后，梳理出了主要人物各自在爱情中面临的困境和他们的爱情特色，并用阅读单呈现了出来，为下节课的讨论做好了准备。

第二课时

师：今天我继续聊《平凡的世界》中的爱情。先是"女生时间"，由女同学发言。

【投影展示】

女生时间

如果你必须成为小说中的一个女子，你选择成为谁？你选择谁做你的丈夫？

（让学生单独思考一会儿，然后自由发言）

【点评】　"如果你必须成为小说中的一个女子，你选择成为谁？你选择谁做你的丈夫？"这两个问题，妙在引领学生把所理解的内容与自己的生活经验对照与结合，扩展和丰富了对"爱情"话题的认识，进而对小说有了自己深刻的理解。

生：我愿意成为孙兰香。她从农村里走出来，又漂亮又有文化，很成功，爱情也非常圆满。如果让我们选择，我当然就选吴仲平，这样的男人很有审美品位。

生：我特别欣赏孙少平。他很坚韧，受到了很好的教育，非常有责任感。我也想成为孙兰香，超越了自己的出身，非常成功。

生：我喜欢少安，他特别吃苦耐劳，特别有责任感，给人安全。我愿意成为润叶，因为她有奉献精神，而且在非常的时刻表现出来。

生：我欣赏孙少平。他是一个内心非常强大的男人。他身上有一种精神力量。而且他有知识。我愿意成为晓霞，虽然她最后死了，但是她活着的时候是非常灿烂的。

生：我也欣赏孙少平，他敢闯敢试，一步步地改变着自己的命运。他是农村青年向命运抗争的代表。我希望成为润叶，她非常坚韧，越走到绝境越坚韧。

生：我愿意找金波。他很浪漫，很执着，很懂爱情，能够持之以恒地爱一个人。

师：浪漫！这是多么美好的一个词语。男孩子们记住了，要修炼自己浪漫的才能。一个女子，不管她是 13 岁、30 岁、50 岁、80 岁，她内心深处都是喜欢浪漫的。浪漫事实上是一种品质。

生：我希望能够和田润生相遇。他关心人，非常有责任感，有同情心。我愿意成为孙兰香，不要人同情，自己就很优秀。

师：你的"同情"和"不让人同情"很耐人寻味啊。同情心是一个人高贵的品质。对于男人更是。

生：我也喜欢金波，他从小就讲义气，他的身上有一种豪迈的气概。我愿意成为那个藏族姑娘，默默的，但是被人永远爱着。

师：没有人想成为贺秀莲？或者孙兰花？

生：孙兰花太惨了，半辈子都没有幸福，她是纯粹的奉献式的爱情，对丈夫根本没有对错的判别，如果要成为她，太辛苦了。

生：她大概是典型的以丈夫为天的那种女人，可能中国古代很多女子都是这样的。在现在这个时代根本不可能。

师：是，她一根筋。不过，她身上一点儿可取之处都没有吗？

生：她吃苦耐劳，忍辱负重，对生活不抱怨，她其实是爱得最坚贞的一个。我不愿意做她。但是哪个男人娶了他，大概会比较幸福。

师：哈哈，同学们这么小，但是很清醒哟！

生：贺秀莲有一种傻傻的可爱，对爱情简单坚定，她的婚姻生活也很幸福。我倒愿意成为她。

……

【点评】　群文阅读中，强烈的认知冲突可以启动思考，引发探究。在《平凡的世界》中，孙兰花是一个传统保守的女性，她的身上有着传统女性吃苦耐劳和任劳任怨的精神，也有传统女性对婚姻和丈夫的忠贞。学生只看到孙兰花身上传统保守的一面，所以对她不能认可。王君老师相机指导，引导学生一分为二地去看待人物，对人物的评价，也因此逐渐具有了思辨色彩。

师：听完了女生的发言，下边是男生时间。男同学发言的时候转换一个角度。

【投影展示】

你觉得自己长大后可能成为故事中的哪个男子？你觉得自己可能找到谁做你的妻子？

（男生沉默，不敢发言。远远不如女生活跃）

师：男孩子不知道是没有想好呢，还是没有想，或者不敢想，不敢说。开个男孩子的玩笑啊。都说在青春期，男孩子的发育要比女孩儿平均晚两年。也就是说，在同一个班上，事实上女孩儿要早成熟两年。所以，女孩儿看着懂事，男孩儿比较淘，因为太小吧。所以啊，女孩儿如果真的早恋，建议到高年级去找哥哥，在自己班上啊，就只能找弟弟哟。（众笑）

（终于有男孩儿愿意发言了）

生：我觉得我长大了一定是吴仲平那样的，又有文化又有风度。（全班哄堂，因为这个孩子平时比较散漫）

师：笑什么？我们说的是未来嘛！谁都想成为"高帅富"不是？（全班更加大笑）

生：我要成为吴仲平，我当然就想娶个孙兰香哟，志同道合，很美满。

生：我肯定会是孙少平，具有艰苦奋斗的精神，而且有艳遇。

（全班大笑）

生：能够遇到田晓霞这样的女子，是很大的艳遇，一辈子，都值了。（众人笑岔了气）

师：挺有审美！不乱选。

生：我特别愿意成为孙少安。他冷静又理性。不仅孝顺，还知道自己需要什么样的女子。他是那种典型的脚踏实地的男人，能够给人以安全感。我特别喜欢贺秀莲和田润叶。我觉得和这样的女子在一起，一辈子会比较踏实。

师：脚踏实地的爱情！我挺欣赏。

生：我觉得我愿意成为金波。人生还是需要浪漫的。金波对朋友讲义气，对恋人也很执着。他非常浪漫。人生浪漫才有意思。

师：是，人生不仅需要面包，也需要玫瑰。我想起一首脍炙人口的歌：在那遥远的地方有位好姑娘，人们走过她的帐篷，都要留恋地张望。她那粉红的小脸好像红太阳，她那美丽动人的眼睛好像晚上明媚的月亮。这首歌唱的好像是金波也！

生：我不知道我会娶谁，但我敢肯定不会娶杜丽丽。她一条腿踏两条船。

师：同学们，爱是一件很艰难，很矛盾的事，有时候我们难免会同时爱上两个人。不仅仅是杜丽丽，以后我们还会讲许多爱情故事，启发大家如何去思考面对这些问题。比如林徽因，有才华又美丽，特别受人尊重的女子，也曾经同时爱上过两个人呢。

师：大家最不愿意长大了成为谁？

生：王满银！

师：王满银真的就一无是处？

生：就是就是！

师：那兰花怎么会爱一个一无是处的人？她有毛病吗？要相信，同学们，世界上永远没有无缘无故的恨，也不会有无缘无故的爱。

生：王满银很幽默，是村里的文艺骨干。

生：兰花年轻的时候，王满银曾经给过她很浪漫的爱。兰花一辈子都难以忘怀。

生：浪子回头金不换。王满银最后还是变好了，说明他内心深处还是善良的。

师：是，这个男人不爱劳动，但还是有文娱细胞，村里过节时候的文娱表演总是走在前排的。他很活泼幽默，挺讨女人喜欢。浪子回头金不换，兰花也算熬出了头。

……

【点评】　从不同的视角来讨论，既是对阅读的梳理和回味，也是一个认知、判断、对比、思辨和选择的过程。经过这样的讨论，学生不由得产生对人生和生命的思考，在作品中找到了"代入感"。

师：好了，刚才男生和女生站在自己的角度谈了这么多。现在我们往前走一步。这么多丰富多彩的爱情啊！你从这些故事中看到了爱情的哪些特点？

【投影展示】

爱是_____的

生：每一个人的爱都波澜壮阔。

生：惊心动魄的，看得我的心都揪紧了。

生：爱是甜蜜的，让人沉醉。

生：爱是复杂的，费脑筋，让人搞不懂。

生：爱好像是可以让人付出一切的。

生：好像没有什么完美的爱，每一个人都爱得挺苦的。

生：爱是生命的主题。

师：主题之一。不可或缺。

生：爱是艰辛的，似乎每一个人都经历了挣扎。

……

师：大家虽然还小，但是很有深度。爱情有许多特质。一时半刻说不清。但是，有两点非常重要。

【投影展示】

　　爱带给人甜蜜幸福

　　爱也带来苦痛挣扎

【点评】　　我们不得不佩服王君老师"四两拨千斤"的能力，让学生在较短的时间内经历、体验较高水平的研究性阅读。有了这样的"整合"，学生的理解才不至于沦为"一地鸡毛"。

师：田润叶不用说了，兰花不用说了，田晓霞不用说了，金波也不用说了，郝红梅也不用说了，杜丽丽更不用说了。就连爱得非常专一圆满的孙少安和贺秀莲也有他们的苦痛挣扎，你读懂了吗？

生：他们也吵架。秀莲要为小家，少安要为大家，少安还打过秀莲。

师：最惨痛的是什么？后来秀莲怎么了？

生：秀莲最后得了癌症，她也许会死。但路遥没有写。

师：我觉得路遥是故意这么写的。他让秀莲得癌症，让这段美满的爱情遭遇挫折，就是要告诉大家：所有的爱情都必须遭遇最严厉的考验，任何人在爱情中都需要承担伤痛。这就是人生！孩子们，你们以后会用一生来印证这个"真理"。

师：我们再往前走一步。我们暂且抛开爱情的苦痛，把视线定格在爱情的甜蜜上。你来想一想这个问题——

【投影展示】

好的爱情的特质有哪些？

生：好的爱情一定是相互的喜欢和接纳。

师：对。所以润叶和李向前最开始是不幸福的。爱是双方的，单相思会带给人无限的痛苦。

生：好的爱情一定要先奉献。

师：深刻！你怎么看出来的？

生：因为贺秀莲愿意彻底地奉献，所以她的爱情异常圆满。田润叶在李向前截肢之后也开始奉献了，他们就慢慢相爱了。田润生也是。全是。

师：深刻！看来奉献不是让自己损失，而是让自己拥有的爱越来越多啊！

生：好的爱情一定是两情相悦的。

师：两情相悦的前提是什么？

生：他们要互相认同，要能够对话。

师：理解孙少安为什么不接受润叶的爱吗？

生：因为孙少安觉得自己是农村人，文化低，家境不好。而润叶是公家人，比她文化高。少安觉得自己配不上润叶。

师：你理解这样的"自卑"吗？

生：理解。我觉得少安很理智。他真跟润叶结婚了，不一定幸福。他们的差距太大了。

师：中国古代讲究婚姻的门当户对，这其实是很有道理的。因为出身相似，受的教育对等，才可能和谐地生活在一起。

生：好的爱情需要等待。

师：耐心！这太重要了。不仅是爱情，其他爱也一样。

生：好的爱可以跨越鸿沟。比如孙兰香和吴仲平。他们也不门当户对啊。

师：让他们的爱跨越了鸿沟的是什么？为什么兰香最后终于有勇气去吴仲平家了，而且得到了吴家的喜欢？

生：她受的教育啊。还有她的优秀，她的美丽成就了这段姻缘。

生：好的爱还需要忍耐。

师：是。忍耐！爱情有时候像一根弦，难免绷得很紧。如果没有忍耐，没有因为忍耐而带来的宽容，这弦就断了。

生：好的爱还需要决断，不可以犹犹豫豫的。

生：再好的爱也要经历痛苦。

……

师：同学们都说得很好。爱是一个难题。不幸的爱各有各的不幸，但是，好的爱几乎有相同的特质——

【投影展示】

> 精神上的对等
> 身份上的认同
> 以奉献为前提
> 必然经历苦痛
> ……

师：我们再往前走一步。如果要把刚才同学们所说的进行浓缩，进行提炼，好的爱的存在只有一个证明——

【投影展示】

> 爱的存在只有一个证明：_____

师：你觉得这个证明是什么？只能说一点。

生：坚持。

生：生命力。

生：坚韧。

生：包容。

……

师：都有道理。我还是用弗洛姆的话来回答——

【投影展示】

> 爱的存在只有一个证明：对方身上的活力以及生命力。
>
> ——弗洛姆《爱的艺术》

师：理解吗？贺秀莲和孙少安的爱让他们彼此——

生：都更热爱生活，更有建设生活的愿望。

师：孙少平和田晓霞的爱让他们——

生：让孙少平从一个农村青年成了一个特别有理想的青年。也让田晓霞更加高贵了。

师：孙兰花的爱唤醒了浪荡子——

生：王满银。

师：田润生的爱拯救了——

生：郝红梅。

师：田润叶的爱——

生：让李向前获得了新生。

师：其实也拯救了润叶自己。孩子们，这就是好的爱！

【点评】　王君老师说："联结"就是你听到了其他生命的呼唤，听到了"自我"之外的那个世界的呼唤。爱的真谛，从文本中来，与学生自身体验"联结"之后，再次投射到文本中去，使其思想情感得到一次升华。学生把对作品的理解与自身成长勾连起来，并生成了属于自己的人生感悟。

【投影展示】

　　爱是一种主动活动，而不是一种被动情感。它是"分担"，而不是"坠入"。在一般意义上，爱的主动性可以理解为：爱首先是给予，而不是接受。

——弗洛姆

　　弗洛姆说："给予"并不是说为别人牺牲自己，而是奉献出自己内心最富生命活力的东西。他给予别人的是他的快乐、兴趣、理解力、知识和幽默。通过"给"，他丰富了别人，通过提高自己的生命感也提高他人的生命感。"给予"意味着使他人也成为一位给予者，他们共同分享融进生命中的快乐。在"给予"的行为中，某些东西诞生了。双方都感激这种新生的力量。给予的人不要把被给予的人看作是帮助的对象，而是同他们建造起一种创造性的相互关系。

——弗洛姆

（让学生自读，抄写）

师：孩子们，我们用了两节课来讨论《平凡的世界》中的爱情。虽然课时不少，但实际上还仅仅只是轻轻地敲了敲爱情这道门。以后，我们会继续在各种阅读中讨论这个话题。这两周的随笔，话题都是"爱情"，你自选题目，自定主题，自由书写。下面两段话，老师也很喜欢，有兴趣的同学可以记一记，想一想。下课。

【投影展示】

　　每天都保持思想和感情的积极活动，使耳朵和眼睛处于活跃的状态，避免内心的懒散，这一切都是实践爱的艺术不可分割的条件。如果一个人在其他方面不是创造性的，那么他在爱的方面也不会有积极性。

——弗洛姆

　　如果只爱一个人，而对其他人漠不关心，他的爱就不是爱，只是一种共生性的依恋，或者是一种放大了的自我。只有爱那些与我利益无关的人，爱才会开始展现。

——弗洛姆

【点评】　赠言式的收束，具有美感，意境高雅，让人觉得余味犹存。

（谢谢刘星老师对学生发言要点的记录。在讨论过程中，其实还和学生聊了很多。因为许多涉及学生的"隐私"和我自己的"隐私"，部分聊天内容，就不放在这个实录中了。）

课 例 点 评

聚焦群文阅读，以无厚入有间

　　"整本书阅读"已经成为当下语文教育关注的热点。让学生多读书，读好书，读整本书，冲破语文教学就篇章讲篇章的狭小格局，语文同仁对此多有共识且充满期冀。然而严峻的现实也不容忽视：整本书阅读活动往往有始无终，或沦为虚假的形式，或流于单纯随意的休闲式阅读。如何把整本书阅读的教学价值最大化，是我们语文教师必须思考的问题。

如果借助"群文阅读"的训练方式，来突破"整本书阅读"的难点，不失为一种良策。这种方式古已有之，如"红学"的研究涉及《红楼梦》的主题、版本、作者以及其中的衣食住行、人物形象、诗词歌赋等各个方面。研究者从不同的视角选择名著中的章节片段，就可以形成一组群文，开展研究性阅读。

王君老师的名著课《想说爱你不容易——让我们聊聊〈平凡的世界〉中的爱情》就是用群文阅读的方式，带领学生接近名著的"思想内核"，为我们展示了一个出色而成功的范例。阅读课例，我们似乎从中发现了"以无厚入有间"的方法，并向往在整本书阅读教学实践中亦达到如此"游刃有余"的境界。我们不妨试着还原王君老师的备课过程，循路探幽，会有如下发现。

一、聚焦学生思维的生长点

《平凡的世界》的魅力在于它蕴含着非常丰富的人生、人性和社会的内容，值得人们反复回味，这也就意味着对它的解读不可能是单一的，读者可以有多种多样的理解，对《平凡的世界》最常见的读法，当是把它视为一本励志之作，此外，还可以将其作为改革开放的文学纪事来读，以及作为乡村社会风俗变迁的文学写照来读。

选择什么样的话题组"群"，才能对学生的"胃口"，是我们语文老师最头疼的问题。王君老师选了"爱情"这个敏感的话题，来探究《平凡的世界》，依据什么确定这个话题的。

课前说明里有学情的概括：班上早恋现象严重，宜疏不宜堵，遂有了专题写作课"让我们聊聊爱情"的创意。让爱情观教育和性启蒙教育同步，也许是青春期性教育的正途。这堂课是这次创意写作的开启课。

师生对话中也有教师细心的学情调查："说实话，老师对政治不感兴趣。只要是《平凡的世界》中的关于政治的描写，我都匆匆翻过，但是，只要是写爱情的，我就一遍一遍反复读。（众笑）别笑。跟你们一样啊，是不是？"

小说能满足我们潜意识或意识中的许多的需要。能满足大多数人潜意识需求的小说，"会是一部伟大的作品，世代相传，永不止息"。《平凡的世界》就是这样一部伟大的作品。虽然路遥写的是20世纪70年代的事情，可是年龄不同阅历不同的老师和学生都喜欢读。

风华正茂的少年，对世界充满了好奇，对"爱情"更是有一份神秘的向往。然而想"恋"了，还不一定会恋呢。王君老师敏锐地发现了学生思想的生长点，将要带领学生打通心灵与作品的隧道，体现发现的乐趣。

二、整合名著文段的异同点

关于如何整合，王君老师一语中的：群文教学最基础的思维特质是"同类信息敏感"，最基础的操作方法是"同类信息整合"。

所谓"同类信息敏感"，就是对同一文本中或者不同文本中具有相同气质和相同意义指向的语言信息具有高度敏感，意识到它们之间的呼应和联系，有把它们共同构成为一个独立的语言场的语言冲动。而"同类信息整合"则是在教学设计中，让"同类信息"汇聚成富有价值的课堂信息源，相机指导学生以这些信息源为思维抓手，真正走进文本内核。

学生在王君老师的带领下梳理了小说中不同人物之间的爱情故事。他们一定会惊奇地发现：无论是秀莲和少安同甘共苦之爱，还是晓霞和少平精神交融之爱，无论是兰花与满银的坚韧无我之爱，还是兰香与仲平志同道合之爱，无一不是经历种种磨炼，才得到的爱情果实。虽然这些人物身份不同、阅历不同、教育背景不同，但这并不妨碍他们生命的色彩在爱情磨难衬托下熠熠生辉。

法国符号学家茱莉亚·克里斯蒂娃提出："任何作品的文本都是像许多行文的镶嵌品那样构成，任何文本都是其他文本的吸收和转化。"在她看来，任何文本都是不自足的，其意义是在跟其他文本交互参照、交互指涉的过程中产生的。可见，在一个议题下选择有明显异同点的文段，可以让学生在较短的时间内经历、体验较高水平的研究性阅读。

三、切中深度思考之肯綮

从教学角度看，教师的问题应该能够引出更强的思考动力，引发学生更强的追究企图，导出更多疑问和探究动力。群文阅读，一个很重要的教学取向就是提升学生的思考力，引领学生发展深度思考能力。

我们来梳理本课例第二课时王君老师依次提出的几个问题。

1. 如果你必须成为小说中的一个女子，你选择成为谁？你选择谁做你的丈夫？

2. 你觉得自己长大后可能成为故事中的哪个男子？你觉得自己可能找到谁做你的妻子？

3. 你从这些故事中看到了爱情的哪些特点？

4. 大家虽然还小，但是很有深度。爱情有许多特质。一时半刻说不清。但是，有两点非常重要。

5. 好的爱情的特质有哪些？

6. 我们再往前走一步。如果要把刚才同学们所说的进行浓缩，进行提炼，好的爱的存在只有一个证明——

把这些问题梳理出来放在一起看，发现其中的奥妙。

第一个和第二个问题，如同人在镜中凝视自己，一下子多出了一倍的视野。两个问题又都是以"你"为出发点，让学生产生了极强的"代入感"。解答域宽，代入感强，学生自然把目光聚焦到文本，努力探寻其中的秘密。

第三个至第六个问题，关键词的"包围圈"逐渐缩小。从爱情的特点，到"爱情非常重要的两个特质"，由此旁开一枝，引出"好的爱情的特质"，最后得出结论"爱的存在只有一个证明——对方身上的活力以及生命力"。最终呼应了课始提出的"还不一定会恋"的问题。

这几个问题，步步深入，整合了文段，也整合了作品和学生的生活体验，从课堂生成来看，引发了学生对"如何去爱"的理性思考。我们可以由此推知王君老师在设计这节课时，曾经对文段进行了长时间的凝视，才设计出如此聚焦的问题。

整本书阅读，"想说爱你不容易"，然而借助"群文阅读"，似乎能够看到一条悠远的道路。在这条路上，可以聚焦学生思维的生长点，整合名著文段的异同点，切中问题之肯綮，以无厚入有间，达到游刃有余的境界。

（曹　静）

基于多部影视欣赏
的群影教学

《摔跤吧！爸爸》和《神秘巨星》谁更牛？
——阿米尔·汗"群影课"（之一）

教 学 立 意

我们班的影视欣赏课，印度电影巨星阿米尔·汗一直是大家喜欢和研究的重点。2017年，《摔跤吧！爸爸》热映热议，票房甚至超过了当年的神作《三傻大闹宝莱坞》，成为当年的现象级作品。2018年初，阿米尔·汗的新作《神秘巨星》上映。这部片子的热度并不高。孩子们有疑问：两部主题相似的片子，到底谁更优秀。遂有了这堂群影课。以电影为抓手，提升孩子们的思辨力，甚有意思啊！

课 堂 现 场

一、两部电影的相同点

师：同学们好。我们现在开始上课。今天是电影欣赏课，老师想和同学们聊一聊阿米尔·汗的新作《神秘巨星》。大家都看了吗？

生：看了看了。还看了两遍呢。

师：请给少数没有来得及去看的同学们介绍一下剧情吧。

生：这是网络上的介绍：14岁的印度少女尹希娅热爱唱歌且天赋异禀，因受到大男子主义的父亲阻挠，她只能蒙面拍摄并上传自弹自唱原创歌曲的视频，谁知凭借天籁歌喉在YouTube上一炮而红，备受争议的音乐人夏克提·库马尔也向她抛出橄榄枝，尹希娅的生活发生了翻天覆地的变化……最后饱受丈夫暴力摧残的尹希娅的母亲愤然反抗丈夫，带领着女儿走上了追逐梦想之路。

师：看电影的时候感觉如何？

生：很好看。还是看得热泪盈眶啊。阿米尔·汗的电影，总是看得我热泪盈眶的。

师：和去年的《摔跤吧！爸爸》比较，如何？

生：都很牛啊，都非常好看。

生：我觉得比起《摔跤吧！爸爸》，感觉还是略逊一筹的。电影好像也不像《摔跤吧！爸爸》那样火爆，我看的那场电影院里只有十几个人。

师：是的，《神秘巨星》也没有引发像《摔跤吧！爸爸》那样的讨论热潮，票房肯定是不可能超越《摔跤吧！爸爸》的。都说票房是影片质量的见证。但大家也要看到，《神秘巨星》的网络评分依旧很高，有的达到了9.5分，这是一个了不起的分数了。这个分数甚至超越了同档期的包括《无问西东》等所有优秀电影，这也证明只要看过《神秘巨星》的观众对它的表现都是很称道的。阿米尔·汗的每一部作品几乎都是现象级作品，值得研究。咱们今天这堂课就来练练"比较思维"，通过比较这两部作品，提升我们欣赏电影的能力。《摔跤吧！爸爸》和《巨星》被称为阿米尔·汗的姊妹篇电影，它们的相同点是显而易见的，请大家先说说。

生：阿米尔·汗被称为印度的"良心"，这两部电影应该都是阿米尔·汗持续思考印度的男尊女卑问题的作品。阿米尔·汗在为女权呐喊。

师：很好。这是两部电影的共同的基调。这些背景材料给大家补充一下。

【投影展示】

在印度有一句最恶毒的骂人话：我祝你生个女儿。

印度教中，对女性的歧视是直接的，因为女性在印度教中的地位，并不在四大种姓之中，而是出于第五等——贱民之列。

而作为印度教最著名的法典——《摩奴法典》，更是以宗教的名义及用法律的形式，确定了妇女屈从、低下的地位，"女子必须幼年从父、成年从夫、夫死从子，女子不得享有自主地位。"

还有早期印度教的经典《爱达罗氏梵书》中就说："儿子对父亲来说是一条救生船，在他身上有着无瑕的天堂的世界，女儿则是悲伤的源泉。"

当然这些都是古印度的糟粕，到了现在早已被废除，印度包括新德里、孟买这些大都市区域，思想还是比较开放的。但这种传统根深蒂固，绝不会一朝一夕消亡，尤其是对于印度这样人口基数大，贫富差距明显的地方。

这就是《摔跤吧！爸爸》和《神秘巨星》的故事发生的背景。

师： 那这两部电影有哪些不同点呢？我们这堂课重点讨论不同点。

二、人物设计的不同点

师： 接下来我们先比较一下两部电影的人物设计。老师一直认为，一部电影就是一部长篇小说，讲故事只是手段，塑造人物表达主题才是电影的核心。研究人物的关系以及探讨人物命运的发展往往就能够窥见编导的用意。大家先理理两部电影的主要人物。标准就是这些人物对主题的表达不可或缺。

生：《摔跤吧！爸爸》主要有马哈维亚、吉塔、巴比塔、她们的妈妈、堂哥，还有吉塔们的教练……

师： 最核心的人物有——

生： 马哈维亚、吉塔、巴比塔，反派人物教练也挺重要，他的作用是反衬。

师： 母亲和堂哥是不是很重要？

生： 我觉得母亲这个角色是比较单薄的，几乎没有正面刻画她。堂哥这个角色比较幽默，他好像也是一种反衬，他和两个妹妹从小一起学习摔跤，但最后两个妹妹成功了，他却没有。这个角色活跃了电影的气氛，但真正的作用也很有限。

师： 我的感受也是一样的。不能说母亲和堂哥这两个角色完全没有作用，但确实不太丰满。所以，《摔跤吧！爸爸》的故事人物设计是比较"封闭"的，这个故事主要就是两个女儿和一个父亲的故事。其他的人物，都在外围，对主题的表达影响不大。那请再理一理《神秘巨星》的人物。

生： 有主角小姑娘尹希娅、尹希娅的妈妈、尹希娅的爸爸、尹希娅的姑婆、尹希娅的弟弟，还有尹希娅的同学钦腾，以及最后帮助了尹希娅的当红音乐人，阿米尔·汗饰演的夏克提。

师： 尹希娅和她的父母肯定是表达主题的主要演员，除此之外，其他角色设计你认为是可有可无吗？

生： 夏克提肯定是不可或缺的，尹希娅能够冲出家庭，他起到了重要作用。

师：我觉得这个人物是社会的代表，他象征着尹希娅在实现梦想的过程中社会力量起到的作用。

生：钦腾挺重要的，没有他的帮助，尹希娅的冒险行为不可能成行。但电影中为什么要设计尹希娅的姑婆这个角色呢？

生：尹希娅的弟弟是不是可以去掉？

师：也就是说大家发现了《神秘巨星》的人物设置层次更丰富一些。《摔跤吧！爸爸》是一个家庭中的两代人，而《神秘巨星》是三代人，而且还有家庭外的重要人物。为什么要这么设计呢？

（生沉默）

师：我给大家一个角度，如果你从女性的三代人和男性的三代人来思考他们的不同点，你就会有发现。你想想，为什么尹希娅家里，是有一个年迈的"姑婆"，而不是有一个年迈的"姑父"呢？

生：哦，我想是这样的：姑婆、妈妈，还有尹希娅，代表着印度的三代女性。

师：太棒了！这样思路就出来了。这三代女性有什么不同吗？

生：姑婆说"她自己的一生就过得乱七八糟"。印度女人被压在社会的最底层，一生都没有自主权，被男人奴役，姑婆是典型代表。看得出来姑婆很同情尹希娅妈妈的遭遇，但是她好像认为这是正常现象，她觉得女人的命运就是这个样子的。

师：这叫一辈子逆来顺受，认同自己的命运，认同男人的统治地位。尹希娅的妈妈呢？

生：尹希娅的妈妈虽然遭受家暴，但她也一直在忍，一直到了最后，忍无可忍才反抗了。比之尹希娅的姑婆，她算是进步了。

生：尹希娅应该是印度的觉醒的女性的代表吧。她很有才华，很有理想，她完全不认同父亲对母亲的暴力，她鼓励妈妈离开爸爸，她对父亲的反抗是主动的。尹希娅渴望自己掌控自己的人生。虽然后来她顺从母亲选择了妥协，但她的心里是很清醒的，她不愿意过母亲那样的生活。

师：真好，这么看电影，就算是看懂了。三代人，她们对自己和男性关系的认识是完全不同的。这种梳理人物关系的思维方式非常有效。同样的道理，影片中的这些大小男人呢，是不是也各具代表性？

生：尹希娅的父亲是一个中年男人，他把自己视为家庭的中心，是家里的暴君。他的眼里只有自己和儿子，他根本不把女儿和妻子当人看。家暴对于他简直就是家常便饭。他对女儿没有任何尊重和期待，就想把她早早嫁出去。他是印度男尊女卑思想的一个代表人物吧。

生：钦腾是年轻一代，他跟尹希娅爸爸完全不一样。他的爸爸妈妈离婚了，他的母亲是能够自立的。他是被一个能够独立的妈妈抚养长大的。他喜欢尹希娅，欣赏尹希娅。他应该是印度男性中觉醒的年轻一代的代表。他对女性是发自内心尊重的。

师：说得很好，那为什么要设计尹希娅小弟弟这个角色呢？这个角色也很有喜感，很温暖，但这个角色和吉塔、巴比塔的堂哥的作用一致吗？

生：我觉得尹希娅小弟弟这个角色挺重要的。一是对比。尹希娅爸爸非常爱这个小弟弟。他一方面对家里的女人极其残暴，另一方面对这个小男孩儿又极其疼爱。小弟弟的被爱更加反衬出了尹希娅的不被爱。这么一对比，印度歧视女性的社会问题就自然表现出来了。二是这个小弟弟很爱姐姐，他总是在尽自己的能力保护姐姐，特别是他为姐姐粘电脑的片段实在太动人了。尹希娅妈妈最后的反抗也有一个重要原因，就是不希望这个小弟弟长大后也成为爸爸那种人。

师：是不是这个意思：这个小弟弟代表着印度女性观念的未来前景：他们从小就懂得尊重和疼爱女性，他们这代人如果受到良好的教育，长大后，印度这个国家歧视女性的现状就会改变。

师：这么一梳理，大家就看出些眉目了吧？《神秘巨星》的人物设计，其实是更有层次的。

三、人物塑造的不同

师：我们换一个角度聊一聊：一部电影精彩好看，一定是因为电影中的人物形象很饱满，其性格的发展很自然真实，我们能在这些人物中发现自己和身边人的影子。优秀电影中的人物必然是充满了生命的真实的矛盾的。这种"矛盾"越呈现得自然，人物塑造就越成功。跟文学创作一样，不好的人物，是"扁平"的，是可以轻易用"好人坏人"去定义的，而成功的人物形象，是有血有肉的，是不可以简单用"好人坏人"的标签去贴的。

师：举个例子，阿米尔·汗在两部电影中的角色完全不一样的：《摔跤吧！爸爸》中的爸爸是电影中无可争议的一号人物，而《神秘巨星》中的夏克提戏份不多，甚至连主角都不算，你觉得阿米尔·汗选择这样一个角色来演，有挑战吗？是不是辜负了他的才华啊？他干吗不自己演尹希娅的爸爸呢？

生：我觉得挺有挑战的。《摔跤吧！爸爸》中的爸爸不仅是主角，而且是一个绝对的正面形象，而夏克提就不那么纯粹了。他帮助了尹希娅，自然不是一个坏人，但他从电影中露面开始，就是一个备受争议的当红音乐人。短短的时间他离了两次婚，他在帮助尹希娅的过程中，也不忘勾引其他女人。这个人有时候很好，有时候好像有很坏，很复杂。

师：这就叫"亦正亦邪"，是吧。这种矛盾如果演员把握得好，处理和谐，演得真实，人物就会很饱满。所以，阿米尔·汗选择演这么一个形象，是一次成功的自我颠覆和自我超越。知乎上说"他把这位'油腻中年男'的那种满满骚气下又 Man 又性感，又正义温柔的形象塑造出来了"，老师深以为然。

师：同样的道理，电影人物塑造最优秀的一点就是让我们看到每个人都是不完美的，这种不完美并不妨碍我们爱这个角色，相反，可能恰恰是这种不完美，才塑造出了"完美"的角色。大家理解这个道理吗？比如说《摔跤吧！爸爸》中的父亲，他改变了女儿们的命运，非常可敬，但他的缺点是什么？

生：他很专制，他不太会和女儿们沟通，所以导致最开始女儿们并不理解他，和他斗争。

师：父爱如山般沉默倔强，但在亲子关系上，确实造成了沟通的障碍。又比如，吉塔和巴比塔最后都成了优秀的运动员，她们的成长过程一帆风顺吗？她们有突出的缺点吗？

生：电影中着重刻画了她们和父亲的多次对抗。她们也有偷懒的时候，有害怕困难的时候，还有青春期的迷失，跟任何现实中的女孩儿是一样的。

师：是，这些对抗中表现出来的就是她们的弱点。这个地方老师多讲两句：如果我们仔细琢磨吉塔们的两次反抗，第一次想放弃摔跤代表了她们对自身定位的认知，是女性意识的第一次觉醒。第二次是吉塔进入国家体校之后怀疑自己的父亲，也因为自身的松懈造成成绩大幅度下滑，这次对抗代表着吉塔在家庭层面、在自身情感方面的真正觉醒。没有这两次"迷糊"，女儿的形象就成了纯粹英雄的形象，就不真实了。

生：我觉得也正因为有她们的停滞，父亲扮演的角色也经历了从强势到弱势再到融洽的三个阶段的转变。这让故事显得非常真实。

师：是的。我觉得《神秘巨星》在人物的个性丰富性上这方面做得更优秀，每一个主要人物，都在自己的矛盾中合理存在着。比如尹希娅，她很有才华，很有天赋，很有思想和决断力，她的缺点是什么？

生：她非常冲动，脾气很大，对钦腾也好，对弟弟也好，对妈妈也好，有时候却很鲁莽。

师：因为这些缺点，尹希娅才成了一个真正的女孩子，而不是一个完美的坚持自己梦想的天才歌手。尹希娅的母亲更矛盾，她有时候很坚强，有时候又很——

生：软弱。

师：她有时候很有依赖性，离不开丈夫，有时候又显得非常——

生：独立。

师：她有时候很乐观，有时候又很——

生：悲观。

师：她有时候非常善解人意，有时候又很——

生：独断专行。

师：是的，她就是这么一位很矛盾的母亲。尹希娅的爸爸是个家庭暴力者，到电影结束也没有转变。你们看出他身上的矛盾了吗？这个人是不是个纯粹的坏人？

生：不是。他很辛苦很认真地工作，这个家庭的经济全靠他。他不发脾气的时候，也带一家人去看电影啥的，他很多时候也像一个正常男人。

师：同学们懂吗？这就是他的矛盾。这个家暴起来像个魔鬼的男人，也有像个正常人的时候。这就是这个人物最揪心的地方，懂吗？他安于自己的残暴，他并不觉得自己是残暴的。

生：是的，他可能到尹希娅的妈妈最后反抗了也不知道为什么。在他的意识中，对老婆和女儿施加暴力就如家常便饭一样，他对自己的暴力完全无知无觉。

师：阿米尔·汗的电视访谈节目中就涉及过这个问题。印度女性的悲剧就在这里：不仅是男人，就是女人自己，也认同这样的被虐待的命运。所以，阿米尔·汗的电影具有开启"民智"的作用，他之所以被称为"印度的良心"，原因也在这个地方，他不仅让印度男人自省，也让印度女人自省。

师：所以，同学们，经过交流，你是不是有一点领悟了？不管是人物的关系设定，还是人物形象的塑造，《神秘巨星》都不比《摔跤吧！爸爸》差，实际上，编导者在《神秘巨星》上花的功夫应该更多。多说两句，但为什么大家觉得《摔跤吧！爸爸》更好看呢？

生：《摔跤吧！爸爸》的打斗场面特别多，特别精彩，气势恢宏，很刺激，人人爱看，这是《神秘巨星》无法相比的。

师：这可能是一个原因，但可能不是最根本的原因。请再想想。从人物性格发展的角度来谈，专业一点儿。

生：我觉得尹希娅的成功来得比较猛，她唱了一首歌，就红了，于是就得到了很多的支持，后来还得了大奖，命运发生了根本的改变。这和现实太不相符了。

生：相比较而言，《摔跤吧！爸爸》中的曲折就多很多，吉塔的成长是千回百折的，每一步都在斗争，每一步电影都表现得很到位。所以，吉塔之所以成为吉塔，这个过程让人信服。

师：说得真好。我也觉得这是一个重要原因。尹希娅的形象丰满度不够，是因为导演给她的性格发展设定的戏份还不够。除了对母亲的妥协这个部分感人至深外，其他的，她都像一个英雄一样在往前冲。她的故事相对"完美"，她的形象就反而单薄了。倒是她的母亲，因为一路被导演折腾得多，起起伏伏的，反而到高潮时她的彻底反抗让人觉得很真实。这个人物是很自然地走到这一步的。

师：同学们，今天我们用的这种"看电影"的手法叫作"从人物看故事"。我们平时可能更习惯于"从故事看人物"，大家可以学着倒转过来，这样你就能看出电影的优劣了。

四、两部电影的主题不同

师：我们最后研讨一个问题。有人说，既然是姊妹篇，两部电影播放的顺序可以调整一下，先放《神秘巨星》，然后再放《摔跤吧！爸爸》，这样更符合逻辑。这种观点，你同意吗？

生：我觉得有道理，《神秘巨星》中充分展示了印度的女权问题，家暴，童婚，女婴歧视，有这部电影打底，再看《摔跤吧！爸爸》，你就能够理解马哈维亚的行为了，就不会有人说这部电影是"男权电影"了。

师：可能持这种观点的人是因为这个原因吧。他们认为《摔跤吧！爸爸》是对《神秘巨星》的回应，《摔跤吧！爸爸》比《神秘巨星》更深刻，按照观影人的认知从易到难的基本规律，所以，先放《神秘巨星》就更好。有持反对意见的吗？

生：我倒觉得《神秘巨星》虽然没有《摔跤吧！爸爸》那么热闹，那么激动人心，但其实它在思考女权问题上，还要更激进一些，更深刻一些。

师：如何更激进更深刻呢？

生：《摔跤吧！爸爸》是爸爸着力改变女儿的命运，两个女儿在很长的一段时间都是无知无觉的，她们是被父亲唤醒的。但《神秘巨星》就不一样了，尹希娅是主动反抗父亲，她很早就已经觉醒了。尹希娅的母亲最后也醒悟了。从这个角度来说，《神秘巨星》写出了印度女性的进步，它更深刻。

师：太有深度了！说得漂亮！我也觉得，《神秘巨星》拍在《摔跤吧！爸爸》的后面，像阿米尔·汗这样的优秀电影人，他是绝不可能重复自己，在原地踏步的。除了女性的觉醒，《神秘巨星》还在哪些方面表现得比《摔跤吧！爸爸》主题更丰富？

生：《神秘巨星》不仅表达的是女孩子的成长问题，还有中年妇女的成长问题。尹希娅的母亲在电影中其实是主角，她也是那位"神秘巨星"，她的觉醒甚至比尹希娅的成长还要动人。

师：确实是。在表达女性的觉醒和成长方面，《神秘巨星》的层次更丰富，内涵更宽广。

生：《摔跤吧！爸爸》没有塑造反面的男性形象，这在《神秘巨星》中却表现非常充分，男人对女人的施暴场面很多，我想，更能激发印度人反思自己这个民族对女性的态度。

生：《神秘巨星》中的女性更独立，这也是一个印度年轻女孩子坚守梦想的故事。

生：《神秘巨星》中女儿的成长推动了母亲的成长，这一点很让我感动。

师：《摔跤吧！爸爸》讲的是父爱，《神秘巨星》讲的是母爱，两种爱都很深沉，但哪种爱表现得更丰富更矛盾更复杂？

生：我觉得是《神秘巨星》。原因可能在于马哈维亚这个形象其实从头到尾变化不大，对女儿摔跤这件事，他一直都很坚定。但是尹希娅妈妈用支持女儿唱歌来爱女儿，阻力太大了，她一直在挣扎，也妥协过，放弃过，所以她的形象也就一直在变化。这样，她对尹希娅的母爱就显得特别丰富。

师：非常深刻！如果我们单独讨论尹希娅母亲的爱，这也是一个很好的话题。这位母亲，是非常会爱的。

生：《神秘巨星》中还有少男少女的初恋故事，也很唯美，非常动人。

师：对的，如果没有钦腾和尹希娅的初恋故事，《神秘巨星》的温情会少很多。但阿米尔·汗肯定不是为了写初恋而写初恋。你觉得编剧设计这些情节的目的何在呢?

(生沉默)

师:想想尹希娅妈妈的婚姻,以及尹希娅爸爸给 14 岁的她安排的婚姻,那是一个没有见过面的男人,也是不可以拒绝的……

生:我明白了。印度女人是没有婚姻自主权的。她们在什么年龄嫁给什么样的男人,自己是做不了主的。所以《神秘巨星》中这些美好单纯的初恋情节其实都是一种象征——女孩儿应该拥有这样的自由和幸福,应该被男人欣赏尊重疼爱,她们也应该有权利接受这样的爱。

师:对了,我觉得就是这样的。一个女人,有了爱与被爱的自由,才算是一个真正的女人。这些东西,在《摔跤吧!爸爸》中是没有的。所以,从主题来看,《神秘巨星》是比《摔跤吧!爸爸》更丰富,更深刻的,它确确实实是在《摔跤吧!爸爸》之后才拍的电影,阿米尔·汗借助这部电影,表达了自己对女性问题的更深层次的思考。

五、总结

师:同学们,好电影真的是说不完的。关于阿米尔·汗和他的电影,我再留几个彩蛋在这里,同学们有兴趣的话,可以持续思考。

【课后留给学生的资料一】

由阿米尔·汗、塞伊拉·沃西、梅·维贾、拉吉·阿尔俊等主演的电影《神秘巨星》自上映以来,持续蝉联单日票房冠军,两天票房破亿,创造了印度电影在国内票房最快破亿的纪录,目前已收获超过 2.5 亿票房。影片通过讲述一个印度少女追梦的故事,聚焦印度社会的男女平等问题,也引发众多影迷热议。今日,片方在北京举行"向生活提要求"座谈会,主演阿米尔·汗及导演阿德瓦·香登现身与媒体就电影中的各种话题进行探讨。

阿米尔·汗再度为女性发声,"这是一部让人醒过来的电影"。

电影《神秘巨星》是阿米尔·汗的最新力作,讲述了印度少女尹希娅突破歧视与阻挠坚持音乐梦想的励志故事。影片中一些经典台词给观众留下了深刻印象,其中妈妈的一句"你可以向我提要求,但不能向生活提要求",更是戳中广大观众内心,这同时也是影片的核心,想要唤起观众"向生活提要求",面对不公、歧视、家暴不能一味忍受,而是勇敢面对,向自己的生活有所要求。基于此,今天的座谈中阿米尔•汗谈道:"电影当中有两个重要的点:第一点是讲述不管我们在生活中遇到多大困难,都要相信自己的梦想,并坚持到底。第二点是关系到女性的独立,有一部分男性会试图控制女性的生活方向,告诉她们应该过什么样的生活,但女性需要独立,女性要有自己的梦想以及决定,这是电影传达的两个很重要的信息。"

【课后留给学生的资料二】

单纯看故事情节,有些俗套,刻意,但是很真实,必要。

你知道电影的主题是什么。

你知道哪里有煽情的点。

你知道按照剧情这个地方肯定要让观众流泪。

但你还是哭了。

为什么阿米尔•汗能做到呢?

【课后留给学生的资料三】

印度很幸运,能出阿米尔•汗这样的人。

印度也很不幸,绝大多数人体会不到,理解不了阿米尔•汗电影的本质,只因他们的社会运转还大大落后于阿米尔•汗所倡导的文明。

中国很幸运,中国社会已经发展到了能读懂阿米尔•汗电影本质的阶段。

中国也很不幸,出不了阿米尔•汗。

课 例 点 评

群影拓展　比较聚焦

——评王君老师群影课《〈摔跤吧!爸爸〉和〈神秘巨星〉谁更牛?》

　　语文学习资源长在大千世界之中。其中，经典电影是极佳的语文学习资源，单部电影的欣赏已经极具魅力，多部电影的整合更常常诞生出让人难忘的课程资源。纵观王君老师的这节群影整合课，此种感受更深切。肖家芸老师说："语文教学的活水在生活之中。语文与生活、教材与现实紧密结合起来，语文教学才有活的课堂和课堂的活水。"电影作为反映生活的一种直接的艺术手段，其语文元素值得横向纵向双向开掘，王君老师率先垂范，这节关于阿米尔·汗《摔跤吧！爸爸》和《神秘巨星》的群影课带给我们很多思考。

一、宏观挖掘语文元素

　　作为语文中的群影课，其核心本质还是语文，只不过将"读文本"换成了"读电影"，因此，如要实现群影与群文的对接，须宏观挖掘群影中的语文元素。对《摔跤吧！爸爸》和《神秘巨星》两部电影，王君老师分别从观影初感、人物设计、人物塑造、电影主题四个方面对电影中的语文元素进行提炼。

　　观影初感立足学生观看影片的第一感受，旨在培养学生用语文表达生活的能力，对事物第一感觉的描述往往能开启该事物与语文相联系的美好之路。

　　电影虽然是一门视觉和听觉相结合的现代艺术，但从文字的角度来说，人物语言和情节冲突是必不可少的要素。所以王君老师认为，一部电影就是一部长篇小说，讲故事只是手段，塑造人物表达主题才是电影的核心。因此，她带领学生深入分析两部影片中人物设计的奥秘，借此铺垫，为学生领悟影片的主题做好铺垫。在理解人物设计的用意的基础上，深入探究人物塑造的方法，抓住人性"矛盾"，摒弃"扁平"思维，语文抓手清晰可见。

　　所有的活水自然引入，沟渠天成。在对两部影片的人物深入细致研究的基础上，思量电影主题，拷问社会现状，学生对电影的理解逐层递进且深入动人。

二、微观聚焦比较思维

　　群影课虽然定位于整合之上的"群"，如何将"群"微观聚焦，将"群"九九归一，这是群影课抑或群文课需要解决的课堂问题。"群"意味着多，"多"往往会少慢差费，要想提高群影教学的课堂效率，聚焦法是行之有效的方法之一。这节阿米尔·汗的群影课，王君老师植入一种思维方式即比较法，构架课堂，眉眼清晰，梯度分明。

　　俗话说，不怕不识货，就怕货比货。我们认识一个事物常借助于与其他事物比较来实现。王君老师为了让学生认识阿米尔·汗电影的思想性与社会性，借助比较的思维方式"同中求异""异中求同",先是引导学生分析两部电影的相同点,然后引导学生辨析人物设计的不同、人物塑造的不同、电影主题的不同。兼顾学生求同思维与求异思维的培养点,既能聚合集中,方向收敛,又能放射扩散,思维开阔。好的群影课应该以培养学生良好的思维方式为落足点,提升学生的思辨力,理性思考的能力。

三、大观人物反思社会

阿米尔·汗被称为印度的"良心",他的电影往往能反映印度深广的社会问题,发人深省,亦能看作是印度电影版的"鲁迅"。因此,观阿米尔·汗的电影,绕不开电影的思想性。

王君老师以大情怀重点引导学生研究人物的关系,探讨人物命运的发展,通过人物设计的整合比照,来引导学生认识阿米尔·汗电影的社会意义。在人物设计的环节里,多组人物进行勾连对照,王君老师敏锐地捕捉到三代人的思想走向,点拨学生从女性的三代人,和男性的三代人来思考他们的不同点。最后得出令人深思的结论:"不仅是男人,就是女人自己,也认同这样的被虐待的命运。"

阿米尔·汗的这两部电影紧紧抓住追梦少女的人生成长之路,抓住印度社会问题的核心,扎心戳心。王君老师通过对人物巧妙的整合群解,同向思维,教学生如何观影、读影,如何读出影片背后的生活性与社会性,效果明显。

"向课堂提要求",已成为王君老师自觉青春语文的追求,且行且远,这样纵横开阖的群影课便是佐证。

（司艳平）

阿米尔·汗为什么被称为印度的"良心"

——阿米尔·汗"群影课"（之二）

爱他，就研究他！这是我们班电影课的口号。从欣赏一个杰出电影人的电影故事走进他的电影人生，从电影视角到生命视角，电影课，就超越了电影本身。

且看我们如何去爱阿米尔·汗的。

课 堂 现 场

一、谈初感

师：同学们好。我们现在开始上课。今天我们的话题是印度电影巨星阿米尔·汗。这个学期，我们的电影课一直围绕着阿米尔·汗展开。阿米尔·汗是一个"低产量"但"高质量"的世界级电影巨星。他的代表作品很多。下面是阿米尔·汗的基本介绍——

【投影展示】

阿米尔·汗（AamirKhan），1965 年 3 月 14 日出生于印度孟买，印度宝莱坞演员、导演、制片人。

8 岁的时侯，阿米尔·汗出演第一部电影《Yaadon Ki Baraat》。后来练习打网球，获得了马哈拉施特拉邦的网球冠军。

1988 年，阿米尔·汗放弃网球重回银幕。1989 年，出演文艺片《灰飞烟灭》，饰演复仇男子。1999 年，在《义无反顾》中出演印巴边境的抗暴警察阿贾伊。2002 年，阿米尔·汗凭借剧情爱情电影《印度往事》获得 zee 电影奖最佳男主角奖。2008 年，凭借导演《地球上的星星》获得宝莱坞人民选择奖最佳导演奖。2009 年，出演了励志喜剧电影《三傻大闹宝莱坞》，饰演 Rancho。

2011 年，阿米尔·汗制作真人访谈节目《真相访谈》，成为联合国儿童基金会印度区第三任大使。2013 年，出演犯罪动作电影《幻影车神 3》饰演 Sahir 和 Samar。2014 年，出演奇幻喜剧电影《我的个神啊》，饰演遗留在地球的外星人 PK。2016 年，出演励志运动电影《摔跤吧！爸爸》2017 年 6 月，阿米尔·汗成为"2017 年奥斯卡"新成员。2017 年，出演喜剧电影《神秘巨星》饰演音乐人夏克提·库马尔。

师：我们这学期集中观看是他的《三傻大闹宝莱坞》《地球上的星星》《摔跤吧！爸爸》《神秘巨星》四部。我们先看看这些让人激动的剧照。你还想得起他们出自哪部电影的哪个故事片段吗？

（展示精彩剧照。引导学生回顾四个精彩的故事的核心内容。略。）

师：老师为什么选择这四部电影介绍给大家呢？我们先聊聊它们的共同点。

生：这几部电影都和学生有关，电影中都有学生主角，我们看起来会比较熟悉。

生：这几部电影都和校园生活有关，讲的都是学生成长的故事。

生：我觉得这几部电影都和教育有关。

师：嗯，都说得有道理。最后一位同学发言挺有概括力。"教育"，是这几部影片共有的核心词。这就是整合思维，也是老师平时经常说的同类信息聚合能力，是非常宝贵的思维方式。这是在抓共同点。就从这几部电影入手，我们对阿米尔·汗也可以进行初步的研究了。请大家先初步说说对他的电影的基本感受。

生：我觉得他的电影非常好看，故事很吸引人，看了一遍，还可以看第二遍。

师：同感。《三傻大闹宝莱坞》我每年都看，起码看了十几遍了，每一次看，都会发现更好看了。其他几部也是百看不厌。连近期上映的反响最不热烈的《神秘巨星》也看了三遍。

生：我发现上一届的哥哥姐姐们来看王老师，他们都一窝蜂地挤在你的办公室看《三傻大闹宝莱坞》。

师：是的。哥哥姐姐们都被这部片子迷住了。只要一有时间，我们班就放《三傻大闹宝莱坞》，从来没有同学觉得腻。《三傻大闹宝莱坞》简直成了我和学生们的接头暗号。

生：我觉得阿米尔·汗的电影不仅故事好看，引人入胜，关键就是他的思想。他的每一部电影都让我们思考一些很重大的问题。

师：也就是说阿米尔·汗电影的主题都非常重大，都极有现实意义。能尝试说说大家的初步思考吗？你看了他的电影，有改变吗？

生：我看《三傻大闹宝莱坞》感触特别深。我觉得自己就像故事中的拉加一样，一直活得挺紧张的，而蓝丘告诉我不能这样活。《三傻大闹宝莱坞》让我放松多了。

生：我现在是在学校一不开心就会找出《三傻大闹宝莱坞》来看。我觉得故事中的蓝丘特别健康，特别阳光，特别会学习。做学生，就应该像他那样去学习，去生活。他现在是我的偶像。

师：蓝丘也是我的偶像呢。我告诉我所有的学生，我理想中的好学生就应该是蓝丘这个样子的。

生：《地球上的星星》让我思考应该如何对待那些不会学习的孩子。他们成为差生原来并不是因为他们不爱学习，也不是因为他们懒惰，而是因为他们身体和心理跟我们普通人不一样。如果用老方法去教育这些孩子，他们就被耽搁了。

师：《地球上的星星》对我们这些老师的启发影响更大。我现在遇到很多教育难题时就会这么想：尼克老师会怎么做？《三傻大闹宝莱坞》和《地球上的星星》两部影片经常让我反省自己是不是一个合格的老师。

生：《摔跤吧！爸爸》被称为逆天的神剧，我连续看了四遍，每一次都看得热血沸腾。这部片子对我这样的女生启发太大了，我们是女孩子，但也可以战胜自己的软弱，向男人发起挑战，最后成功的。

生：我看《摔跤吧！爸爸》，就更加理解了爸爸妈妈对我的严格要求。有时候父母的爱会以一种很专制的形式出现，如果我们不理解，就会误解这样的爱。

生：《神秘巨星》讲的是一个小女孩儿实现自己的音乐梦想的故事，她的妈妈给了她巨大的支持。我学到了一定要坚守自己的梦想，不能轻易放弃。还有，亲人的支持是非常重要的。

……

二、渐深入

师：大家都觉得阿米尔·汗的电影好看，感动人，教育人，改变人。为什么会有这么大的冲击力量呢？我为大家提供一些关于阿米尔·汗的评价，我们围绕着这些评价，再结合电影，可能你的感受会更不一样。

【投影展示】

身处这样一个国家，他想要用电影发声。

用电影拷问社会，是他的标志。

2013年，美国《时代》杂志将阿米尔·汗评选为"全球百大影响力人物"之一，并以《印度的良心：一个演员能否改变一个国家？》为题进行了专文报道。

他也获得印度总统帕蒂尔授予"印度公民荣誉奖"的"莲花勋章"。

师：美国《时代》杂志是全球最有影响力的杂志之一，它居然用"印度的良心"来评价一个演员，居然说他"用电影改变国家"，你们怎么看这个评价？你觉得这四部电影能够改变印度吗？

生：我是这么认为的，阿米尔·汗电影的取材都直指印度社会的重大问题。《三傻大闹宝莱坞》谈的是印度的教育问题。我从电影中可以看出当时印度的最高层次的大学，就是那个帝国工程学院，地位相当于我们国家的北大清华这样的名校吧，但他们的教学都是完全应试的，是灌输式的，不太提倡培养学生的独立思考能力，学生的压力极大。蓝丘说学校就像"压力锅"。

生：我看到印度的教育也不尊重学生，病毒校长对拉加，还有法罕，特别是那个死去的天才学生都没有什么尊重。这个学校就需要学生听话，害怕学生像蓝丘一样个性独立，他们面对学生的创造力是很恐惧的。

生：电影中塑造了蓝丘这样优秀的学生，也塑造了一个反面形象，就是那个查尔图。他读书很勤奋，但并没有对科学的真正热爱，他谄媚校长，他学习就是为了住好房子，娶美女，获得世俗意义上的成功。他的学习非常功利。我

203

觉得他的形象应该就是大部分印度学生的形象。

师： 真好！大家还是基本看懂了。也就是说阿米尔·汗讲校园中的三个学生的故事，其实并不仅仅是讲这三个学生的故事，他的目的是——

生： 反思印度的教育。

师： 对，帝国工程学院其实是印度教育的一个缩影，拉加啊，法罕啊，查尔图啊，都是这个教育下被扭曲的学生形象。他们或者缺乏学习的远大目标，或者完全失掉自我，或者在学习的压力下已经面临崩溃……而蓝丘的形象，是一个理想中的形象：他真正地热爱学习，胸怀伟大的理想，他善于独立思考，坚持在实践中学习，他内心善良崇高，真正地懂得学习的意义和生命的意义。这部影片其实展示了阿米尔·汗的教育观，展示了他心灵深处对理想教育的呼唤。所以，这是一部伟大题材的电影。《地球上的星星》呢？同样是教育问题，为什么也被称为"良心"呢？

生：《地球上的星星》不是讲普通学生的故事，而是讲特殊学生的教育故事。视角不一样。

生：《地球上的星星》中的伊夏患有阅读障碍症。如果没有遇到尼克老师，伊夏就毁了。尼克老师是真正爱孩子的。在伊夏的心灵已经陷入绝境的时候，他深入他的家庭，认真地研究这个孩子，终于弄清楚了他出问题的原因。他帮助伊夏成为了一个好孩子，也帮助伊夏的爸爸妈妈走出了困境。

师： 我是中小学老师，我对《地球上的星星》中揭露的教育现状更有同感。我们的教育总是习惯于用统一的标准去要求所有的孩子，用相同的方法去改造所有的孩子。我们是习惯于让孩子适应学校，而不是让学校去适应孩子。尼克老师的伟大就在于他展示了一种最人性最先进的教育观：让教育去为孩子服务，而不是让孩子为教育服务。这就是教育的良心。阿米尔·汗的伟大就在这个地方。他看到了现代教育把人当成流水线上的机器来生产的残酷现状，他呼吁教育要真正为人的成长而存在。这不仅是印度的教育存在的问题，也是整个世界教育面临的难题。这些电影，不仅是印度的良心，也是全世界的良心啊。请继续发言。《摔跤吧！爸爸》和《神秘巨星》虽然也和孩子有关，和教育有关，但这两部电影表现的重心是不一样的，大家看出来了吗？

生：《摔跤吧！爸爸》和《神秘巨星》讲的故事主要是在家庭中的，是父母对孩子的成长的影响。

师： 大家了解这两部电影的背景吗？阿米尔·汗为什么要拍这两部电影？

生： 我们班为《摔跤吧！爸爸》开展辩论赛的时候，反方同学的观点就是这部电影是"男权电影"，马哈维亚为了实现自己的梦想而让女儿们学摔跤，他并不尊重女儿最初的意愿，当时正方的同学就拿出了电影拍摄的背景：印度是一个女性歧视很严重的国家，不仅不重视女孩子的教育，而且童婚现象非常严重，印度女孩子是不能自主选择自己的人生的，她们活在社会的最底层，也生活在家庭的最底层。正是在这样的背景下阿米尔·汗拍的这两部电影。

师：真是一个用心的孩子！是的，印度社会歧视女性到了什么地步呢，最诅咒人的话就是"祝你生个女儿"。阿米尔·汗饰演了一位和全社会作战的父亲，他对妻子说"我要让她们以后有权自己选择自己的人生，而不是被人挑拣"，阿米尔·汗借马哈维亚的口，在呼吁什么呢？

生：男女平等。应该尊重女孩子，相信女孩子的潜能，她们不仅能够成才，而且还能为国争光。

师：《神秘巨星》是《摔跤吧！爸爸》的姊妹篇，大家看出来了吗？《神秘巨星》中塑造了三代女人和三代男人，他们各自代表了什么？

生：我觉得尹希娅的姑婆是老一辈印度女人的代表，她们一辈子都逆来顺受，看到了自己命运的悲惨但接受这样的命运。尹希娅的妈妈也一直在忍受丈夫的暴力，但为了女儿，她最终走上了反抗之路。尹希娅是现代女性的代表，她很有理想，也很有反抗精神。

师：那三代男人大家看出来了吗？

生：尹希娅的父亲是个家庭的暴力分子，他根本不觉得应该尊重尹希娅和她的妈妈，女人在他眼里根本不值一钱。尹希娅的同学钦腾很喜欢尹希娅，他是尹希娅真正的朋友，应该是新一代男性的代表吧。电影中还有尹希娅的弟弟，是一个很小很小的男孩儿，对这个形象我不太理解。

生：我觉得导演在这个孩子身上寄托了希望，尹希娅的母亲最后奋起反抗了，除了为了女儿，也为了儿子不再成为父亲那样的人。

师：阿米尔·汗的这部电影还是在谈女权的问题，你们觉得哪部电影更深刻啊？

生：我觉得《神秘巨星》比《摔跤吧！爸爸》还要深刻些。《摔跤吧！爸爸》是父亲推动女儿的成长，而《神秘巨星》是女儿自己的觉醒和女儿的觉醒推动了母亲的觉醒。她们都是在主动反抗暴力的丈夫和父亲。

师：真是有眼光！《摔跤吧！爸爸》拍得很热闹，很热血，相比较而言，《神秘巨星》简直只能算阿米尔·汗作品中的小清新。但实际上，两部作品展示阿米尔·汗对女权问题思考的程度是不一样的。《神秘巨星》更超前。同学们，女权问题不仅在印度是一个大问题，在全世界范围之内，这个问题也并没有得到彻底的解决。就在我们国家，现在一些落后地区溺死女婴的现象还是很严重的。所以这部片子在中国也激发了很多人的共鸣。阿米尔·汗身为男人，却用电影的形式为女性的权利奔走呼号，他就是这样成为印度的良心的。请看投影——

【投影展示】

阿米尔·汗的电影大都有强烈的现实指向和社会关怀。

《三傻大闹宝莱坞》和《地球上的星星》关注教育问题；

《摔跤吧！爸爸》和《神秘巨星》直指性别歧视；

《我的个神啊》是对宗教本质的追问。这部影片冒犯了印度的政治团体，有印度教徒在公开场合焚烧海报，右翼人士甚至抵制影片上映。

【投影展示】

阿米尔·汗还主持、制作了一档电视节目——《真相访谈》。在节目里，他谈印度社会的各种问题：残杀女婴、儿童性侵、巨额嫁妆、家庭暴力、种姓制度，等等。每一期节目都是在直戳印度社会最丑陋、最惨痛的伤疤。阿米尔·汗是站在全印度女性的立场上对印度的男权社会发起了反抗。

他曾在自己的节目《真相访谈》中留下这样的自白：

"我想讨论一些关系印度民生的话题，不责难任何人，不中伤任何人，也不制约任何人。人人都说，伤害我们的人近在咫尺，或许我们都有责任。现在，与我一起踏上这段旅程吧。一起去寻找、去发现、去学习、去分享，一起去揭开这些难题的谜底。我无心激化矛盾，只为能改变这个时代。无论是谁的心中，只要有星星之火，必将成燎原之势。"

他还曾说过："批判自己和自己的国家是我们进步的第一步，没必要为自己祖国被放在聚光灯下羞耻，应该羞耻的是我们的国家在哪一方面还有欠缺。"

《真相访谈》播出后，在印度社会引起巨大反响。有一些节目中提到的问题，在阿米尔·汗的推动下、在更多人的参与下，已经有了解决或改善。

他早已不仅仅只是一位演员，他是一名带着天然的使命感，成为改变国家的公众人物。

三、比较再深入

师：了解了这些材料，我们对阿米尔·汗的认识就全面一些了。我们中国有"四大天王"，印度电影界也有"四大天王"，他们是和阿米尔·汗齐名的几位巨星级演员，其中成就最突出的是沙鲁克·汗，但世人对他们的评价很有意思。

【投影展示】

三大汗（沙鲁克·汗、萨尔曼·汗和阿米尔·汗）一直处于宝莱坞的风口浪尖。

萨尔曼·汗重心主要还在演戏和慈善，沙鲁克·汗涉猎较广，演戏、主持、投资。而阿米尔·汗的专注，则在于做电影和开启民智。

结果当然也不同，萨萨是老少咸宜的男神，沙沙是印度的高大全男神，而阿米承受的压力和争议会多很多，属于爱就死忠，恨则入骨。

其中两位获得爱，一位获得尊敬——和爱一样有同等甚至更高的重要性。

但是毋庸置疑的是，他们三个，都会是载入印度影史的人物，只是阿米尔·汗有可能会不仅仅写在影史上。

望眼全球你可以找出好几个沙鲁克·汗那么优秀的演员，但是你只能找到一个阿米尔·汗。

沙鲁克·汗是一位杰出的演员。

阿米尔·汗则是一位了不起的电影人。

沙鲁克·汗是李白，阿米尔·汗是杜甫。

师：这些评价都很有文采，非常经典，你对哪句特别有感触？

生：沙鲁克·汗是李白，阿米尔·汗是杜甫。李白是诗仙，是浪漫主义的，杜甫是诗史，是现实主义的。杜甫的诗歌是唐代的历史，作者是不是想表达阿米尔·汗的电影作品也像印度的史诗一样。

师：我同意。大家可以以这几部作品为出发点，再去关注阿米尔·汗的其他伟大作品，你会发现，他的电影，真的是印度伟大历史的代言。

生：我记得老师说过，杜甫的诗歌大部分都很苦，展示了唐朝安史之乱时候的悲惨，说阿米尔·汗是杜甫，是不是也是说他的电影揭露了印度最不美好的那一面。

师：是的，刚才我们看了介绍，阿米尔·汗的每一部电影，每一期节目"都是在直戳印度社会最丑陋、最惨痛的伤疤。并且站在全印度女性的立场上对印度男权社会发起了反抗"。

生："沙鲁克·汗是一位杰出的演员。阿米尔·汗则是一位了不起的电影人"这个评价也很震撼我。"演员"只负责演电影，但"电影人"我感觉含义就比演电影丰富很多。

生：我觉得"电影人"的含义是阿米尔·汗不仅"演电影"，还做导演，做编剧，做制片人，他很全能。

师：是的，他有自己的电影公司，他是一个电影全才。"电影人"还有其他含义吗？

生：我觉得是说阿米尔·汗通过电影还做了很多其他事情，电影是他的事业，是他实现自己人生理想的途径。

师：不仅是人生理想，最重要的是自己的社会理想，他通过电影来发声。读——

（生读投影中的文字）

【投影展示】

> 萨尔曼·汗重心主要还在演戏和慈善，沙鲁克·汗涉猎较广，演戏、主持、投资。而阿米尔·汗的专注，则在于做电影和开启民智。
>
> 但是毋庸置疑的是，他们三个，都会是载入印度影史的人物，只是阿米尔·汗有可能会不仅仅写在影史上。

师：其他三个电影天王都会载入印度的电影史，但只有阿米尔·汗有可能不仅仅写在电影史上，他还会被写入印度的什么历史呢？

生：写入印度的教育史。

生：写入印度的思想史。

生：写入印度的人权史。

生：写入印度的女权史。

师：写入印度的宗教发展史。

师：这句评论大家理解吗？

【投影展示】

其中两位获得爱，一位获得尊敬——和爱一样有同等甚至更高的重要性。

师：懂吗？谁获得了爱，谁获得了尊重？

生：沙鲁克·汗、萨尔曼·汗获得了爱，阿米尔·汗获得了尊重。

师：这里显然评论者认为"尊重"比"爱"更重要，为什么呢？

生：因为阿米尔·汗用电影让印度这个国家变得更好了。

生：阿米尔·汗的电影不仅让大家快乐，而且更为重要的是他让每一个人都反思自己民族的命运，并且身体力行地去改变印度，所以，他获得了尊重。"尊重"比"爱"更有力量。

师：这段评论也推荐给大家，也是一位评论者比较沙鲁克·汗和阿米尔·汗的——

【投影展示】

他们都绝对是宝莱坞电影工业中排名最靠前的印度男星。然而，他们又如此不同：一个是演电影的，一个是做电影的。

沙鲁克·汗一年要出产三四部电影并且只是主演，表达个人的观点很少；阿米尔·汗一两年才出一部电影，常常自己制片和主演，而且每一部都在表达非常鲜明的个人观点。作为宝莱坞的资深影迷，他们两位我都喜欢，我们欣赏他们对于电影的认真专业，诚心诚意。不过对于沙鲁克·汗，我是淡淡的尊敬，对于阿米尔·汗，则是深深的敬仰和爱慕；全世界可能有很多沙鲁克·汗，然而，阿米尔·汗只有一个。

（生浏览）

师：网络上还有一个比喻王老师也推荐给大家——

【投影展示】

有人说阿米尔·汗是印度的刘德华，我个人并不赞同。就我而言米叔是印度电影界的鲁迅！千钧之笔振民魄，醒民魂！

（生读）

师：这些都是观影者的评价。同学们是否完全认同这些评价，还需要你亲自去观看了阿米尔·汗更多的作品之后，才能做出自己的判断。阿米尔·汗的电影人生给了你什么样的启示呢？

生：一个真正有思想的电影人他的作品是不一样的。

生：演电影也可以爱国。

生：电影人如果心怀天下，他就会成为一个伟大的演员。

生：天下兴亡，匹夫有责。无论从事什么职业，都可以让这个职业不仅是职业，而是一项伟大的事业。

师：同学们再看看这个评价——

【投影展示】

印度很幸运，能出阿米尔·汗这样的人。

印度也很不幸，绝大多数人体会不到，理解不了阿米尔·汗电影的本质，只因他们的社会运转还大大落后于阿米尔·汗所倡导的文明。

中国很幸运，中国社会已经发展到了能读懂阿米尔·汗电影本质的阶段。

中国也很不幸，出不了阿米尔·汗。

师：阿米尔·汗也给了王老师很多启示。救国爱国不一定非要上战场，任何职业，都可以成为我们爱自己祖国的途径。我希望我们中国，也能够出现阿米尔·汗这样的用电影来救国的伟大演员。

四、余音

师：同学们，我们今天的讨论，仅仅是一个开启。这一次我们聊的主要是阿米尔·汗在印度电影史上的影响力和特殊地位，下一次的讨论，会针对他在电影上的艺术成就进行讨论。老师也利用这个机会，先做一些铺垫，留一点儿悬念。

师：阿米尔·汗对于电影的献身精神大家多少了解一些吧？

生：为了拍摄《摔跤吧！爸爸》，为了演好片中马哈维亚 19 岁、29 岁、55 岁三个年龄段的故事，阿米尔·汗先是增肥 50 斤变成肥胖的中年男人演 55 岁的故事，再通过 5 个月减肥练成摔跤运动员的健美身材出演马哈维亚 19 岁的故事。有人采访他为什么不先拍完年轻时候的再增肥演 55 岁的时候，他说要是那样就没动力减肥了，演完还是个胖子。

师：什么是电影界的男神，这就是了啊！

生：据说他在演《三傻大闹宝莱坞》的时候，一天只吃一点点牛奶和香蕉，连自己的生日蛋糕都不吃，就是为了减肥，更好地体现蓝丘的形象。

师：真是应了一句话：能控制自己体重的人，才能够控制自己的人生。阿米尔·汗不仅是电影天才，还是电影疯子，电影魔神。关于他的编剧才华、导演才华、演出才华，网络上这两段评论极其精彩，请大家读一读——

【投影展示】

用电影拷问社会，是他的标志。

当然，这不意味着阿米尔·汗的电影枯燥乏味、充满说教。

相反，他主演的电影，基本都是成熟的商业类型片，很少有哪部被观众认为"不好看"。

阿米尔·汗不仅是一个有故事的人，而且是一个非常会讲故事的人。

"故事是什么"远没有"故事怎么讲"重要。

好莱坞的超级英雄电影，就是那几种套路，但票房就是怎么拍怎么高，主流观众就是爱看。

这和印度的商业类型片是一个道理。

在成熟的工业体系下，印度电影的剧本写作和拍摄手法都达到了非常专业的水准，从业人员知道怎么拍能让故事更流畅，也知道怎么煽情能让观众不讨厌且产生共鸣。

阿米尔·汗和他的团队就是此中高手。

师：再看一段。

【投影展示】

我想从一个电影痴迷爱好者的角度来看他的演技：阿米尔·汗的表情、眼神、动作……情绪的开始、延续、结束、变化、提升、下降……他的表达如此细腻准确丰富灵动，几乎所有地方都处理得十分准确。我们在他的每一部作品中都可以在无数镜头中发现他的精彩拿捏。他的表演的分寸感，到达了完美的境界。其表演灵气实在是世间少有。

　　大家吃过米其林餐厅菜式吗？可以一起类比一下：就是各种味道的分量都刚刚好，并且顺序都准确无比，配方如此精妙，以至于入口的那瞬间，各种不同层次的味道，丰富的口感，立体式地轮流呈现在你的嘴巴，随着咀嚼和吞咽再泛起神奇的化学反应冲击着你的味蕾，以及延伸到大脑神经身心灵最深处。阿米尔·汗的表演就是这样一种难以言表的感觉，只能意会，不容易言传啊。

师： 阿米尔·汗的表演到底精彩到何种地步，我们下次讨论继续。敬请期待哟！今天我们的讨论就进行到这里。下课。谢谢大家。

课 例 点 评

等闲识得群影面，万紫千红总是文
——评王君老师群影课《阿米尔·汗为什么被称为印度的"良心"》

　　"群文阅读"是指把一组文章，以"串烧"的形式整合起来，建构"阅读场"，指导学生参与阅读实践，在阅读中形成自己的阅读体验，旨在提升学生宏观视界的语文素养。但王君老师凭借灵敏、独特的语文感觉，将群文拓展，引出"群影阅读"的概念，并且付诸实践，令人耳目一新，脑洞大开。这节关于阿米尔·汗的群影课，带领学生全面认识阿米尔·汗的电影特色，其内容、其构架、其视角、其思维无不从大语文的角度立言、立人、立课。

　　第一，群影在场，一瓢饮之。作为同质同人的群影课，要带领学生深入到阿米尔·汗的精神世界，不但要观影，还要观人，在对阿米尔·汗电影作品的分析探究中，深入了解其价值取向、社会担当、精神境界、意志品质。观影亦是在观人。王君老师以"阿米尔·汗为何被称为印度的良心"作为群影阅读的基点，以此生发，逐步深入，从电影本身到外围评价，再从相对比较到总结升华，每个环节的设置都紧紧围绕课堂基点进行，都在带领学生渐次深入了解阿米尔·汗其人。可以说，通过这样的群影课的熏陶，学生与阿米尔·汗之间真诚共鸣，彼此互通，这就是"群"的魅力。

第二，群影选择，同类整合。同质同人的群影阅读，虽然立足在"同"，但若要全面立体地走进某个电影人的内心世界，一定要将他某个方面具有代表性意义的作品放在一起欣赏观照，便会得出意想不到的结果。这便是充分利用整合之力。王君老师的群影选择，即教学内容的选择，用心讲究。王君老师将"《三傻大闹宝莱坞》《地球上的星星》《摔跤吧！爸爸》《神秘巨星》"四部影片植入课堂，只因这四部影片均在反映学校教育、家庭教育、孩子成长等方面的主题，"教育"便成为它们共有的核心词，同类整合思维让群影课变得重点突出，主旨显豁。可见，同类信息的整合能力在语文群教学中至关重要。

第三，群影勾连，既广又深。群影语文课，考量的是语文老师的大视界、大学识、大阅历、大生命。以"群"勾连，如果没有博识的眼光、深厚的积淀、宽广的心路，便难以驾驭。王君老师的课堂，似在天马行空，又似在掘一深井；似在纵横开阖，又似在聚力一处，"广"与"深"哲理而辩证。王君老师是如何做到课堂广博而精深的呢？王君老师在课堂里总是恰如其分地引入各种资料，撬动课堂。比如课堂初始引入网络上对阿米尔·汗的简介，比如引入美国《时代周刊》对阿米尔·汗的评价，比如引入阿米尔·汗的电视访谈，比如引入关于萨尔曼·汗的资料等，每一次资料的植入，都在推动着课堂向纵深处延伸，这么多的资料每出现一次都有其自身的担当与作用，都让学生的思维聚力一点，深入开掘。因此，"广"应成为"深"的基础，群影才能自然勾连。

王君老师的语文课，总是荡漾着天生的语文智慧。她的群影课亦是如此，灵新、灵动、灵活、灵清，这便是"等闲识得群影面，万紫千红总是文"。

（司艳平）

探讨主人公身份的奥妙
——一堂整合的影视鉴赏课实录

上《范进中举》的时候，学生提出了一个意料之外的问题：吴敬梓为什么要把范进的老丈人写成一个屠户，而不是其他的什么职业呢？这堂课的讨论实录发表在《中学语文教学》2006 年第九期上。

这次别开生面的讨论激发了学生对艺术创作中人物身份探讨的兴趣。我感到这是提高学生鉴赏能力的一个很精妙的教学切入点。于是，我及时整合了三部同学们已经看过的电影，上了一堂特殊的影视鉴赏课。

在我班上，影视欣赏和影视评论是语文教学的重要组成板块。影视评论课的上法有多种。这堂课，试图以主角的职业身份为切入点，透视影片主题，挖掘编导创作的内蕴。

从主人公的身份开始说起，其实是主动地站在了电影创作的原点，这个"点"，也应该是影视鉴赏的原点。在尊重原创的基础上深入探究电影的内涵，这是培养学生扎扎实实而不是虚浮地进行创造性思维的好方法。

这堂课，实现了课外影视鉴赏的整合，所以比一般的鉴赏课，更多了些厚度和深度，当然，也就有了一点点新意。

【引发这堂群影课的《范进中举》课堂教学实录片段】

范进的老丈人为什么是个屠户?

——《范进中举》课堂片断

（学习《范进中举》，课堂讨论很生动深入，正在酣畅淋漓中，一个孩子在下边嘀咕：杀猪的杀猪的，好好耍哟，咋个不是个农民呢？

我心中一个激灵，这个问题倒是我备课的时候没有想到的，有一种预感，对这个"嘀咕"的讨论将会使大家对小说主题的认识更加深入。我决定把这个"嘀咕"做大）

师：刚才我听到谷雨同学提出了一个很异类的问题，老师都还没有认真想过呢，大家"碰撞"一下，如何？

生：屠户的社会地位本来就很低，连这样一个人都可以在范进面前耀武扬威，可见得范进是很没有用的一个家伙。

生：那倒不一定，比屠户还穷社会地位还低的人也有，比如农民，那么作者为什么不把范进的老丈人写成一个农民呢？

生：屠户是"白刀子进，红刀子出"的营生，是一个颇为恐怖血腥的职业，这可以让范进这个老丈人的形象可怕狰狞一些，和软弱的范进形成鲜明的对比。

生：吴敬梓不把范进的老丈人设计成一个农夫或者一个小商人，我觉得这其中是有深意的。屠户一方面要和底层的喂猪的农民接触，另一方面他又要和买肉的大户人家接触，这就让他有了一个很独特的视角，他既能俯视下层农民的艰苦，又要仰视上层的富裕，这就让他最容易成为一个趋炎附势的人。而农民和其他小生意人恐怕都没有这样好的条件。

师：这番解读真是非常深刻而独到。

生：我觉得还有一个很重要的原因就是屠户是杀猪的，吴敬梓一定是想要在"杀"上做出点儿什么文章出来。范进未中举前是被胡屠户羞辱数落，而中举后是被科举制度羞辱欺凌，同样都是被"杀"。

生：范进未中举前，在胡屠户的面前不过和一头猪是差不多的。但是范进中举后喜极发疯的样子其实比猪还要狼狈可笑。

生：这个职业的幽默色彩给故事本身增加了一种喜剧色彩。

生：刚才同学们谈到了范进的人格扭曲的问题，其实胡屠夫的人格扭曲得更厉害。他自己不过是一个屠户，这个职业本身就有许多可笑可叹之处，可他自我感觉非常良好，先是声明自己是"有脸面的人"，不能和"平头百姓平起平坐"，他自己干着并不高贵的营生，却瞧不起那些"做田的、扒粪的"，后来随着范进的中举他的态度变化是三百六十度，毫不铺垫毫不遮掩，竭尽巴结赞美之能事。一个屠户的人格扭曲是更让人觉得好笑好气的。

师：大家发言很深刻！很有创意！你们的意思是不是这样：胡屠户因为职业原因所以其言行举止自然是粗鲁可怕的，他让人自然地联想到了他带给范进的其实也是血淋淋的屠杀。但有比屠户更可怕的东西，就是科举制度和封建等级制度。在胡屠户的欺凌羞辱下，范进还能恭顺地做人，但是在中举的刺激下，范进居然喜极而疯，成为千古笑柄，可见得科举这把刀比胡屠户手上的那把刀要厉害得多。

生：我想补充的是，胡屠户手上的这把刀和科举考试这把刀其实就是架在范进头上，逼他癫狂的两把刀。

师：那胡屠户手上的这把刀其本质是什么呢？

生：是一种封建等级意识。

生：是趋炎附势的社会风俗。

师：对了，就是这些意识主宰了整个社会，主宰了各个阶层的人们，也扭曲了各个阶层的人们的灵魂。

师：大家比较深入的讨论使老师想到了另外一个问题，既然范进终于中举了，终于推开了人生的另一道大门了，他终于迎来了扬眉吐气的一天，但是为什么吴敬梓还要设计胡屠户给范进一巴掌呢？

生：吴敬梓是不是想通过这一巴掌提醒范进什么？

生：吴敬梓就是想通过这一巴掌来进一步丑化范进。

生：这一巴掌不是师长给的，不是朋友给的，而是一个大老粗胡屠户给的，走上了人生的金光大道的范进还要挨屠户这一巴掌，作者肯定是在讽刺什么的。

师：小说借胡屠户的手给范进一巴掌，打出了些什么？

生：打出了范进的丑态，打出了胡屠户的丑态，打出了周围人的丑态，打出了整个社会的丑态。

师：这一巴掌，与其说是打给范进的，不如说是——

生：打给科举制度的，打给这个趋炎附势的人群的，打给这个以利益为中心的社会的。

师：说得好！如果范进的老丈人不是个屠户，小说情节的发展就没有这么自然无痕，整个故事就不会让我们在忍俊不禁中感受到别样的心痛了。

……

【点评】　教师由学生在课堂上不经意间说的一句话引发了思考，进而进一步挖掘出一个独特的教学资源——由人物的身份探究小说主题，真可谓是"妙手偶得、自然天成"，角度独特，令人惊叹，王君老师真是一个有心之人，处处留心捕捉有用的教学资源，难怪王君老师的教学创意迭出不穷，由此可见一斑。

【"探讨主人公身份的奥妙"课堂教学实录】
师：同学们，今天这堂课，我们通过三部电影来讨论一下艺术创作中人物身份的设计这个问题。

讨论第一部分：魏敏之为什么是一个农村小姑娘？
——《一个都不能少》探究

（回顾《一个都不能少》剧情：水泉小学的高老师要回家看望病重的母亲，村主任从邻村找来十三岁的魏敏芝给高老师代一个月课。村主任说，如果她能把娃看住一个都不少的话，就奖励她五十块钱。

十岁的张慧科因家里欠债无力偿还，不得不失学到城里打工。魏敏芝决心把张慧科找回来。她单身一人踏上了进城之路，开始茫茫人海里的寻找……）

师：张艺谋一方面要表现山村教师的伟大，一方面又把主人公设计成为一个只有十三岁的不太懂事的小姑娘，他是不是矛盾了？

生：我认为其实并不矛盾，魏敏芝就是这样的一个女孩。她单纯、倔强、真诚，又不乏愚昧、专横。她普普通通，有血有肉，实实在在。她是一个真实的山村小姑娘，而不是一个完美的人民老师，当然更不是一个英雄！

师：那你所说的这些特点是从头到尾都统一体现在魏敏芝身上的吗？

生：不，她的性格实际上是发展的。最开始她确实为了钱而来代课，因为年龄、文化、出身等原因，她表现得自私、蛮横，她管学生就像放羊那样只管数量而不要质量。但是粉笔事件转变了她。学习委员张明仙的日记让她深深震撼。从那天晚上她让张慧科给张明仙道歉起，她就开始思考问题了。这是一个重要的转折点！后来在千辛万苦寻找张慧科的过程中，有一种可能连她自己都没有意识到的使命感和责任感在不断加强。找到张慧科后，面对着人们捐献的那么多的彩色粉笔，她居然连一个字也舍不得写，这时候的魏敏芝，可以说才实现了乡村小姑娘到代课教师的角色转变。电影中塑造的就是这样一个在情节的推动下思想不断进步的农村代课教师的形象。（热烈的掌声）

生：我觉得这种手法有"先抑后扬"的味道。

生：其实，这恰好就是导演张艺谋的高明之处。听说该片的主角都是从农村挑选来的非专业演员，目的是什么？就是为了真实！魏敏芝不可能那么高尚，她就应该是片中的那个样子。她无知、愚昧、专横，但也倔强、坚强、真诚。她本身就是一个典型的矛盾体，是农村那种环境的产物，体现了广大没有受过太多教育的农村少女的本色。她最初的无知及后来的转变，本身就反映了山区人民需要知识，渴求进步的愿望。

生：蓝楠说得好。我觉得老师的问题可以修正一下。我们怎么可以用该或不该，肯定或否定来评价一个人呢？单纯地去分析她"值不值得赞美"，实际上把一个复杂的人简单化了，我们可以说"欣赏她哪一点，却不认同她哪一点"啊！

生：现在我明白了。张艺谋塑造的本身就是一个平凡的形象，她既不光辉，也不伟大，她普通得就像村边的一块泥土，真实得呼之欲出。我们可不可以这样认为，魏敏芝只是名义上一个主人公，她实际上更是一个线索人物，她牵引着观众推开中国山区教育现状之门，她让我们看到了一幅幅惊心动魄，感人肺腑的画面：几个月没领工资却念念不忘学生的高老师，为浪费了一支粉笔而痛心的学习委员张明仙，因为家境困难而被迫辍学的张慧科……而魏敏芝，她本身也是这些画面的一部分，如果她受的教育更多一些，如果她的家庭条件再好一些，她代课教师的工作，可能做得就不一样了。这个形象本身也在不断地呼唤：我们需要教育，需要爱！（掌声）

生：通过大家的发言，我真正体会到了张艺谋的高超。比之我以前看过的《红高粱》等艺术感觉很强烈的影片，《一个都不能少》更让人感动。这种感动来源于它取材和人物塑造上的绝对真实。而且这种真实像橄榄，如果不仔细咀嚼，是品不出味来的……

【点评】　王君老师抓住了这部影片人物形象的一个矛盾点：导演一方面

要表现山村教师的伟大，另一方面却将主人公设计成了一个只有十三岁的农村小姑娘，这个问题，耐人琢磨，一经老师提出，就激发了学生们的思维以及言说的欲望，学生们畅所欲言。由此可以看出教师独到的眼光和高超的鉴赏能力，抓住了影视素材的本质，高屋建瓴，带领学生站在核心的地带来思索、探究，高效且实用。

讨论第二部分：史标曼为什么是一名钢琴师？

——《钢琴师》探究

（《钢琴师》剧情回顾：二战期间，一位天才的波兰犹太钢琴家，四处躲藏以免落入纳粹的魔爪。他在华沙的犹太区里饱受着饥饿的折磨和各种羞辱，整日处在死亡的威胁下。他躲过了地毯式的搜查，藏身于城市的废墟中。幸运的是他的音乐才华感动了一名德国军官，在军官的冒死保护下，钢琴家终于挨到了战争结束，迎来了自由的曙光。）

师：为什么编剧要把主人公的职业定义为钢琴师，而不是其他的职业呢？

生：钢琴是一种高雅的艺术，战争不仅残杀了无数无辜的人，同时也毁灭了艺术。以钢琴作为电影的一个焦点更能表现战争的残酷。

生：史标曼之所以能够坚持到最后，有一个重要的原因就是他一直有一个理想：我要回到波兰电台继续演奏钢琴。钢琴是他的一种理想信念和精神支柱，钢琴是推动情节发展的动力。

师：说得不错，但还比较浅。于西南的意思是说电影中还涉及其他的一些乐器，比如大提琴、小提琴、萨克斯管等，为什么导演没有选择它们，而是选择了钢琴呢？

生：钢琴比较大，在战争中不容易被毁坏，更有利于情节的发展。（教室里不安静起来，大家纷纷表示不同意）

生：主人公在电影中先后弹奏的几段钢琴曲其实是电影非常重要的背景音乐。《钢琴师》是一部有着深厚历史背景的电影，他的色调很阴沉，情感很阴郁，表现的主题也比较博大，钢琴的声音比较厚重丰富，所以更适合做这种电影的背景音乐。而其他的乐器则略显得单薄了些。

师：你是从背景音乐这个角度来谈的，你也很深刻。

生：钢琴被称为"乐器之王"，比之其他乐器，钢琴的外表更豪华，科技含量也更高。而钢琴师也是一种比较高雅优美的职业，可是后来俊朗飘逸、才华横溢的主人公史标曼却变得人不像人，鬼不如鬼。但是越豪华越先进越高雅的东西的被毁灭越能够激起我们对战争的憎恨。

师：你的意思是说钢琴的华美和这个职业的高雅与它们被战争摧残和毁灭形成鲜明的对比，这种对比能够加深我们对战争的痛恨和反思。这样理解也很深刻。

生：在西方，钢琴是最有群众基础的乐器。电影中有一个很重要的细节。那位德国军官之所以在史标曼最危险的时候帮助了他，其中一个主要原因就是因为他听了史标曼的钢琴演奏心灵受到了震撼，引起了共鸣，所以才决定帮助史标曼。

师：电影中的其他德国军官无一都凶狠残暴，杀犹太人杀红了眼，可是最后那个军官却意外地帮助了史标曼，这似乎有悖常理。你的意思是说造成这种可能的原因是因为钢琴音乐吗？

生：对，音乐是没有国界的，特别是钢琴声。

师：没有国界的还有一些什么？

生：对美的追求，对和平幸福的向往，对艺术的向往等。

生：我是这样理解的，德国军官在一个偶然的机会听了衣衫褴褛的史标曼的演奏后心灵受到了震撼。电影中的那个弹奏的场面就同时展示了演奏时史标曼的沉醉和德国军官震撼的表情。

师：那首曲子我不知道具体是哪首曲子，但节奏变化很大，你们听出了什么吗？

生：我听出了愤怒，听出了悲哀。

生：我听到了哭声和号叫声。

生：我还听到了深情的呼唤和痛苦的呻吟声。

师：这就对了。我们是不是可以这样理解：这首钢琴曲中表达的也许是对美好过去的回忆和对渺茫前途的恐惧，也许是对战争的厌恶和对幸福的向往。无论是哪种感情，但他一定是人类心灵当中共有的东西，所以才会使那位德军军官和史标曼之间产生了心灵的共振。导演也许希望通过这个细节告诉我们：人与人之间本身是不敌对的，那么到底是什么造成了这种敌对呢？

生：是战争。

师：是的。是非正义的战争泯灭了人性，摧毁了人与人之间的信任真诚和友善，把人变成了魔鬼，也把人变成了奴隶。而音乐，在一定程度上起到了拯救作用。音乐的理想支持史标曼在屈辱艰难中坚持了下来，音乐也唤醒了德国军官的良知使他帮助史标曼度过了最艰难的时期……但是，音乐并不能和残酷的战争抗衡，音乐也并不能彻底拯救人的命运。我们可以想象，如果联军依旧不能解放波兰，有着音乐信仰的史标曼的命运会是怎么样的？我们更看到了，被音乐暂时拯救展现出了人性中美和善的德国军官，最后还是被战争毁灭了——残暴的战争的发起者，二战后同样成为战争的殉葬品……

（学生陷入了沉思）

【点评】 学生继续围绕人物身份探究人物形象，学生的回答由浅入深，渐次走入深刻，这离不开教师的点拨，学生刚开始谈论的是钢琴作为一项高雅的艺术的作用，其次谈论的是钢琴给人一种精神的支柱，这些说法比较浅显，教师便相机点拨，相比其他的乐器，钢琴的特点是什么，又提醒学生根据音乐的节奏来感受背后的情感，教师的点拨不多，却句句在要点上，让学生的思维步步走向纵深化。

讨论第三部分：诺兰德为什么是一名速递员？
——《荒岛余生》探究

（《荒岛余生》剧情回顾：查克·诺兰德是一名联邦快递公司的职员。有一次，他乘坐的运送邮件的飞机在太平洋上空遭遇了空难后，他被海潮冲到了一个世外荒岛，他必须要面对的是严酷的生存挑战。查克在荒芜的小岛上已经完完全全成了一个现代鲁宾逊，他每天都得与饥饿、使人发狂的孤独以及时时逼近的死亡作无止境的搏斗。四年后，他自己制造木船离开荒岛漂泊大海幸运地被营救回人间……）

师：为什么《荒岛余生》要把主人公的职业设计为联邦速递公司的速递员，而不是其他的职业呢？

生：这是为了推动情节的发展。因为是速递公司，飞机失事后才会有那么多各具特色的邮件掉入大海然后被海浪冲上主人公逃身的海岛，这些邮件大部分都成了主人公后来孤身在岛上求生的工具。没有这些邮件，就不能展示主人公的智慧。

生：每一件邮件都是密封的，他们又断断续续地从海上不断地冲上小岛，每一次都给了主人公很多的猜测和遐想，正如贯穿了整个故事的一句台词：不晓得明天海潮会送来什么东西？正是这种未知的盼望和期待，使主人公得以在岛上坚持活了下来。

师：所有的邮件他都拆了吗？

生：没有，直到最艰难困苦的时刻，他都保留了一件完整的邮件。四年之后得到营救，他还把这件邮件亲自送到了收件者的手中。

师：为什么要这样做呢？

生：这也许是表明，在荒岛求生的这些年里，他自始至终没有忘记自己的职责，没有忘记自己是一个有着社会义务的人。

师：哪怕他的形象变得跟野兽一样了，但他的心灵还是人的心灵。也就是说，荒岛求生，他不仅保全了自己的身体，而且还——

生：而且还保全了自己的灵魂。这个非常重要，因为这个更能表现出主人公非同寻常的忍耐力、智慧和责任感。

师：再想想，主人公的命运和那些邮件有相似之处吗？

生：我觉得这里边还有一个隐约的征兆：速递员是护送邮件的，他的责任是把客户的东西安全快速地送达目的地。但是他自己的命运却很坎坷，因为飞机失事，邮件丢失了，他自己也没有能够安全到达目的地。因为这次意外事件，他被突然地抛出了人生的正常轨道，他的爱情他的事业他的青春全部被抛出了人生的正常轨道，他和那些邮件的命运其实是一样的。

师：说得好。这个隐约的征兆导演想要告诉我们什么呢？

生：人一辈子命运叵测，就像那些在空中被送来送去的邮件，你能快速地安全地到达目的地吗？谁都不知道。也许能，也许被耽搁，也许永远被海潮冲走。

师：有些意思了。我是这样理解的：人一辈子不过就好像是在邮寄自己的生命，希望能顺利邮寄到自己希望到达的地方。但是这个过程又往往是艰辛的未知的，如果生命的邮件中途也出了问题怎么办？

生：那就应该像《荒岛余生》中的诺兰德一样坚持坚持再坚持，挺过去，哪怕有一丝希望，也要把自己生命的邮件送到目的地。

师：也就是说要像电影中反复出现的另一句台词所表达的那样——

生：相信太阳每天都是新的！

师：同学们说得已经比较深入了，下去还可以继续挖掘。因为推动故事情节发展的需要，为了展示故事内涵的需要，所以编剧把主人公的职业设计成了联邦速递公司的速递员，这确实是有他的别出心裁引人深思之处的。

【点评】 问题是教师组织教学过程、学生赖以思考的手段，在这节鉴赏群电影的课堂中，王君老师省去了许多细碎、无效的提问，避免了学生在许多问题中不断切换的不适感和碎片感。"所有邮件他都拆了吗？""再想想，主人公的命运和那些邮件有相似之处吗？"王君老师问的这两个问题，精当而有效，引导学生把邮件和人物的精神品质结合起来分析，避免课堂方向走偏，引导学生聚焦问题，推进思考，使课堂的讨论越来越深入。

讨论第四部分：总结

师： 通过《范进中举》和这几部电影的讨论，大家对艺术创作中的主要人物身份的设计这个问题有了一些认识吗？或者说，你认为决定人物身份的因素有哪些？

生： 以前我从来没有思考过这个问题，通过今天的讨论，我恍然大悟，我觉得其实因素只有一个，那就是主题表达的需要。比如《一个都不能少》把魏敏芝设计成女孩儿就比设计成男孩儿更出彩。让主人公的性别是女孩儿更能够表现出农村意识落后，教育落后的现状。

师： 张艺谋还有一部电影《秋菊打官司》大家看过吗？

生： 知道一点儿。这部电影把巩俐饰演的那个角色秋菊设计成一个农村孕妇，她行动特别艰难，但她又特别执着，就更能凸显出电影的主题。

师： 我还想起了巩俐主演的另一部很出名的电影叫《周渔的火车》，写一个痴情女子在精神和物质两种爱情上的经历与顿悟。导演把电影中的第一男主角定位为一位现代诗人，为什么这样安排呢？因为周渔的第一次爱情经历就是纯精神化的，追求精神上的共鸣和享受。而诗人往往就是这一类人的代表。

生： 主题表达是最终目的，情节的需要是比较直接的目的。人物的身份要为了情节的发展量身定做。

师： 很好，量身定做这个词语用得精妙。魏敏芝、史标曼、诺兰德就是创作者为作品量身定做而来的。在其他电影中，大家还有相同的感受吗？

生： 比如《泰坦尼克号》中，男主人公杰克是一位底层的平民画家，我想导演这样安排也是有深意的。来自底层这使他心地很纯洁正直，画家又让他具有浪漫多情的一面。

生：我们才看的成龙主演的《宝贝计划》也很典型，他的两个主人公人字拖和百事通都被导演设计为社会底层的品行有些败坏的无业游民，但他们最后都被孩子的天真可爱唤醒了良知。

师：我们才看了《肖申克的救赎》，这部片子对主人公的职业设计更有良苦用心。

生：对，在入狱前安迪被设计成了一名成功的银行副总裁。他的职业为后面电影情节的发展做了非常有力的铺垫。就因为他是高级知识分子，有头脑有理想，有一般人比不上的智慧和才能，所以他才可能十九年之后成功越狱重新获得自由和做人的尊严。如果换成人字拖那样的人物，故事根本就不会是这样的结果。

……

师：同学们，这样的例子还很多。文学创作是一种美好的复杂的艰辛的创造性劳动。有时候，我们是为了所表达的主题的需要去设置情节、安排人物身份，但有时候，我们也可以从典型人物的典型身份和典型经历出发去为他们设置故事和主题。不管是哪种方式，都必然遵循一个原则，就是刚才一位同学所说的：量身定做。唯有如此，创作才会真实感人，扣人心弦，动人心扉。谢谢同学们的积极主动的思考为今天的语文课提供了一个很好的讨论角度。下课。

【点评】 这一部分对上面的具体内容进行整合，让大家来谈论对于艺术创作中对于主要人物身份设计这个问题的认识，从感性认识走向理性总结，水到渠成。在这个过程中还进行了横向拓展，联系了近期看过的其他相关的影视作品，使内容更加丰富。

课 例 点 评

巧妙整合素材，有效点拨生长

王君老师在语文课堂上开展影视课，这从一个侧面体现了王君老师博大的语文课程观，她的语文并不是狭窄的，没有仅仅围于一本语文教材。她的语文，是一个宽广的天地，从语文教材到影视鉴赏再到各种语文生活场，都是她展开语文教育教学的对象，用她的话说"天地才是大课堂"。而电影课的开展立足于"群"的形态，更是体现了王君老师对于语文教学素材高超的构建能力和创造能力，也体现了王君老师着眼于学生学习热情的培养、思维品质的提高、语文素养的提升，进而改善学生整个学习状态，甚至是整个生命状态。在传统课堂中，语文学习呈现出碎片化、低效化，学生的学习状态是低迷而沉寂的，而群文的学习形式、课堂组织形式，使学生以学习主体的身份出现在课堂中，学生能最大化地在课堂上交流情感、思想，生生碰撞、师生碰撞，这样的学习，让学生在学习中焕发出生命力。所以，在教学中采取"群"的方式，不仅仅是一种学习策略、教学策略的改变，更是促进了师生生命状态的改变。那么，如何开展群影视课，我们可以从王君老师的这节整合课里获得很多启示，但本人水平很浅薄，未能悟到全部精髓，只能蜻蜓点水，尝试从三个方面去思考，以期得到一点切己的收获。

一、主题设计巧妙，匠心独运

1. 从内容上看，选点巧妙，易于迁移。

王君老师这次群影课，所选的主题是"探讨主人公身份的奥秘"，王君老师说这是站在了影视创作的点上了，同时也是站在影视鉴赏的原点上。这一主题的选取，一石二鸟，既给学生一个创造性解读人物的落脚点，也给了学生在塑造人物时的一个写作启示。同时，这个主题也有迁移的作用，王君老师先让学生探讨范进的老丈人为什么是个屠户？从这个探讨当中，学生得出了这个屠户的身份使小说的情节得以更好地推动，使主题更加深刻。那么，在影视当中，人物身份的设置是否也有这样的作用？学生可以把自己在这篇课文中所获得的学习经验迁移到影视鉴赏中，从而更有利于提高学生的分析能力，提升学生的学习成就感。

2. 从形式上看，选点切口小，易于聚焦。

王君老师以探讨主人公身份的奥秘为群电影探讨的切口，从聚焦的角度看，选点小，易于突出重点。"探讨主人公身份的奥秘"是鉴赏这一组群电影的线索，这一线索贯穿始终，虽然涉及了多部电影，但又一直紧扣着一条线索进行，既能发散，又能聚拢，学生学起来目的明确，教师组织起课堂，又显得明朗、有序。

二、素材组合有序，结构扎实

任何事物内部都是按照一定的结构特点有机结合起来，这样才能发挥整体的效果。王君老师的这一组群影课的组合，有机、有序。这一组群电影的展开，是以课文《范进中举》中对胡屠户这一人物的身份设计的探讨为起点，以此带出了《一个都不能少》《钢琴师》《荒岛余生》这三部电影中人物身份设计的探究，以一带多，以课内辐射课外，举一反三，从学生熟悉的内容引出对这组电影的鉴赏，符合学生的认知心理结构；另外，在这三部电影之间又围绕着一个主题进行了横向比较，这样对同一个问题在不同的情境中不断地追问、探讨，使得学生既积累大量的素材，同时又使学生对这个问题的认识更加深切。

三、课堂推进有效，步步深入

一节好课是立体而丰富的，如果只停留在一个平面上打转，必将导致课堂的低效。那么课堂如何推进，才能由浅入深、登堂入室，这也是整合课无法绕开的一个话题。王君老师这节课，在课堂推进这方面给了我们很好的示范。

在"范进的丈人为什么是个屠户"这个问题的讨论中，王君老师随着学生的讨论适时抛出问题："胡屠户手上的那把刀的本质是什么？"这个问题让学生将胡屠户手上有形的刀转入对无形的刀的思考，另一个问题是"胡屠户这一巴掌，与其是打给范进的，不如说是打给——"这个问题的提出，使学生从范进这个具体的人身上，转入到对科举制度、对社会风气的思考，课堂讨论由此走向深入。这样引导深入思考的提问在三部电影的探讨中均有出现。

教师的提问少而高效，这样有更多的时间让学生去思考、去讨论，在整合课中，涉及的学习素材比较多，若是出现很多成串的连问、简单易答的碎问、随意的追问，会浪费不少时间，学生没办法有更多的时间去顾及其他的学习材料，那么"群"的效果就无法体现，深入探究也没法体现。所以，要使课堂有效推进，教师的提问必须恰当、精练，而这，需要教师有较高的把握教学内容的水平和课堂对话能力。

朱永新说："阅读的形式，会随着时代的发展不断调整改变，从当初的竹简到后来的纸张，如今的观赏影像从其本质来说也是一种阅读。"因此，可以说，对影视的鉴赏也是阅读鉴赏的一种方式，王君老师不仅紧扣时代趋势，开展影视课程，而且极富创造力，利用整合的艺术将语文教材和电影素材结合在一起，令人赞叹！现代社会信息非常丰富，节奏越来越快，学会运用整合的艺术也可以说是"群"的艺术来教学，是我们语文教学顺应时代趋势的要求，当然也是顺应当下改变传统语文课堂效率低下、改善师生生命状态的迫切需求。

（郑燕璇　广东省汕头市砺青中学）

语文和生活的整合教学

在写作中成为你自己

我深谙一个道理：最好的教育，就是让每一个孩子，都有自由做自己，都有能力做自己。最后，都能够成为自己。

作文教学，最有可能让每一个孩子都认识到这一点并且实践这一点。

所以，我在作文上下的所有功夫，都在引导孩子认识自己，肯定自己，成为自己。

比如新闻写作课。

新闻写作课是我的若干写作课型中的一种。在《王君讲作文》中，我阐述了青春语文的"十大作文教学理念"，其中的一种就是引导学生关注社会热点事件，在对这一类事件的探讨中激发学生的写作热情，开发学生的写作智慧。

这一次，我们讨论的热点是——小学生给老师撑伞事件。

在浩如烟海的网络评论潮中，我选择了四篇有代表性的评论文章让孩子们阅读。分别是：李镇西老师的《学生为老师打伞何错之有？》，王开东老师的《大棒为什么朝老师头上砸去？》，肖培东老师的《孩子，请为世界撑一把伞》，周冲（也曾做过老师）的《被撑伞老师错在哪里？》。读这些文章，不在于判断谁对谁错。除了训练学生的思考力之外，我更想让孩子们初步感知：每一篇文字的背后，都站着一个个性鲜明的人。

李镇西老师的表达是这样的：

> 我让学生帮我搬家，是因为我把他们当作我的哥们了，他们也为能够给李老师搬家而开心；我把学生压在下面，是因为他们也曾把我压在下面——但无论谁压谁，共同的感觉都是"痛并快乐着"；我让学生帮我洗碗，是因为周末我请他们到我家玩，一起包饺子，饕餮之后有的洗碗，有的扫地，俨然一家人了，哪还有什么师生之分？去火车站的路上，孩子们帮我背包，他们幸福我开心，彼此都被感动着，哪有一丝所谓"霸气"所

谓"拍马屁"的气息？

我写这些，无意标榜自己多么"爱学生"，而是想说，当师生关系到了一种境界，就很难说究竟是谁在为谁"付出"，或者说谁"伺候"谁。我相信，许多普通老师都有一肚子这样温馨的故事，这就是我们和学生再平常再普通不过的生活。这是我们共同的情感共同的爱——朴素而又纯净。

——节选自《被撑伞老师错在哪里？》

王开东老师是这样表述的：

在这起事件中，有几个问题我们需要辨析。

第一，学生给老师撑伞是否自愿。如果不是自愿，性质比较严重，这个不讨论。经查明，小学生是自愿行为。

第二，学生自愿给老师撑伞是否不当？比如一个高中男生为老师撑伞，不管那个老师是男的，还是女的，是老的，还是少的，我们非但觉得没有问题，而且觉得很和谐。

因此，问题出在撑伞的是一个小学生。

第三，小学生自愿给老师撑伞是否不当。我们不妨再设想，这个小学生如果给一个老教师撑伞会怎么样。我想，网民一定会给这个孩子点赞，同时也不大可能谴责这个老教师。中国人毕竟还有尊老的传统。

那么，问题又转化为一个小学生为一个年轻的老师撑伞。

在网民的眼里，这就显得有点难看，尤其是这个年轻老师还显得悠闲自在。

不妨再假设，如果这个教师是一个年轻的男教师，只要他不是手提肩背，孩子不大可能为他撑伞，这种情况我们不讨论。那么剩下来的，就是目前被我们口诛笔伐的这个年轻女教师。

但问题就在于这是一个女教师，我们别忘了撑伞的是一个小男生。小男生为年轻女教师撑伞，如果是自愿的，这种对年轻女教师的爱护，恰恰是孩子阳刚和绅士的表现。

不妨设想，如果是你的孩子，你愿意自己孩子这样做还是不愿意？换句话来说，你希望不希望自己的孩子更加绅士一点？

——节选自《大棒为什么朝老师头上砸去？》

肖培东老师的表达呢？

"教育是一种临时的特殊的教养关系"，我们自然可以重新修订这样冷冷的判断。我倒觉得凌先生自有一种冷静一种涵养，看淡了人世风云花开花落的淡定。别奢望学生的伞要为你遮阳，更别要求学生的伞为你举起。这是把自己的职业看淡看懂后的智慧，我们就是教师，就是和世界所有的职业一样平凡普通，千万不要自己去意淫自己的职业崇高。我看到那些不顾漫天风沙不惧寒风苦雨为我们扫去路上落叶残渣的清洁工，我就觉得他们的付出没有比我们少。我看到哆哆嗦嗦在寒夜里挣扎着站在早点摊前卖给我们包子馒头的叔叔阿姨，我就要问，他们怎么就不是黎明中最崇高的职业？我看到一辆摩托风里来雨里去的快递员，我特想说，他们也是这个世界的蜡炬和春蚕。医生是，记者是，保安是，修鞋的是，还有没有职业在家为我们烧饭洗衣带孩子的母亲，都是。别把自己的职业精神放大，教师就是一个普普通通的和所有做事情的人一样，你认真地教书，你真诚地爱孩子，你敬业你爱岗，就像清洁工轻轻扫去一张残叶，就像早点阿姨精心做好一锅热气腾腾的包子，就像保安，像武警，像售货员对待他们的门，他们的岗哨，他们的百货一样。职业无贵贱，身份无高低，放大了自己，社会就会放大对你的要求，你倒下化灰也就理所当然，这就是个道理。

孩子，谢谢你为我打伞。但是，别刻意。还有，千万别累着自己。最好，放下你为我撑伞的手。如果，你能为这个世界所有的人打伞，教育才是真正的成功。

——节选自《孩子，请为世界撑一把伞》

周冲老师的文字显然不同：

我说，教师只是一份职业，不必自我圣化成拯救灵魂的精神救世主，教书育人，尽职尽责，是基本的职业要求。纳税人的钱已经将我们养得活蹦乱跳，再要求额外的报酬——物质上的进贡，精神上的感恩，就逾越了底线。

教师与医生、警察、公务员一样，也是一种社会分工，各有专业要求，各有责任担当。身在其位，必须遵守那一二三四五。一个公务员提供服务，并不表示他有良知和操守，只表示他没有不称职，不必因之感激涕零。同样，教师也是如此。拿了纳税人的钱，就好好教书育人，不要生出幻觉，觉得自己是在吐丝和烧蜡。

强化师德，鼓吹感恩，是一种长期的道德绑架。因为，教师有报酬，有奖金，五险一金全不少，该你的全给了，如果还天天唠叨，希望学生来点儿情感上的报答，就未免过分了。

放在此案中，利用孩子的好感，享用他的付出，往大了说，是一种小规模的行贿受贿；往小了说，是一种对职业规范的无知——教师没有享用学生撑伞服务的职业基础，以及道德基础。

——节选自《被撑伞老师错在哪里？》

我问孩子们，如果让你来"识文断人"，你最喜欢谁？喜欢他的什么？

一帮小孩子的选择完全不同。有人喜欢李镇西老师，说他"通达温暖"；有人喜欢王开东老师，说他"思辨能力极强"；还有人喜欢肖培东老师的"文采浪漫"。喜欢周冲的也不少，孩儿们评价他"犀利尖锐一针见血"。当我告诉他们周冲是一美貌的年轻女子的时候，孩儿们嗷嗷叫起来。他们不相信一个女人怎么可以如此入木三分。

我抓住机会点拨：文字如人。你如何活，你就如何写。你如何写，你就如何活。一个人的文字基本上是他人格的折射。暂时的装假糊弄可以，时间长了，就是怎么装也装不出来的。文字，是一个人的另一张脸。你自己长成什么样，文字就长成什么样。

为了加深孩子们的认识，我又举了一个例子。我说，同学们经常在随笔中写到小动物，这四个片段，你猜猜是谁写的。

【片段一】

这些野猫像大侠一样，"来无影、去无踪""四海为家，浪迹天涯"。就好比武侠小说中的高手总潜藏在暗处，"猫大侠"们也是静静地趴在树木的背阳处，或是灌木的枝杈下，眨着晶亮的双眼，紧紧地盯着路边垃圾桶旁遗留的食物残渣，随时准备趁人不备，冲上去大快朵颐，然后心满意足地舔舔嘴角，再趴回老窝，等待时机。

猫大侠们还有像武林高手一样的气魄。尽管风吹雨淋、忍饥挨饿已成为这些野猫的家常便饭，尤其是和那些饭来张口、脑满肠肥的家猫比起来，更显得可怜和无助，但是，我可从没见过有哪只野猫垂头丧气地走路。它们总是高昂着头，翘着尾巴尖，迈着轻灵的步伐，自信地在小区内穿梭前行，这不禁让人联想起侠客们天地不服的豪气。而且，"猫大侠们"在高傲与豪气之外，还有温柔友好的性格，它们总是能够和谐相处，在遇到受伤的同伴时，它们还会帮助它舔舐伤口，无微不至，正如大侠扶危济困的精神。

【片段二】

咖啡趁我清洗笼子时逃了出去。

我发挥女汉子的本能用最野蛮最暴力的方式把它抓了回来。

我忽略了它眼睛里的委屈与愤怒，和妈妈轮流责备了它几句，拂袖而去。

咖啡变得更加内向了。

晚上，看着奶茶和咖啡依偎在一起，酣然入睡，两只蓬松的、带着花纹的长尾巴缠在一起，我心中忽然涌起一阵暖意，还有一些对咖啡的愧疚。可惜……太晚了。

八月份去外地玩了三四天，回来时发现咖啡缩在它的那个角落里，气息全无。房间里一股死亡的味道，这又酸又臭的气味让我怔了半天。我呆呆地望着那团棕色的，毛茸茸的已无生机的球体。眼泪，终于还是没有落下来。出去玩前我给它们准备好了食物和水，但还是没想到，怎么会这样！

【片段三】

我们家有一条哈士奇，名字叫菲比。它有半米多高，背上是棕灰色，而肚子是白色的。它有一张傻傻的脸：一对儿俏皮耳朵竖立着，背面棕灰，正面则是白中有紫的颜色，薄薄的粉嫩的耳朵，让人特别想捏。两只水灵灵的眼睛贼溜溜的，谁也不知道在望着柜子里的哪包零食呢？一只像QQ糖一样的鼻子，刮-刮，感觉凉呼呼的。在菲比吃饭的时候，一直能听到鼻子吸闻的声音。在高耸的鼻子下面，就是尖嘴了，里面的牙能把硬邦邦的狗粮嚼得"嘎嘣"响。这样，一条有王者风范的阿拉斯加狼就变成一只二不拉几的哈士奇了。还有它的尾巴，我管它叫"甜甜圈"，因为它继承了祖上的传统，把尾巴翘起来成为一个空心的圈。那四只可爱的粉爪子可怕痒了，当它懒在地上不动的时候，轻轻挠它的爪心，就会让它立刻站起来。

说到它的淘气，也是"事迹"一箩筐。我们来听一则报告吧："下面是家庭新闻。今年电器损坏率高达 16%，比去年同比增长 3.5%，床单更换次数较多，尿布用量需求加大，给居民带来极大的不便……"看到了吧。以上都是二狗菲比的"战绩"，战功赫赫呀！它几乎什么都啃，沙发、皮鞋、电线、自行车、椅子，乐此不疲，就是不爱吃狗粮！气死我也！不过它萌萌的表情又让你无法生气，不再责怪它了。

【片段四】

火线开始还挣扎。一见有人出现，就咆哮着表达它的愤怒。但后来发现这并无用处，于是不再挣扎，也不再叫，只是默默地坐在地上看着你。它的眼睛很大，水灵灵的，眼泪汪汪的，委屈地盯着你，那样的幽怨，那样的可怜。我简直就没有勇气和它的眼神对视。

有时候一觉醒来，匆匆地去看它。却见它的周围满是它自己的屎尿。绳子很短，火线没有办法躲开，便只有躺在自己的脏物之中。它浑身湿漉漉的，一见我就像一个孩子似的呜咽，叫得我满心的苍凉和伤感。我匆匆地为它收拾给它洗澡。但收拾完了，心情却无法好转。好像那躺在屎尿中的是我家的儿子和老人。

我实在忍受不了它的悲哀的目光。

这不是我养狗的初衷。如果我不能给它自由，给它安全和快乐，我养狗干什么呢？

最后只有决定把它送走。

我跟儿子谈这件事的时候，儿子眼睛红红的，但并没有反对。儿子也明白了，原来，并不是爱狗就能养好狗的。我跟儿子谈，养狗，在城市里养狗，最起码也是有房有闲家庭的事。养狗也存在着教育的问题。不能给它自由，不要养狗；不能给狗好的教育，让它成为一只不给人类添乱的狗，不要养狗。对于人，只养不教是可悲的，对于狗，其实也是一样。

孩子们说，第一个片段和第二个片段，应该是女同学写的。第三个片段，肯定是男同学写的。第四个片段，显然是大人写的。

我问：怎么看出来的？

孩子们说，前两个片段描写特别细致，文笔优美，感情也细腻，像女同学的表达。第三个片段文笔就粗犷幽默些，观察的视角也独特，像男孩儿的眼光和文笔。最后一个片段出现了"儿子"，肯定是大人。而且这段文字中有些哲理性的思考，不像小学生的。

我称赞大家眼光敏锐。我承认最后一个片段我是作者。出自我的《火线》。第三个片段班级小精灵王瀚飞是作者。出自他的《自家二狗传记》。我再追问：前两个片段，作者是郭思琪和李祎琳，就你们平时对这两位女同学的了解，你觉得她们分别是哪个片段的作者。

这个问题没有难倒和两位小小才女朝夕相处的同学们。他们很快辨析出了第一个片段的作者是李祎琳。文字节选自她的《野猫大侠》。第二个片段的作者是郭思琪。文字节选自她的《真没想到》。因为，李祎琳平时的语言就比较端庄雅致，有大家风范。而郭思琪呢，纤细一些，短促一些，跳跃一些，灵动一些。一个倾向于散文派，一倾向于诗歌派，个性很鲜明的。

我说，对了，孩子们，这就是语言风格。这个话题似乎很高端，但其实，语言风格的种子，就长在小小的我们的心中。写作不仅仅是完成学习任务，不仅仅是交作业，也是发现自我，展示自己，放大自我的过程。祎琳也好，思琪也好，瀚飞也好，年纪都还小，但写作的风格已经初显，这非常珍贵。继续发展下去，那就会自成一派了。

然后，我又举出了许多例子。通过这些例子，我努力告诉孩子们：个性没有好坏之分，任何一种风格，都可以诞生出好文字——哪怕个性最朴实的同学写出来的最平淡的文字，也可以产生动人的力量。

我特别介绍了李知拙同学的文字。这个小男孩儿，似乎属于"非主流"，但我真的很喜欢，很欣赏。

"囚犯"和"狱卒"（节选）
清华大学附属中学小六创新班李知拙

每当你到了一个陌生的群体，你总会尽量去适应新的环境。相应地，每当你离开了一帮看起来很二的铁哥们，你总会有一些忘不了的事。相处五年，无论是什么样的人，都会积累一大堆数都数不清的大事小情。我今天就是要写一些关于我过去的团体的事。

读者可能觉得这个题目有点突兀。但是如果要写过去的事儿，我觉得这个题目再适合不过了。都说建立友情的最好条件就是面对同一个敌人。而我相信我这一代人有八成小学的时候最大的敌人就是老师。我也不例外。对我来说那时的学校简直就是"监狱"，一大帮小"囚犯"被一些狡猾的"狱卒"看管着。所以当然少不了囚犯和狱卒斗智斗勇的镜头。这就是我要说的话题。

《二十条》

要按时间顺序说的话，一、二年级还没什么。学校是"监狱"也是在三年级时才产生的思想。所以，理所当然是从三年级开始叙述。

三年级刚和新老师（姓于）相处了半年，我们全班 27 个人最害怕的就是《二十条》。《二十条》是我们起的"昵称"，全名叫《小学生行为规范》。以前我们一犯错误老师就让我们抄这个。好家伙！这个要是抄下来老带劲儿了。一共一千多字，而且我们那时候才三年级。关键是：老师只让你课间抄，如果放学前抄不完放学后接着抄。这就坑人了。我们坐在教室里抄点儿东西没什么的，可如果放学了还不出校门，那我们犯错误被罚这事不是让家长知道了吗？现在想想，老师那时可真是有心机啊。这样的话，我们如果犯错，不仅在学校就得受罚，然后到家后还得被家长谈话几个小时，有的同学还得接受爸妈"男女双打"。这可真是大大地降低了我们的犯错率。所以，我们就或各自或团伙地开始讨论如何避免这种"双重打击"。

一段时间之后，虽说我们实在没想出什么方法。但是写作的速度却被于老师练得登峰造极。可是就在我们感到有些轻松的时候，于老师突然把抄《二十条》改成了抄一篇比《二十条》还长的课文——看来"狱卒"的办法，还是比"囚犯"要多呀。

想来想去，唉，看来要避免抄《二十条》的方法就只有少让自己犯错喽。

"穿越粉笔（火）线"

到了四年级，本来就野的男孩子们更野了（我对这一点还是挺自豪的，毕竟男孩儿小时候就该野嘛）。如果我们一大群人蹑手蹑脚拿着好几盒粉笔跑到操场，那肯定就是要玩这种"激情四射"的游戏了。名字起得那么豪华，其实就是互掷粉笔。不过这个游戏说简单也不简单，因为它并不是瞎扔粉笔，而是要有谋略和技巧的。比如说吧，一般我们大课间玩的时候，基本上是每队一个队长，负责掌控大局；一个侦察兵，负责观察敌军战况；两个突击兵，负责突围和出其不意的攻击；一个散弹兵，携带大量粉笔，无法快速移动，但可以压制敌方火力。最后，还有一个狙击兵，他的任务，你马上就会知道了。

我就是当的狙击兵，一是因为我的技术好，十五米外，招招爆头；二是因为我就是想当。或楼上，或墙后，看着"敌人"死都不知道怎么死的表情，那感觉真是爽爆了！

不过恐怕，我们能这么畅快地玩儿的时候不多喽……

有一次，我们照例大课间去玩粉笔，本来我们打团队竞技打得正嗨，我正躲在楼上准备扔一段粉笔头，王某和赵某两位散弹兵正在以每秒钟三盒粉笔的速度进行二人决斗。可正巧，于老师从楼梯上走下来准备出教学楼。幸亏短跑冠军徐某透过玻璃门看见了她并及时"飞"过去阻止了正打得热火朝天的两位，要不然我们难逃一劫呀！

虽然徐某阻止了粉笔打到老师身上，但大课间玩儿粉笔的真相还是被老师发现了。于是我们全体"战士"被罚抄《二十条》。现在想想也是后怕，要是粉笔真打到老师身上，恐怕等着我们的就不止《二十条》了。

……

【老师点评】

边看边笑，乐晕了。这个李知拙，我觉得可能未来又是一个王小波哟。

🌿 课 例 点 评

三 "招"凿开语言个性
——评析《在写作中成为你自己——从"打伞事件"说起》

陶行知先生曾说过"教的法子就是学的法子。"然而全国著名特级教师王君掷地有声，提出"教法即学法，学法即活法"，此教法、学法和活法的相融相生，便是王君老师呕心沥血所研究的青春语文之精要。陶行知先生也说："教育者也要创造值得自己崇拜之创造理论和创造技术。活人塑造和大理石的塑像有一点不同。刀法如果用得不对，可能万像同毁；刀法用得对，则一笔下去，万龙点睛。"王老师这篇《在写作中成为你自己——从"打伞事件"说起》的作文课，便是"刀法"用得精准的鲜活一例。

一、第一招：巧借网源探路径

激情导入，奠定基调。巧妙地导入如同桥梁，联系着课堂与生活；如同序幕，预示着后面的高潮和结局；如同路标，引导着学生的思维方向。王君老师巧用网络资源，从学生熟悉但易漠视的社会热点话题——"打伞事件"说开来，抓好导入这一环节，用最短的时间集中学生的注意力，为本堂课的写作奠定情感基调，收到"转轴拨弦三两声，未成曲调先有情"的效果。

巧借网源，繁中取精。网络资源是一座丰富的信息资源宝库，它厚古重今，囊括历史；它通中贯外，纵横全野；巧说历史，详述热点，新解生活……是真正的百科全书。打开网络，搜索"学生为教师打伞"，出现的词条竟达30万左右，如此繁多的网络磁场，王君老师众里寻她四个例，看似得来全不费功夫，实则可见王君老师对于题材选择的精雕细思，用了同一主题的不同表达形式，足见其选择材料、运用材料服务作文教学的雄厚内功。

精准选点，寻得路径。网络是社会生活的缩影，它包罗万象，蕴涵无穷，成为学生观察社会生活的窗口，成为完成生活储备的捷径。德国教育家第斯多惠指出："教育的艺术不在于传授的本领，而在于激励、唤醒和鼓舞。"王老师不是带领学生寻找议论的"焦点""热点"，表达自己对社会的独特感受和真切体验，而是选用名家对"打伞事件"的评论呈现的语言风格，以超文本链接的形式呈现阅读材料，去激励、唤醒学生已有的储备，达到通过文字可识其人个性，其人情怀，其人性情，这无疑是一个推门见高山、推窗见草原的一举。这一举措，既可以让学生有兴趣去探源，也可以寻着一路径深发开去，直抵这节课的根本。

二、第二招：巧用例文觅主旨

选材四例，重在聚焦。在这堂课里，为了让学生体悟"写作要成为自己之首要看语言风格"这一主旨，王老师选用的例文特别能聚焦，李镇西老师的"通达温暖"，王开东老师的"思辨能力极强"，肖培东老师的"文采浪漫"，周冲老师的"犀利尖锐一针见血"，每则材料都体现了语言的个性，四则材料的聚焦，共同展示了一个与"语言风格"相关的主题，师不多言教学生则自明。

再选四例，意在迁移。当学生能够初步"识文断人"后，王老师再次选用写小动物的四个例子，让学生辨析出女同学的表达特别细致，文笔优美，感情也细腻；男孩儿的眼光和文笔粗犷幽默，观察的视角独特；最后一个片段出现了"儿子"，文字中有些哲理性的思考断定此片段是成人的作品。最后两例再现语言风格的精彩：根据语言的纤细、短促、跳跃、灵动，可判断出一个倾向于散文派，一倾向于诗歌派，个性非常鲜明。

归纳总结，巧在渗透。因本节作文课善于用例，"打伞事件的四则评论""写小动物的四则片段""学生的整篇文章"，所有例文都围绕主旨有序展开。其中"四则评论"是入文的切入点，"写小动物的四则片段"是解文的思考点，"学生的整篇文章"是总结点，即是展示自我，放大自我，就要有语言的个性。这个过程由浅入深，由表及里，由大到小，由粗到精，直指"语言个性"的内核，使得这堂课条理清晰、文思畅通、一气呵成。

三、第三招：巧言问拨得真招

"问"即提问、追问，这是引出问题、发现问题；"拨"即点拨、提示，这是分析问题、解决问题。问拨是一种方法，更是一种艺术。王君老师的问拨之术在这堂作文课中体现得非常完美。

散聚有力，相得益彰。作文课中首要一问：如果让你来"识文断人"，你最喜欢谁？喜欢他的什么？解读此句可以得出：请读这些文字，我们可以判断这个人的性格、这个人的品质。如此这样问，顿然损失了语言的魅力，损伤了学生的激情。用"喜欢谁，为什么喜欢"，这就把作文与生活相连，作文与自己相关。在此王老师再轻巧一点："文如其人。你如何活，你就如何写。你如何写，你就如何活。一个人的文字基本上是他人格的折射。文字，是一个人的另一张脸。你自己长成什么样，文字就长成什么样。"多走心的点示，多入心的启拨。王君老师的问拨之术善于确定范围及中心，他的"问"是自然的，宽松的，不知不觉的，绝没有束缚，让学生感到思考上的自由，又感到离开此问目标不清，需要老师的"点拨"之灯来照亮。这是若即若离，达到似"散"实"聚"的境界。

把握时机，催生思考。第二个环节，让学生"猜猜四个片段中的小动物是谁写的"。贴近孩子身边的人与事，兴趣便不请自现，老师此时又追问了"怎么看出来的"，问的艺术拿捏得相当到位，这儿不再连问，当学生猜出是谁以后，在小有成就的基础上追问，"怎么看出来的"，学生自然是兴趣盎然。老师再次追问："前两个片段，作者是郭思琪和李祎琳，就你们平时对这两位女同学的了解，你觉得她们分别是哪个片段的作者"。学生在教师的"点拨"下思考探寻，此时，"点拨"的功夫花在"催生"上，原来语言风格就在我们身边，我们自己的写作就呈现了语言的个性，真是"踏破铁鞋无觅处"，而经老师一"催"，学生的灵感火花一闪，结论也就"得来全不费功夫"了。

有效调控，得出真招。两次追问，两次点拨，两次探究结果，得出真招：语言风格，看似高端，其实，都在我们身边，都在我们自己的写作中，写作要成为自己就要发现自我，展示自己，放大自我。王君老师的高明之处便是此时既善于归纳众家意见，又善于从众家意见中找出相通的地方，并加以提炼得出：个性没有好坏之分，任何一种风格，都可以诞生出好文字——哪怕个性最朴实的同学写出来的最平淡的文字，也可以产生动人的力量。老师的用意显现：语言要有个性，才会有作文的成熟，而作文的动人力量又反过来促进思维的成熟，我们每个学生都有创新的潜力，都有个性的语言，灵活运用到自己的写作实践中去，我们的作文才能个性飞扬，才能真正实现作文的进步和人的成长，才能真正在写作中成为自己。

王君老师的这节作文课闪烁着智慧的火花，用生活的眼光去看作品，并用写作的眼光去感悟生活，学生的感悟是独得的，思维是独有的，视觉是独特的。这节课上得有文味、有情味、有趣味、有余味，流淌在字里行间是动人心魄的真情，闪耀在教学中的是富有哲理的思想火花，学生笔下的个体是个性鲜明的"独一个"，那么文章自然就是个性色彩飞扬的"独一篇"。这样的课，充满思想的张力和生命的活力，洞开广阔而明朗的作文教学世界。

（陈建红　重庆市渝北区实验中学）

腹有诗书文自华

　　大美女范冰冰和张馨予跟"国民老公"王思聪在微博上吵了一回架。架吵得很克制，很低调，但是无意中却促成了我的一次"蓄谋已久"的作文课。

　　前段时间谈了作文的"思想"之后，我想跟孩子们聊聊如何在写作中渗透一点儿"文化"。对于小孩子，这个话题有点儿深。所以，我需要一个契机，能让"文化"自自然然地就"化"在孩子们的写作思维中。

　　这回名人互撕，倒是激发了我的灵感。

　　王思聪好管娱乐圈的闲事儿，写了一则微博讽刺两位美女没有代表作却去戛纳"蹭红毯"。

　　他说：之前在采访中我曾经说过明星不同于演员，想表达的就是如此。我眼中的演员如宋丹丹老师，李雪健老师，张国立老师等。明星却不一样，如毯星某冰某予，除了根本无作品和不会演戏的硬伤，火起来主要靠绯闻水军话题和炒作。

　　张馨予冷冰冰地回了一句：你管得真宽！

　　范冰冰也回了一句：你找你的爸，我干我的活，我们都算自强不息。

　　我问孩子们，你觉得两位美女谁更高明？

　　大家都说当然是范冰冰。范爷就是范爷，软中带硬，绵里藏针，含沙射影，三言两语就把王思聪这位睡在老爹的钱上到处招摇的公子哥儿狠狠损了一番。骂人不带脏，杀人不见血。我们猜王思聪被范大美女呛这么一下子，估计心口得堵好几天。

　　我追问：范冰冰到底比张馨予强在哪儿？

　　孩子们嚷嚷：范冰冰显得更有文化。

　　哦，就是这个了。

　　我说：文化是什么？文化就是那么一种东西，你没有它，别人未必会觉察出有什么不同；但一旦有了它，你身上就有了一种气度，一种风范，你的文字里就有那么一种东西，让人觉得有雅趣有情趣有生趣。

如范冰冰，大概学生时代语文学得稍微好些，肚子里墨水稍微多点儿，吵架吵起来就气场大些，说话就有艺术，有派头。

我说，"文化"并不高深。这个东西一旦在你身体里扎根，一旦深入骨髓，你便看什么都有意思，都能为我所用，且用得生机畅达，让平凡的日子多了些趣味儿。

我出示了一则材料，是微信朋友圈中传得正火热的搞笑段子。

那是一则学生的周记：

> 语文是朕的皇后，虽然朕几乎从来不翻她的牌子，可她的地位依然是那么的稳固。
>
> 英语是朕的华妃，朕其实并不真正爱她，只是因为外戚的缘故，总要给她家几分面子。
>
> 数学是朕的嬛嬛，那年杏花微雨，也许一开始就是错的。
>
> 体育是朕的纯元皇后，那才是心中的挚爱。
>
> 至于政治、历史、地理、生物这些卑微的宫女，朕理都懒得理她，到底是谁让她们入宫的！

此时，《甄嬛传》正在热播，市井中正是无人不说甄嬛的时候。此则微信一露面，应者如云，各种精彩跟帖不断翻新，被人们传得最火的是这则：

> 老奴三年来战战兢兢，夜不思寐，只为圣上即日面对高考来袭时不至于措手不及，失了往日威风。皇后乃是一宫之主，虽说自幼便与皇上相识，仍需日日沾顾，不可与之疏远；华妃虽是外戚，但时下举国内外以华妃为尊，请圣上务必思忖为善；甄妃敏锐聪颖，若能日日眷顾，必能助圣上一臂之力；政治、历史、地理、生物这几位贵妃贵人，圣上更需雨露均沾，高考一战，须靠得这几位主子出力；至于纯元皇后，请圣上听老奴一言，斯人已矣，留于心中有个念想即可……

孩子都读懂了，无不心领神会哈哈大笑，以为妙绝。

我说，更好看的在后边。一位网友，仿其母亲角色，回了一则，针锋相对。

汝若继续沉迷追剧穿越宫斗，动摇安身立命之分数，休怪母后断尔WiFi，毁尔App，追生二胎，动尔储位！

等孩子们笑够了，我说：游戏是人的天性。游戏人人都愿意玩儿，也都玩得起。但这种品位的"文字游戏"，可不是一般人能玩得起的。这种游戏是哪种人的专利？

文化人！

孩子们果真聪慧！

我追问，你觉得哪种人是"文化人"呢？

读书多的人！对。我说，读书多，底蕴深，一肚子诗经楚辞唐诗宋词元曲在源源不断地发酵。这样的人不是活在空气中，而是活在文化中，呼吸吐纳都不一样，一说话，一写字，自自然然就是一文化人儿。这装不出来的。肚里是草莽，面相上就草莽。肚里是诗书，面相上就儒雅。

腹有诗书气自华。一个孩子冲口而出。

对，我说，这是苏轼的名句。出自《和董传留别》，全句是这样的："粗缯大布裹生涯，腹有诗书气自华。"大概意思是表扬（董传留）平时身上包裹着粗衣劣布，但因为胸中有学问气质自然光彩夺人。后来引申为：一个人学识丰富，见识广博的话，这样的人不需要刻意装扮，就会由内而外产生出一种气质，相反，如果没有内涵的话，不管怎么打扮，都不会显得有气质风度。

读书，让自己有文化。"文化"，乃是真正的华服也！

我继续追问：但孩子们，书读得多的人可不少，那大学里学富五车的教授多了是啊，他们可能做学术论文是没有问题的，但要玩出有品位有情趣的"文字游戏"，却不能。你们知道原因在哪里？

因为他们不好玩儿！

我简直为孩子们的回答拍案叫绝。孩子们是单纯，但这样的单纯却是过滤了的丰富，往往直逼内核，入木三分。

对啊，同学们，我说，"读书人"要成为真正的"文化人"，其间还有好长好长的距离要走呢！苏轼是最有代表性的文化人，因为他读的书，最后都全部汇入了生活。他的"文化""化"在了生活中，他成了最会"活着"的人。他最好玩，最能玩，最能够把他肚子里的诗书随时取出来和生活应答。他的文化，已经成了他的一饭一蔬，整个儿地和他的这个人水乳相融了。他的读法和写法，都是他的活法。

所以苏轼说：吾上可陪玉皇大帝，下可以陪卑田院乞儿，眼前见天下无一个不好人。

苏轼这人，能诗能文，能官能民，能高能低，能上能下，能俗能雅……是真才子，真全才也！

但很多人不是这样的。他们读书归读书，生活归生活。他们缺乏一种意识和能力，把阅读整合在生活中。甚至还有一些人，读得越多，活得越傻。比如像鲁迅笔下的那个孔乙己，除了研究"茴香豆"的"茴"字有几种写法之外，他的一肚子书，全都腐烂在了肠子里，既没有成为生命智慧，更无法成为生命情趣。四书五经诗词歌赋，至多不过是他们用以应对考试改变命运的工具，除此之外，意义寥寥。

这类人，他们没有法子变着花样玩玩"文字游戏"。他们早就僵化了，活得跟一块砖头似的，被生活的钢筋水泥一砌，木乃伊般动弹不得，实在无趣。

就像前边对于《甄嬛传》的"戏说"，有不少人就摆出道学家面孔，对其游戏精神大加贬斥。我作为语文老师，不以为然。后来读到华东师大一附中语文特级教师陆继椿的评论，甚合我心，引以为知己。

陆先生说：虽是游戏文字，亦见语文水平。师生互答，颇具情趣；情趣之来，课外电视。可知学生非不闻窗外事者，老师亦非冬烘先生。无论是学生用周记形式吐槽，还是教师如法炮制的回复，都显露出对当下应试教育的无奈，尽其揶揄挖苦之能事，吐块垒而泄愤，扬文笔以畅气，借网络之传，行讽谏之义，此等师生具智能，情商高，善滑稽，非泛泛之辈。

我是一位一线教师，我理解大部分孩子日常的写作练习有多么功利急躁，大部分习作是多么苍白无聊。所以，从这样的"游戏"中，我能"窥见"一位鬼才级学生在文化夹缝里的游刃有余。他在试探，他在用自己的方式抗争，他的生长方式深刻而不刻薄，他其实是圆融的，是有点儿黑色幽默的。这位小作者，是读书之人，是思考之人，是个初具雏形的"小文化人"，若能被呵护，得到良好指导，其写作前程，是不可限量的。

是的，文化，不是你堆积了多少知识，而是你的广泛阅读，已经成为你的骨血，你的精神气质。于是你端详红尘万象时，你自有一种机智，一份端庄，一种优雅。

我继续举例子。我说，这段时间还有一件事情网络上炒得厉害，就是某某部门发了一个文件，以后小区的建设要走"推掉围墙"的路子。总之意思就是要搞大社区化建设，让小区无围墙，人人都可享受小区的环境。

此文件一出，自然引发轩然大波，网络上骂战又起。各种观点，各类文体，各种风格，真是蔚为大观。但最吸引我的，却是一首小诗。只可惜我不知道作者是谁。若认识，一定献花一束。

小诗是这样的：

> 围墙拆掉之后……
>
> 欲出的红杏没了躲闪
> 避吏的老翁无处可翻
> 秋千大白于天下
> 行人和佳人就同在路上
>
> 也好吧
> 墙头马上就只剩马上
> 路边就是莺莺的西厢
>
> 拆掉小区的墙
> 所有的故事换了面目
> 才刚刚开场……

我问，孩子们，小诗很短，也朴素，但一亮相就夺了很多人眼球。为什么？因为其中"文化"很多，且"化用"无痕，高妙极了！

第一，"欲出的红杏没了躲闪"中蕴含了南宋叶绍翁的名篇《游园不值》："春色满园关不住，一枝红杏出墙来"这一名句。

第二，"避吏的老翁无墙可翻"中蕴含了杜甫名篇《石壕吏》中的情节，"老翁逾墙走"。

第三，"秋千大白于天下"。语出苏轼的词《蝶恋花》：花褪残红青杏小。燕子飞时，绿水人家绕。枝上柳绵吹又少。天涯何处无芳草。墙里秋千墙外道。墙外行人，墙里佳人笑。笑渐不闻声渐悄。多情却被无情恼。当然，更让人想起李清照的词《点绛唇》：蹴罢秋千，起来慵整纤纤手。露浓花瘦，薄汗轻衣透。见客入来，袜刬金钗溜。和羞走，倚门回首，却把青梅嗅。大户人家的小姐在自家院中荡个秋千,外面的才子隐约看到是多么浪漫的事情啊,现在围墙没了,先不说小姐好不好意思在男人面前荡秋千,就算是愿意,怎么就让人想起了疯丫头呢?哪里还有诗情画意?

第四,"墙头马上就只剩马上"一句,蕴含了元杂剧《墙头马上》,作者是元代著名戏曲家白朴的作品。官二代裴少俊,奉命到洛阳购买花苗,巧遇总管之女李千金。二人一见钟情,私订终身。李千金被私藏于裴家后花园七年,育有一双儿女,却仍不为裴家长辈所知。终有一日被撞破,为裴少俊之父所不容。李千金力争无果,被弃归家。裴少俊考取功名,重新求娶李千金,夫妻终于团圆。该剧歌颂了对自由婚姻的追求,虽以爱情为题材,却别具一格。

第五,"路边就是莺莺的西厢"说的是《西厢记》。作者是元代王实甫。《西厢记》可是中国传统戏剧中不可缺少的环节,其中有一段:崔莺莺的母亲食言,不让张生娶崔莺莺,所以张生就得了相思病。趁红娘探病之机,托她捎信给莺莺,莺莺回信约张生月下相会。夜晚,小姐莺莺在后花园弹琴,张生听到琴声,攀上墙头一看,是莺莺在弹琴。急欲与小姐相见,便翻墙而入,莺莺见他翻墙而入,反怪他行为下流,发誓再不见他,致使张生病情愈发严重。莺莺借探病为名,到张生房中与他幽会。正因为有围墙,才显得故事的浪漫,现在围墙没了,张生就直挺挺地走了进来,真是一点都不好玩了!

我一讲完,小孩子们嚷嚷一片。天啊,原来还有如此禅机!

我说,这样的妙诗,无文化,写不出,无文化,也读不懂。

我还说,我喜欢这首诗,我更喜欢这位诗人。这该是一位多么有意思的人啊,他一定特别会玩,特别有情趣,特别懂得该如何生活。这人,一定饱读诗书,而且生活如诗。

文化,如果没有让一个人"诗意地栖居",没有让一个人因为"诗风词韵"而活得诗意盎然,那文化,就是"文化"之"化石",最多不过摆在博物馆里展览一下,无甚意义。

最后我说,有文化,能够让我们把"大白话""翻译"成典雅的语言——比如现在网络上的另外一种文字游戏就让我很欣赏。他们这样玩的:

原文:重要的事情说三遍。

翻译:一言难尽意,三令作五申。

原文:有钱,任性。

翻译：家有千金，行止由心。

原文：世界那么大，我想去看看。
翻译：天高地阔，欲往观之。

原文：屌丝终有逆袭日。
翻译：王侯将相，宁有种乎？

原文：心好累。
翻译：行若槁骸，心如死灰。

原文：主要看气质。
翻译：请君莫羡解语花，腹有诗书气自华。

原文：你不是一个人在战斗。
翻译：岂曰无衣，与子同袍。

原文：吓死宝宝了。
翻译：堪惊小儿啼，能开长者颐。

原文：长发及腰，娶我可好？
翻译：长鬟已成妆，与君结鸳鸯？

原文：我的内心几乎是崩溃的。
翻译：方寸淆乱，灵台崩摧。

原文：你们城里人真会玩儿。
翻译：城中戏一场，山民笑断肠。

原文：每天都被自己帅到睡不着
翻译：玉树临风美少年，揽镜自顾夜不眠。

是不是也很惊艳？老祖宗那里，真有取之不尽用之不竭的智慧。一旦和我们的生活接轨，那文化品位就噌噌噌往上蹿，那感觉真是好极了。我们清华学子，就应多玩这样的游戏，益智慧而美心灵，好处多多啊。

当然，老师最深切的期望是，我们也通过广泛的阅读，不懈的修炼，成了懂生活的"文化人儿"。文化让我们点石成金，化腐朽为神奇，我们不仅舌绽莲花，而且下笔成趣，我们的生命，终于活成了一首好诗，一首妙词。

【学生作品展台】

前言：2015级创新班临近毕业，请孩儿们用诗词歌赋形式或者对联形式为老师为同学为自己画像，佳作频频，为圆明书院文化之一次集中检阅也。遴选几则，与诸位朋友共享。

解语花·绘语文王君老师
（清华附中创新班韩佳杉）

青春语文，
美名远扬，
课堂如大江。
春燕啁啾。
初入堂，满室闪霞光。
闻声朗朗。
临风王，君缨气昂。
古今往，风骚犹望，一蹴就文章。
腹有诗书墨香。
莹窗书万卷，文气自芳。
三尺台旁。
爱生活，激情永远不逝。
教导以方。
望天下，桃李芬芳。
报师恩，慨当以慷，德惠萦心上。

菩萨蛮·绘生物胡雷老师
（清华附中创新班周亚琪）

平常总是慈祥面，
台前一立威风显。
两鬓华发生，
童颜微显丰。
徐行趋忽止，
声缓铿锵至。
一室静无音，
语惊梁上尘。

破阵子·绘体育张日月老师
（清华附中创新班曾乐妍）

昨日操场点兵，
气吞万里如虎。
青鬓朱颜拥豪情，
冷风寒雨皆无阻。
百人随我舞。

今日室内评球，
口若悬河无误。
场上厮杀尚正酣，
场下解说犹未足。
千众听君语。

自绘联
   ——**仿课文《长城赞》**
（清华附中创新班魏铭杉）

上联：

朝阳生，丰台育，房山长，海淀成，人生弯路多。谢不尽父母姑舅，堂表兄弟，费尽移山心力，帮助铭杉长大成人。

下联：

数学棒，语文牛，英语高，身体健，考试错误少。学不完高中大学，硕士博士，超越爱因斯坦，给予世界美好明天。

横批：自恋过度

课例点评

整合碎片小文化，构建生活大语文
——评王君老师《腹有诗书气自华》写作课

近几年开始流行"碎片化阅读"这一说法。所谓碎片化阅读，一般指的是在互联网时代，人们通过微博、微信等网络平台摄入碎片化的信息，这种通过手机等智能终端进行的不完整的、断断续续的阅读模式被称为碎片化阅读。随着这一阅读方式的兴起，越来越多的学者专家纷纷撰文抨击其弊端，但王君老师这节《腹有诗书气自华》的写作课却将碎片化阅读内容进行了巧妙整合，轻松愉悦中在学生的心里竖起了一面"腹有诗书气自华"的文化大旗，同时为学生的写作及语文学习搭建了一个流光溢彩、摇曳生姿的生活大舞台。

纵观这节课，我觉得可以用四大点来概括其特点。

一、整合，在创新之路上驰骋

这是一节以语言为专题的写作课，更是一节在整合中将创新这一特点充分展示出来的课堂。

王君老师不走寻常路。课堂教学内容抛开课本、抛开经典，跳出传统内容而偏偏选取了众说纷纭褒贬不一的网络碎片语段，可谓是独辟蹊径创新之大举；选取网络碎片语段还则罢了，偏偏一发不可收拾，一而再，再而三，止不住的，一则接一则地将其整合到一起：

先是大美女范冰冰和张馨予跟"国民老公"王思聪在微博上吵架的博文，其次是微信朋友圈中火热的仿《甄嬛传》的一系列搞笑段子，接着是苏轼文句，然后是华东师大一附中语文特级教师陆继椿对《甄嬛传》"戏说"创作者的评论，接着又将网络上以"推掉围墙"这一事件创作的小诗拿出来引经据典分析其妙处，最后分享网络上流行的一种文字游戏，体会大白话与典雅语言的差别，这前前后后、长长短短五处整合，其数量之多自然亦是其创新之一。

微信、微博等网络中那些被众人疯传的幽默搞笑又富有文化韵味的语言小段子，本是大家吃饱喝足之后用来娱乐消遣的市井小料，很多专家认为这是难登大雅之堂的无稽之谈，但被王君老师精心筛选、智慧整合，竟然散发出民族文化的灼灼光芒，难道这一过程本身不是一种最大的创新吗？

王君老师说："青春之语文，是恪守最不完美的创新也比最完美的守成伟大一百倍之信条。"我说，此课之整合，王君老师始终带着学生驰骋在创新之路上，大胆且灵动，智慧且丰盈。

二、整合，在文化之峰间攀登

本节课，知识目标是写作语言的文化味，但终极目标是在培养人的文化与精神。故王君老师一而再再而三从良莠不齐的网络段子中聚焦整合出极富文化底蕴的段子，且文化含量一段更胜一段，由上课伊始逐步递增，在分享与分析中，让学生明白什么是"文化"，什么样的人是"文化人"，区分了"读书人"与"文化人"的不同之处，尤其是对"推掉围墙"这一事件创作的小诗中蕴含的文化进行了具体的讲解，将化用的《游园不值》《石壕吏》《蝶恋花》《点绛唇》《墙头马上》《西厢记》等唐诗宋词元杂剧一一指出，呈现给学生一顿文化盛宴，足以令其认识到，只有自身具有深厚文化积淀并成为有情趣的文化人才可以妙笔生花出此等语言。

因此，我说这是一节以语言为专题的写作课，让学生领略有文化底蕴的语言从而以此为方向发展自己的语言，但这更是每个生命个体随着王君老师在语文的领域攀爬文化高峰的同时奔向高贵丰盈的人生高峰的过程，毫无疑问，这又是一节塑造性情、完善自我的人生修养课。

王开东老师说："让孩子们走得更快的或许是知识与能力，但让他们走得更远的一定是文化与精神。"王君老师说："我觉得自己从来不仅仅是在教语文，而是在教生活，教人如何活在更好的生活中，如何在更好的生活中发现自我，成长自我。"试想一个学识深厚，能够活学活用，说话写话幽默典雅，富有生活情趣的人，在别人眼里将多么可爱，他眼里的生活也自然是美好可爱的。王君老师如斯，王君老师的学生亦会如斯。

三、整合，在生活之海中徜徉

著名语言学家吕叔湘说："语文课跟别的课有点不同，学生随时随地都有学语文的机会。逛马路,马路旁边的广告牌;买东西,附带的说明书,到处都可以学习语文。"本节课,王君老师通过聚焦整合网络经典段子做教材,可谓是将学生引入了生活之海,一叶叶扁舟自由徜徉,举目四望,处处皆语文。

语文不仅仅是手中的课本、试题,也不仅仅是王君老师整合的这几段网络语段,它仿佛是空气,无时不在,无处不在。小到各种课外书籍,展馆报廊,大到自然风光、新闻事件等,尤其是信息社会网络上的各种散落的语言与文化资源,被有效开发后势必于无形中对学生起到强有力的引导作用,从此孩子们眼前是丰富多彩的生活,是色彩斑斓的社会,是人与人之间的交流碰撞,是柴米油盐酱醋茶,是琴棋书画诗酒花……

正如著名语文教育家叶圣陶老先生所说:"天地阅览室,万物皆书卷。"王君老师灵活整合生活中获取的碎片化信息进行写作教学的这种行为,毋庸置疑会将孩子们渡到一个水草鲜美,沙鸥翔集的广阔天地,他们会在低头刷微博时学语文,会在全家看电视时学语文,会在仰望蓝天时学语文……课内课外皆是课堂,湖光山色俱是文本,这是多么美好欣慰的事情,如此徜徉在生活之海的孩子们自然会在舒服自在愉快惬意中成为一群"家事国事天下事事事关心",有文化、有能力、有素养、有担当、有情趣的小小社会主人翁。

群文阅读名师蒋军晶老师说,群文阅读可以把世界连成一个整体,提升学生的信息力与阅读力;重庆树人教育研究院司体忠老师强调,群文阅读可以构建"阅读场",其直接指向是让学生多元、立体理解文本,从读懂一篇到读通一类,融知识、文化、方法、思维于其中。而王君老师这篇基于整合思想的群文阅读写作课,打通了生活与阅读、生活与写作、生活与做人之间的边界,将每一个生活瞬间打造成阅读场,将每一个生命的成长浸润在文化与精神之中。这是大语文,是真语文,更是青春之语文。

(陈群　河北省昌黎县第四中学)

各种语文因素大整合的作文教学

《写作与负能量》实录与研究

教 学 立 意

《写作与负能量》是我在 2017 年语文湿地第三届年会上的公开课。

老师们这样评价这堂课：

王君老师的课堂是生活的课堂，是艺术的课堂，更是生命的课堂。电影，艺术，个人人生际遇等都被她请进课堂，原本普通平凡的生活一下子就亮堂起来了，思想也豁然开朗了。写作不排斥负能量，写作认同、接纳、拥抱负能量的方式是充分表达它，写作是精神成长的过程，更是将负能量转为正能量的过程。看似随意聊，但是王君老师的写作方法确是精心雕琢而不留痕迹的，摘叶飞花，轻轻一吹便出现了美丽的桃花源。在聊写作的过程中将观察生活，积累素材，感悟提升的方法技巧悄然浸润读者心田。

这堂课，充分地表达了我的"大群文教学"的思想。

课 堂 现 场

《写作与负能量》实录与研究（上）

一、聊课导入

师：这节课我要上的可能是我在作文教学中的一点思考，最后就确定这样一个话题。备课到最后时，我觉得这已经不是一节课了，其实有点像一个讲座。我也不想教什么具体的写作技巧，主要是跟同学们聊一聊这些年在写作上的一些体验，希望对同学们爱上写作文有点儿帮助，明白吗？

学生：（自信地回答）明白！

师（和蔼地笑）上课你不要怕说错，关键是要胆大。

师：好，上课！

生：起立。老师好！（学生大声问好）

【春霞悟课】　聊天式的开场白，特别有亲和力，学生都带着笑，眼神都齐刷刷地朝向王君老师的方向。特级教师，特别之一：特别轻松入题，特别能拉近和学生的关系。

【投影展示】

正能量：人正面情绪的集合，他可以使人拥有积极心态。

师：一看咱们班的学生就特别有正能量，特别是最后几个男孩子。正能量是个热词，现在我们动辄就要传播正能量，非常好，但是有一个问题，当我们说传播正能量的时候就一定会有另外一个词跳出来——

生：（学生大声接词）负能量。（课堂刚开始，学生的声音特别响亮）

【投影展示】

负能量：人负面情绪的集合，他可以使人沉溺于消极心态。

师：有人说"人生不如意十之八九"，我们是哭着来到这个世界，有一天还会……

生（插嘴大声带拖腔说）笑着走。

师：那不是你说了算，到时候肯定会在很多人的哭声中离开，这是一定的。人活着真不容易，时时刻刻都有糟糕的事情、糟糕的情绪，然后产生负能量。小伙子（刚才插嘴的学生）我看你特别乐观，充满正能量，你告诉我句实话，你有没有过负能量？有没有过糟糕的情绪？

学生：有！

师：你举个例子？

生：作业太多，写不完。

（在座教师会心大笑，掌声响起）

师：这说的是实话，我知道他（师面向全体学生）还在心中暗暗地说，今天应该我们休息，学校凭什么让我们来上课？说不定有些同学可能会产生抵触情绪。这说明我们随时随地都可能产生负能量。所以咱们这节课，老师要给同学们聊的主题是《写作与负能量》。

【投影展示】
　　写作与负能量

【忠玉悟课】　　王君老师给同学们上写作课，目的不是教写作技巧，而是在写作的态度上做引领，帮助孩子们爱上写作文，这是有益于学生终身发展的长远目标。可以说，目标确立既立足课堂又高瞻远瞩，极具情怀。开篇从正能量聊到负能量，从书面语到师生自身体验，如话家常，十分亲切。

【春霞悟课】　　应试作文一般都有个要求：积极健康。这一要求把老师和学生带入一个误区，写作只能写积极的"正能量"的，"写作"与"负能量"似乎是一对不相容的关系，以此切入让人眼前一亮。特级教师，特别之二：特别会选一个切入口，有时甚至反弹琵琶。

　　师：你不开心啦，痛苦啦，甚至抑郁啦，你怎么办？
　　生：会发泄。（一女生回答）
　　师：怎么发泄？
　　生：分为两种，正确的方式和不正确的方式。
　　师：说一个正确的方式。
　　生：就是倾诉给别人。
　　师：她会倾诉，找闺蜜聊天。你再说一个不正确的方式。
　　生：打架，摔东西。
　　师：你还敢打架，摔东西啊？（老师惊讶地问）其实人有了负面情绪，是需要把它发泄出来的。不能够把它憋在心里，今天老师教给同学们的方式——通过写作来发泄负能量。
　　先介绍一句名言，我很喜欢查尔斯写的这段话，他说写作不仅仅是为了交作业，为了考试，他对写作的评价极高，我们一起来读一读：

【投影展示】
　　……什么都不能拯救你，除了写作。它撑着每一堵墙不使它倒下，阻

257

止一大帮人冲进来。它炸开黑暗。写作是最终的精神病医生，是所有上帝中最慈善的上帝。写作潜步跟踪死亡，紧追不舍。而且写作嘲笑死亡，嘲笑痛苦。它是最后的期望，最后的解释。这就是写作。

——美国学者查尔斯·布考斯基

教师引导学生齐读。（学生读得节奏整齐，声音越来越响亮）

师：信吗？

生：（毫不犹豫地齐答）不信！

（在座老师大笑）

师：（会心地笑）不信啊？王老师保证，他说的的确是实话，我当年就痛苦得不想活了，相信吗？（深情地望着学生）真正拯救我的还是写作，当王老师出版了十六七本专著之后，我发现我重生了。所以，写作对于一个懂得写作的人而言，它撑着每一堵墙不使它倒下，它炸开黑暗，它是最终的精神病医生。（老师语言稍微停顿）它有疗救功能，当然前提是你懂写作的本质是什么，通过写作来消释、升华你的负能量，它需要心灵的能力。（教师语言铿锵有力）

【忠玉悟课】　什么是负能量？写作与负能量的关系怎样？王君老师引导学生从自身的负面情绪说起，又结合查尔斯对写作的论述和教者个人的经历，来阐述写作发泄、消释和升华负能量，对个人来说是拯救，是重生。形象直观，深入浅出，通俗易懂。

【亚君悟课】　王君老师上课时的语言、神态非常亲和，富有感染力。虽然台下坐着六七百位老师，学生在台上却举止大方，轻松自然，很大原因在于王君老师在公开课上"不装"。她及时地根据学情不断调整自己，融进学生的对话中形成新的课堂生长点。所以老师教得真诚，学生学得轻松，听者听得入神。

【春霞悟课】　学生一般不喜欢写作，因为平时的写作规避负能量，不真实，写起来别扭，心累，浪费时间。可是真正的写作是什么？君姐告诉孩子们它具有疗救我们的功效的，与我们的生命息息相关的，这样的一个揭示振聋发聩。特级教师，特别之三：特别能激起学生的兴趣，心不累，干啥都不累！

二、学生聊写作

师： 接下来咱们来举例子，刚才那位特别阳光的男孩子说他的负能量就是作业多，同学们的感受应该是一样的，在座的老师也是从你们这么大长大的，学习的压力永远是我们产生负能量的一个重要的原因。于是我们就有很多的写作者要通过写作的方式去消化它、倾诉它。接下来我们要做什么呢？

【投影展示】

> 面对最容易产生负能量的学习压力——
> 且看同学们如何用文字表达。
> 哪一类文字最能激发你的共鸣呢？

师： 下面有很多类通过写作来摆脱负能量的文字，你觉得最能赢得你的兴趣，激发你的共鸣，或者说我现在要写的话，就在哪一类中？

【投影展示】

> 走进初三，像走进了浓雾，彷徨得再也迈不开步子。没有人向你说明什么，只是日子开始变得紧张，紧张得没有了头绪，没有了生气。忙忙碌碌的白天根本赶不完作业，所以入睡前总是伴随着应急灯的灯光。一直到光束再也撕不破浓浓的黑暗，才能合上眼，勉强睡去。黑夜给了我黑色的眼圈——我能用它来干什么？
>
> ——初三学生张慰慈练笔

师： 这是我以前学生张慰慈的练笔，他在写作中呻吟了，哀叹了。（老师自豪地说）现在我们要读书，这节课有非常多的读书机会，哪位来读？

师： 都是女生，我要把这个话筒专门留给男孩子。会读吗？这是个男孩子，他说学习啊真辛苦真辛苦，你想想你用什么样的语气、语速和语调来读好呢？

一位男生读。（读得感情平淡、没有正确断句）

师： （拿过话筒，关切地评价）小男孩，你这个水平还停留在有点唱读的、小学生的水平。不过，有一个优点，重读比较在点，但是感情没有到位，你得好好学朗读，对不对？能接受老师的批评吗？（目光深情、满怀鼓励地配合眼神和学生交流）

生：能，接受。

师：心胸很开阔啊。（老师欣喜地赞叹）

师：接下来继续看我的学生张晏在初二时写的随笔，读的同学怎么来处理他的感情。哪位同学来读一下？

一女生大胆举手，开始朗读。（女生读得感情到位、声音洪亮、举止大方）

【投影展示】

　　在学校，我像被囚禁的犯人。学校的大门、寝室的铁门、铁锁、老师、同学、作业全都摧残着我的身体和心灵。这和牢狱，不，和炼狱有何区别？

　　……我生活在撕裂之中。我的追求全都被没有意义的生活消灭了。这样的学校教育造就的是什么？不过是一群没有生存价值的人，一群四肢跪下，叫着"汪汪汪"的狗……

——节选自初二学生张晏练笔

师：（面对第一个读书的男生说）我觉得她还是比你要稍稍懂一点朗读的，你觉得她最应该值得你学习而你却不具备的优点是？

生：（真诚利索地用方言回答）报告老师，我感觉学习挺轻松的！没有那种体会。

（在座的老师纷纷赞叹，此起彼伏地大笑）

师：（兴奋微笑地进一步引导）我不是问你张晏写得怎么样，我是要问你，那个女同学在朗读的技巧上你得向她学习什么？

生：多增加感情。（用方言回答道）

师：对，很朴素，她比你有感情，但我要祝贺你，因为你说你完全没有体会到张晏同学说的那种校园生活的痛苦，你是一个幸运儿，是一个学习的幸福者。这个小姑娘不错，你是懂朗读的，你的重音与情感的处理都很好。没有体会到痛苦的同学很幸运，但还有很多同学有这样的心态，王老师教了二十五年书了，每一届学生中都有一部分孩子会像这样控诉，像这样发泄。这是第二种。

【凌青悟课】　　王君老师在写作示范课上曾数次纠正过学生的发言方式，有这样两种：

第一种是学生使用了万能帖式回答。王君老师指出这种回答方式不可取，并说明这样的语言表达本质上没有含金量，并明确提出了"回答问题时至少要用三句话作为论据来证明观点"的作答要求。

第二种是含混作答式，也不可取。上课的时候，很多学生总是含混回答问题，作为老师，会考虑学生的信心与尊严，一般不直接说这样回答是错的，但同时老师内心里却明白这并不是正确的回答方式。如果学生长期含混地回答问题定会直接影响学生的思考能力和听课效率。既然含混的回答能够糊弄过去，那么学生便有很大的可能选择放弃累人的思考过程，纷纷转战万能帖式回答，继而课堂质量便会大幅度下降。这样的情况并不好。

而王君老师艺术地帮助学生及时纠正，或追问提醒，或请别的学生帮助，或老师直接点拨。如果老师们都能像王君老师一样，明确要求学生作答时提出清晰的论点并且用至少三句话作为论据来证明论点，便一定能够大大地提升课堂质量，同时也能够潜移默化地培养学生养成缜密思考、谨慎作答的良好学习习惯，提高学生的逻辑思考能力和表达能力，从而感受思考带来的乐趣，并提升课堂中师生的参与性。

【忠玉悟课】　面对答非所问式的学生，老师应该怎么做？常见的有两种：一是批评式的："你没有认真听讲啊，坐下。"二是忽略式的，直接叫下一位。王君老师的做法值得我们反思与学习。王君老师采取的是耐心补充追问式，先让学生听明白，然后再交流。因为追问，后面的沟通就很顺畅。这样，尽管是指出学生朗读的不足，但是王君老师在言语上又对学生进行祝贺，让学生心理得到补偿式安慰与肯定，弥补了因第一次朗读失败导致的心理失落，而重拾参与课堂的信心。因此，给这位学生和其他学生都卸下课堂交流的思想包袱，并给予积极暗示：说错不用怕，老师很和善。

【春霞悟课】　师生互动环节，不怕出现"意外"，甚至"不好"，甚至对这些"意外""不好"是喜欢的，是爱惜的，大家本色显现。对学生给出建设性意见，从不是单纯的批评或是单纯的表扬。特级教师，特别之四：特别善于跟学生互动，适时引领和点拨。

师：第三种很有趣，这不是老师的学生写的，是网络微信上的热文。《甄嬛传》了解吗？这段学生的神随笔是根据《甄嬛传》的情节来改编的，有点意

思，找个同学来读。（一位女士主动举手朗读）

师：这个跟前两个片段不同，看你怎么处理藏在字里行间的那个情感。

生：一个女生朗读。（读得抑扬顿挫、声情并茂）

【投影展示】

　　语文是朕的皇后，虽然朕几乎从来不翻她的牌子，可她的地位依然是那么的稳固。

　　英语是朕的华妃，朕其实并不真正爱她，只是因为外戚的缘故，总要给她家几分面子。

　　数学是朕的嬛嬛，那年杏花微雨，也许一开始就是错的。

　　体育是朕的纯元皇后，那才是心中的挚爱。

　　至于政治、历史、地理、生物这些卑微的宫女，朕理都懒得理她，到底是谁让她们入宫的！

——网络学生"神随笔"

（女生读完，在座老师掌声四起）

师：（十分欣赏赞叹地问）语文课代表是不是你？（学生齐声回答：是）她果然是啊，她一读书的感觉、表情、动作就体现出非常棒的语文素养，非常好。（老师满心欢喜地评价）这个孩子其实写得挺机智的，当然网上还有更精彩的。针对学生的神随笔，有老师的神回复。谁愿意读呢？

【投影展示】

　　老奴三年来战战兢兢，夜不思寐，只为圣上即日面对高考来袭时不至于措手不及，失了往日威风。皇后乃是一宫之主，虽说自幼便与皇上相识，仍需日日沾顾，不可与之疏远；华妃虽是外戚，但时下举国内外以华妃为尊，请圣上务必思忖为善；甄妃敏锐聪颖，若能日日眷顾，必能助圣上一臂之力；政治、历史、地理、生物这几位贵妃贵人，圣上更需雨露均沾，高考一战，须靠得这几位主子出力；至于纯元皇后，请圣上听老奴一言，斯人已矣，留于心中有个念想即可……

——网络老师"神回复"

师：读的时候要传递出一种网络文字的机智，比如"老奴三年来"（教师故意压低声音示范朗读）。

一女生朗读。（读得情真意切，感人肺腑）

师：（满含钦佩的眼神评价说）情深意长，循循善诱，特别是最后一句，读得特别动人！下面还有更精彩的，有了老师的神回复，还有一个家长的神回复，他娘出来，对他淘气的儿子说（老师幽默地引导）。请一个同学来读，前两个同学对说话者的地位都把握得非常准，这是个妈，谁来读"这个妈"？（一男生举手朗读）

【投影展示】

汝若继续沉迷追剧穿越宫斗，动摇安身立命之分数，休怪母后断尔WiFi，毁尔App，追生二胎，动尔储位！

——网络家长"神回复"

男生朗读。（读得语调平淡、语速稍快）

师：读书起来，感觉读书的阳刚之味还不够，"妈"的感觉还不够，你的朗读跟他（第一个男生）一样，平时说话很有气魄，但站起来读书还要向那几个女同学学习，下去拜师吧！勇敢有余，技巧还不够。同学们，这种表达对应式的态度、方式，很有意思。不知道你们怎么看？

师：（走到一位女生身边）我采访你，小朋友：用这样的方式表达出来，你怎么评判？

生：（羞涩地说）挺好。

师：挺好的，这是语文课发言中老师最不欣赏的。你只有观点没有论据，除了挺好的，后面你最起码说三句话证明你的观点行不？比如，我认为挺好的，因为……

生：（又微笑地说）也不怎么好。

（在座教师大笑）

师：你忠实于自己的内心，别管他人的笑，你认为好就是好，认为不好就是不好。语文课最大的魅力就是它没有标准答案，这个比数学物理化学好玩儿。好，你忠实于自己内心。

生：读这种文章肯定是语重心长，很有感情，把想说的都写出来了。（用方言断断续续地回答）

师：思路不太清楚，观点与论据都有了，但没有清清楚楚地表达出来。下面请一个想好了的同学来说一说。

生：（另一位女生自信流利地回答）我觉得这种表达方式挺好的，从刚才读的网络神随笔到网络老师回复以及家长回复，这种文字把我们生活中追的剧结合起来，运用了一些网络流行语言。而且家长的回复中用了古文的话，比如"汝"或者"而"，可以更吸引我们的注意力，让这些文字活起来，而且能更好地发泄我们同学的负面情绪。

师：你们听，很好！她的发言思路很清晰，其实就是流行文化的巧妙运用，有助于引发大家的关注，而且可以让我们酣畅淋漓地发泄情绪。这种发言既有观点，又有支撑的论据，脑袋很清楚，要向她学习。这个方式，同学们可以欣赏，可以不欣赏，没有关系。我只是想说老师还是挺喜欢的，我的观点跟华师大陆老师的评论很有共鸣。哪个男孩子愿意来前面朗读？读书多练几次就会更好。（老师微笑着鼓励学生）

【投影展示】

华师大一附中特级教师陆继椿的评论：

虽是游戏文字，亦见语文水平。师生互答，颇具情趣；情趣之来，课外电视。可知学生非不闻窗外事者，老师家长亦非冬烘先生。无论是学生用周记形式吐槽，还是教师如法炮制的回复，都显露出对当下应试教育的无奈，尽其揶揄挖苦之能事，吐块垒而泄愤，扬文笔以畅气，借网络之传，行讽谏之义，此等师生具智能，情商高，善滑稽，非泛泛之辈。

一男生朗读。（读得语速较快，在"学生非不闻窗外事者"处反复出错）

师：（老师细心纠正，及时指导）你的优点是什么呢？你的优点是充满热情，反应很快，速度很快，但太快就容易出错，你现在要培养自己慢慢地、稳稳地读书的品质。来，这句"可知学生非不闻窗外事者"你读错了，别着急，慢慢读。

生再次读。（读得语速适中，吐字清晰）

师：好，很好，你读得很好，再教教大家读一读。

（齐读）

师：很好，谢谢这个老师哦，你得到锻炼了，下次你会读得更好，读书是语文课堂上的基本功，要记得老师的意见。

【春霞悟课】 网络段子，一般教师读读笑笑就过去了，没有几个能真正入心，用到教学中来的。而王君老师这么精巧地将网络段子嵌入自己的课堂，用作自己写作教学的一个鲜活无比的例子，真是神来之笔。平日对生活素材的积累可见一斑。特级教师，特别之五：特别能积累生活素材，特别灵动地将生活素材跟课堂相"融"。

【修影悟课】 在王君老师的课例中，始终贯穿着朗读，时刻注意朗读的音调、重音、情感的处理。比如在《老王》一课的设计中就有对"他蹚，我座"的设计，让读者从沉淀而又简洁的语言中，朗读中悟出情与理。一节作文课，王君老师仍然能把朗读教学贯穿进来，可谓妙绝。这样的语文课才像语文课，语文课要有饱满的情感，让学生的情感被激发出来。王君老师的追问有激励有指导，让每一个发言的孩子都有收获，这是值得我学习的。

《写作与负能量》实录与研究（中）

师： 第三种方式，他发泄内心的情绪是完全不一样的。他叫冉雪立，是王老师这辈子教到的最有才华的学生之一。他现在已经在北大读博士了，我可是他的大粉丝哦，这是他初三时候写的文字，我一直像宝贝一样用心珍藏着，需要一位同学好好来读。（老师自豪地称赞）

【投影展示】
当月考的成绩一分一毫地比较，当期末的脚步日益临近，当雪白的试卷淹没初三，诗歌便理所当然地死寂于心。但我坚信，它会醒来，它会复苏！

石门村的雨檐下，席慕蓉封笔，她说诗死了。诚然，诗歌像李贺，像济慈——英年早逝，芳华已衰。但诗歌更可以是杜工部，可以是苏东坡——峰回路转，柳暗花明。诗歌，是生命的载体，生命的本源，没有诗的生命便没有幸福和真纯可言。我相信，大地的诗歌从来不会死亡。

——摘自初三学生冉雪立日记《美酒封坛》

一女生读。（读得声情并茂、抑扬顿挫）
（台下掌声四起）
师：（老师欣喜地连声赞叹）班上的男孩子你们有福了，每个女孩子站起来朗读水平都那么高，你们时时刻刻都可以学习，这才是真正的"艳福"。冉雪立写得真好，那时他才十四岁！

还有一篇，是他的同学写的，我来为大家读一下（电脑排版出状况，内容不清楚，学生无法读，王君老师即兴示范朗读）：

【投影展示】

初　三
——初三学生　周子杰

对酒当歌，人生几何
名世于今五百年，诸公碌碌皆余子
何不指点江山，激扬文字
把酒酹滔滔，心潮逐浪高
哪怕敌军围困万千重
我自岿然不动
考场上
万马战犹酣
拔剑长啸，怒发冲冠
正是风华正茂，书生意气
吾当策马奔腾
与初三一决高下

师：（慷慨激昂地）示范朗读。

（生鼓掌叫好）

师：我只举了四个例子，这是王老师漫长的教学生涯中，经常看到的面对学习压力，我的学生们文字中表现出来的类型，大概就是呻吟哀叹型写作，控诉发泄型写作，调侃逗乐型写作，还有激昂奋争型写作。

【修影悟课】　王君老师善于积累学生的资料，冉雪立同学现在已经读博士了，可是他14岁时的作品依然被王老师珍藏着、引用着。也许他自己都没有留存，这对于他是珍贵的回忆。对我们普通老师来说，也是值得学习的，我们要留意留存学生好的文章。我们的点滴积累，都是孩子们生活中的诗意和远方。网络语言、名师点评等都可以为我所用，王君老师更教会了老师和学生要善于积累写作素材和研究素材。

【春霞悟课】 从网络段子又到另外两个学生的写作。至此，通过写作来摆脱负能量的四种类型都已呈现：呻吟哀叹型写作，控诉发泄型写作，调侃逗乐型写作，激昂奋争型写作。听者一目了然。特级教师，特别之六：特别清晰地呈现课堂，有层次有舒缓，不疾不徐。

【忠玉悟课】 王君老师的朗读指导艺术体现在：指名朗读前要求具体，注重朗读方法与技巧的点拨；朗读后及时细致评价。而且她遵循实事求是的原则，对朗读能力弱的学生，既合理指出不足，又及时发现闪光点给予鼓励。对朗读水平高的学生毫不吝惜赞美，让学生充分感受成功的喜悦，有效地激活课堂氛围。教师范读时更是全心投入，慷慨激昂。可以说，整个课堂书声琅琅，情韵十足。

师： 对于这四种，你自己最欣赏哪一种？或者说你现在处于这四种文字中哪一种层级上？自由说说。

【投影展示】

作者	类型
张慰慈作品	呻吟哀叹型写作
张晏作品	控诉发泄型写作
网络作品	调侃逗乐型写作
周子杰作品	激昂奋争型写作
……	……

师： 好，你觉得你最喜欢哪种？或者说你觉得自己属于哪种？

生：（一女生回答）我最欣赏激昂奋争型写作，因为我感觉这样的文字充满着正义感，非常有拼搏之感。

师： 充满正能量，是吧？很好，观点和论据都很清楚，说话很完整。

（之前那位朗读较弱的男生再次主动举手）

师：（老师高兴地说）又看到了你，虽然老师打击了你，你还愿意积极发言，说明你的内心很强大，我很欣赏。

生：（真诚幽默地用方言回答）我很欣赏激昂奋争型写作，主要原因是老师读得比较好。

（在座老师大笑）

师：（满面微笑惊喜地说）你终于知道朗读水平有多重要了吧！你真会拍马屁。（幽默地说）

生：（羞涩地用方言说）不是，真的。

师：那你排除老师读的这个因素呢？

生：（坦诚地回答）排除老师读的因素，我还是喜欢激扬奋争型写作。

师：（欣喜万分地说）我就知道你会喜欢这个！因为你刚才发言时已经暴露了，你之前说你学习很轻松。你的状态一直就是激扬奋争型的，学习对你而言不在话下，是不？

师：（老师弯腰眼神充满美慕地说）你要是我儿子就好了，学习如此轻松！爸爸妈妈给了你一个好智商，你自己有学习的热情。并不是每个孩子都像你这样轻松的，但是你很真诚，真诚的孩子具备了一个写好作文的很重要的能力。我真喜欢你说话，虽然朗读的水平还要提高。（在座老师哈哈大笑）

师：其他的同学呢？

生：（一女生娓娓而谈）我也喜欢激扬奋争型，我认为如果我们用激扬奋争型方式来写作的话，不仅可以把我们的不良情绪化解掉，也可以带给我们一些正能量，如果写得好的话也可以在班级内朗读，给大家带来正能量，好让我们一起拼搏初三，面对中考。

师：（走到女生身边亲切地说）你在传递一种声音：要给全班朗读的文字都是激扬奋争型？不一定都是，但是这种文字比较容易引起大家的共鸣。你的发言说明咱们班同学读书都比较勤奋，咱们班都比较具有正能量，咱们学校都比较具有正能量。我听了两节课了，孩子们太勇敢和聪慧了！（老师由衷赞叹道）

师：真好，还有吗？

生：（又一男生回答）我欣赏倒数第二个，因为使用网络流行语言能使人们产生共鸣，从而使人们把负能量转化为正能量。

师：（及时诚恳评价）你这句话既好也不好，好的是你的观点比较明确，不好的是你的语言表达本质上没有含金量。为什么呢？因为最后一种也能激发正能量啊，你说网络写作也能激发正能量，你没有区分这两种正能量，其实它们表达的形式是不一样，所以你的这种回答叫作"万能帖式的回答"。懂我的意思吗？

生：懂。

师：（眼神满含鼓励地说）那你能不能补充一句，说明网络写作调侃逗乐型也能传播正能量是因为什么吗？原因必须和最后一种不一样。

生：（稍作思索流利地说）因为现在很多同学普遍使用网络，还有，他们使用古文可以让大家学习借鉴。

师：（微笑地点点头）王老师帮你总结一下，网络语言大家都爱，耳熟能详，能够激发共鸣，是不是？而且还能博大家一笑。有些网络语言是很精彩的，不要完全排斥。现在很多网络语言进入我们的词典了，所以说它也有精华和糟粕之分。你是"打不死的小强"，非常好！男孩子尤其要经受得住老师的批评，有时候批评也是重要的点拨。内心要强大！欣赏你。

师：我相信每个同学都会有自己的想法，你猜王老师最喜欢哪一种？

生：（试探性地猜）第一种（呻吟哀叹型写作）？

师：（毫不犹豫地回答）错！

生：（再猜）控诉发泄型写作？

师：（直截了当地回答）错！

生：（略有把握地猜）调侃逗乐型写作？

师：（斩钉截铁地回答）错！

生：（自信满满地齐声说）激昂奋争型写作。

师：（出乎意料地再次拖长音调回答）错！

师：（语重心长地交流）你们现在还不懂我，我 45 岁，你们才 15 岁，30年是什么，这意味着我吃的盐真的比你们吃的饭要多。接下来，我要说说写作与负能量关系的认识过程，说完以后你们就明白了。

【忠玉悟课】　写作中，如何用文字表达负能量呢？哪一类文字最能激发你的共鸣呢？王君老师从两个角度出发，一是学生聊写作，二是老师聊写作。学生聊写作主要采取的教学活动形式：一是在学生作品中寻找摆脱负能量的文字，素材来源于学生的作品。二是网络微信上的热文。网络学生的"神随笔"，继而引发的老师"神回复"和家长"神回复"以及特级教师陆继椿的"神评论"。三、四分别是王君老师的得意门生冉雪立和周子杰的作品。进而由学生的作品形象地归纳了我们学生面对学习压力，文字中表现出来的常见的四种写作类型。这是将抽象的概念巧妙形象化，由浅进而深出，颇具匠心。

【投影展示】

老师对写作与负能量关系的认识过程……
一部电影给老师的启示
一些艺术现象给老师的启示
一个人给老师的启示

师：一部电影给老师的启示，（出示投影图片《头脑特工队》的画报）看过吗？

生：没有。

师：（深感遗憾地说）都没有啊。好的，我虽然不是你们的语文老师，但是我现在给你们布置一个重要的暑假作业，必须看这部电影，记住了吗？接下来我还会跟你们班主任和你们校长交流，全校的同学都必须看这部电影。

师：这部电影讲了一个小女孩的情绪状态，名字叫《头脑特工队》。这个小女孩头脑里住着五个情绪小人，你看了这个电影后就会知道我们的头脑里也住着五个情绪小人，一个叫作乐乐，一个叫作忧忧，一个叫作怒怒，一个叫作厌厌，还有一个叫作怕怕。

师：故事的开始，乐乐认为自己是最重要的，后来经历了一系列的发展之后，他们终于发现每一种情绪都极其重要。我们可以少做两套题，可以少写一篇作文，但这部电影一定要看，它为你们的初三保驾护航。好，我先把我的感受跟大家分享。

【投影展示】

《头脑特工队》给老师的启示

我们的身体中住着五个情绪小人儿：乐乐、忧忧、厌厌、怕怕和怒怒。它们每一个都很重要。缺少了任何一个，我们的人格发展都是不完整的。

生命中的所有体验都弥足珍贵。

成长就是越来越有能力善待"忧忧""厌厌""怕怕"和"怒怒"，就是"乐乐"变得越来越强大和博大的过程。

生：（学生兴趣盎然地）齐读。

师：哪个词语应该重读？

生：珍贵。

师：错！"所有"一词需要重读。来，生命中的所有体验都弥足珍贵，读。

（生接着齐读）

【春霞悟课】 引用电影《头脑特工队》，告诉孩子每一种情绪都值得重视。要正视自己的真实心理。这是写作的前提。特级教师，特别之七：特别能润物细无声，潜移默化传达一种情怀，真实地面对我们的内心。

师：你的身体里都有这五个小人，每个小人都要好好爱它。这是一部电影给老师的启示，接下来是一些艺术现象给老师的启示。

【投影展示】

一些艺术现象给老师的启示

（一组图片和一个视频）

师：张大你的眼睛，特别是男孩子，这些都是一些残花败叶，从树上掉下来的残花败叶。接着看它们都变成了什么？

生：（一男生抢答）变成了裙子、艺术品。

师：难道只是裙子吗？

生：变成了美女。

生：抽象画、毕加索、鱼等。

师：风景是一样的，人心是不一样的。

【投影展示】

这些艺术现象给老师的启示

同是一个世界，对于诗人常呈现新鲜有趣的境界，对于常人则永远是一个平凡乏味的可能产生负能量的混乱体。

牛郎织女只是两块大石头，有了诗人，才变成了传奇。北斗七星也只是七块大石头，因为有了艺术家，才变成了神话。

【春霞悟课】　杨霞女士的一组残荷摄影图灵动而优美被君姐一直珍藏并用作课堂，真是有心人！恰当地传达：同样的景，不同人的眼中呈现不一样的景，一切取决于心态。特级教师，特别之八：善于从不同侧面讲清楚一个主题。

师：好，我再给你们汇报，一个人给老师的启示。咱们班有男神吗？

生：（谦虚地说）没有。

师：也许有，这得问咱班的女孩子。现在可能还没有，但是起码我上完这节课后会有几个男孩子可以成为我未来的男神，他们在这节课上表现出非常好的心理素养和学习素养。但是如果全天下、全中国、古今中外的人都认同那个人是男神，这个人是——

【投影展示】

一个人给老师的启示

他有最高的才华，最美的人格

但他却遭遇了生命最大的不公

他是最有理由挟带负能量的人

他偏偏成了中国历史上

最富正能量之第一人

他的经历坎坷艰辛至极

但他的文字却醇美潇洒至极

他是这样写的

他也是这样活的

他的写法就是他的活法

他就是中国历史上最迷人的男神

（生齐读）

师：他是谁？

生：（一男生抢答）毛泽东。

师：毛泽东也是男神，他也挺酷的。但他是当代的，不是古代历史上的。

生：（又一男生答）贝多芬。

师：贝多芬这个人艺术作品很好，但是他这个人脏死了，不爱清洁。这个人是中国历史上最伟大的书法家、诗人、散文家、画家。我问过在座的许多女老师，如果让你在古代重新嫁人，让你再嫁一遍，自由选，你会选谁？

学生：（一位学生率直地说）皇上。

（全场师生哈哈大笑）

师：（开心得大笑，一针见血地说）皇上是这世界上最大的毒药，皇上最不能嫁啊，你看过那么多宫斗剧，皇上的女人都过的什么日子？比苏轼的女人还要惨，好多女孩子都选他（苏轼）！

师：今天我们不展开说，这个人是今天女人堆中认同度极高的一个男人。关键是大家还不知道他长得怎么样，但是他的魅力征服了一代又一代女子，而且也征服了一代又一代的男人，你们可以去读读《苏东坡传》，包括最近央视最近正在播《苏轼》六集纪录片，在座的男同学你们要是这辈子赶上苏轼的一个尾巴就好了。（在座师生笑声连连）

师：多少男人都被雨打风吹去，但是苏东坡留给世界的是那些美好的东西；一个又一个皇帝都被人遗忘了，但是这个叫苏东坡的男人他会永远活着。他给老师的启发太多了。苏轼这辈子太委屈了，他真的有理由成为最负能量的人，但是他没有。这个人最后怎么活，他身上都是正能量，这首诗读一下。

【投影展示】

定风波

苏轼

（三月七日，沙湖道中遇雨。雨具先去，同行皆狼狈，余独不觉，已而遂晴，故作此词。）

莫听穿林打叶声，何妨吟啸且徐行。竹杖芒鞋轻胜马，谁怕？一蓑烟雨任平生。

料峭春风吹酒醒，微冷，山头斜照却相迎。回首向来萧瑟处，归去，也无风雨也无晴。

一女生读。（读得声情并茂）

师：（由衷赞叹道）沉定、温暖、徐徐有情，关键是表情很好。这首词不适合激情昂扬地去读，她处理得非常好，我们也控制一下自己，一起来读一遍。

（学生齐读）

师：他给老师的启示是——

【投影展示】

苏轼给老师的启示

日常生活如一盏油灯，也许并不明亮，甚至晦暗。但是，我们只要拨一拨，油灯瞬间就亮了。优秀的写作者就是那善于拨亮灯草的人，生活在他的眼里没有不明亮的。

（学生齐读）

师：生活在苏轼眼里没有不明亮的，他用他的诗、他的文、他的书法和他的绘画，把这种明亮的生活状态呈现给了世世代代的人。他还告诉王老师：

【投影展示】

语言的美，都表现出好性情，所谓的好性情，乃是心灵真正的尽善尽美。

【忠玉悟课】 王君老师还善于利用一切可利用的资源进行教学。除了学生的作品，网络上的热文与评论，还有朋友的照片，自己制作的微电影，电影片段剪辑，文人苏东坡诗词等，一切都可以当作教学资源用在课堂教学上。

王君老师的教学给我们一个启示：做好老师，要爱惜学生的作品，要善于发现，善于积累，善于运用，有效地进行资源整合与提炼归纳，巧妙地融入课堂。这样的课堂才是灵动的、有温度的、有情怀的，才是师生们都向往的富有艺术美感的高效课堂。

【春霞悟课】 东坡先生是世人的一个典范：处逆境而不改初心，绝不媚俗；处逆境不黯然，更加懂得营造生活之乐；处逆境不耽于一己之痛，为官一方，造福百姓！用在关于负能量的写作指导中，正如一盏明灯照亮听者的心。特级教师，特别之九：特别善于给学生的灵魂找一个偶像，努力活着，本身就是最好的写作！

师：好，同学们我们回到最开始那个问题，我问你们王老师我最喜欢哪种文字？

【投影展示】

作者	类型	优点	不足
张慰慈作品	呻吟哀叹型写作	诚实倾述	自怨自艾（忧忧）
张晏作品	控诉发泄型写作	深刻揭露	夸张偏激（怒怒）
网络作品	调侃逗乐型写作	轻松幽默	疑于油滑（厌厌）
周子杰作品	激昂奋争型写作	乐观超越	境界难求（乐乐）
……	……	……	……

师：为什么都是错？其实问题本身就是请君入瓮的问题，其实还是那个聪慧的"打不死的小强"那个男孩答对了。对，我都喜欢！为什么？

师：（语重心长地娓娓而谈）因为这些消化正负能量的文字，体现了我们生命的各个阶段的精神状态，各种文字都有它们的优势但也有它们的缺点。比如"呻吟哀叹型写作"就好像我们内心的那个"忧忧"，说出来很好，但是如果我们长久地停留在那种自怨自艾的状态就很糟糕。比如"控诉发泄型写作"，应试教育还是挺折磨人的，但是这样的写作它的缺点好像是我们心中的那个"怒怒"，它有它的夸张和偏激，但如果你永远停留在这个状态的话，你的灵魂就成长不起来。它的作者张晏后来考上南大，现在在北京工作，他重新再看自己初二时的作品，他自己都要笑，他说王老师我那时好偏激好悲观哦，其实生活并没有我想象的那么糟糕。连自己都否定了当年的状态，因为他成长了。

师：那么那种"调侃逗乐型写作"有点像我们内心的"厌厌"，我们用油滑的形式表达出来。"激昂奋争型写作"固然很好，但是孩子们，这种境界难求，需要修炼，还有一个原因是：一个人不会永远都处在那种亢奋的状态，人的心理情绪永远是波浪形的，我们总体上是"乐乐"是可以的，但是我们要允许我们内心的"忧忧""厌厌""怒怒""怕怕"它们变得有点强大，懂我的意思吗？

【亚君悟课】 王君老师真是一个教学的有心人，她对于素材的积累，涵盖了影视作品、学生作品、网络热文等多个领域。积跬步以致千里，积小流以致江海。正是孜孜不倦地口积月累，王君老师的课才能厚积薄发，水乳交融。其实，王君老师课堂上的素材对于我们并不陌生，甚至我们也曾把它们当作微信热文转发、点赞、评论。但这些素材却没有适时出现在我们的语文课堂上。可见，知识不是没有用，而是我们不会运用。晓东老师曾经在语文群的讲座中这样介绍王君老师积累素材的妙诀：①从学生的角度进行积累。每周将评选出来的五星作品，请家长打成电子稿，然后分门别类地积累下来。②从读书的角度进行积累。读书时将重点篇章折页，折页的地方，除了做笔记外，还要读第二遍，第三遍，让书的精髓化作自己精神体系的一部分。③从生活的角度进行积累。王君老师写字台前的墙壁上贴着各种各样的小卡片，记录各种写作创意，无论什么时候，她头脑里一旦有了灵感就马上记下来。所以，王君老师的知识系统始终是敞开的，她在不断接纳着、吸收着、敏感着。正因为如此，她才能用文字打败时间，经由写作爱上生活，一路修行成为一名有才气接地气又大气的著名特级语文教师。

【忠玉悟课】　当王君老师听说我们在为她整理课堂实录的时候，特别感恩。不过，在整理第一稿的时候，我们发现整理出来的文字远远没有现场来得震撼，笑声、掌声全无。就在我们为某句话斟酌又不太明白时，我向王君老师发出求助信息。王君老师见到我的留言后，这样指导我们做实录："在整理教学实录的时候，如果你完全按照录音来肯定是不行的，因为在课堂上除了声音之外，老师的眼神儿啦，动作呀，体态呀，都是语言。他们共同传递着老师想要传递的教学思想和教育情怀。当你如果只是录声音的话，很多句子甚至是不通顺的。也就是说，一旦失掉那个场景而只有声音的话，很多意思是说不明白的。特别是对于那些没有亲临现场只能看课堂实录的老师肯定是看不懂的。"

原来，整理课堂实录，还要录入教者的神态、肢体、动作等态势语言，以及现场的师生和观摩教师的反应。这两点，我们今后要特别注意。王君老师的青春课堂实录补充的态势语言和场景语言都是新编辑董亚君老师反复听录音，并仔细回忆现场，辛勤整理出来的。特此表示感谢！

《写作与负能量》实录与研究（下）

【投影展示】

作者	类型	优点	不足
张慰慈作品	呻吟哀叹型写作	诚实倾诉	自怨自艾（忧忧）
张晏作品	控诉发泄型写作	深刻揭露	夸张偏激（怒怒）
网络作品	调侃逗乐型写作	轻松幽默	疑于油滑（厌厌）
周子杰作品	激昂奋争型写作	乐观超越	境界难求（乐乐）
……	……	……	……

师： 所以，写作是什么？老师想通过这节课传递给同学们的意识是那种写作与负能量的关系。

【投影展示】

> 写作与负能量的关系
> 写作不排斥负能量
> 写作认同、接纳、拥抱负能量的方式是充分表达它
> 写作是精神成长的过程
> 这个过程就是逐渐疏导和升华负能量的过程

师：（真诚地交流）我就经历了这样一个过程，所以我从当初不想活了变成现在特别喜欢生活，如果我没有出版十六本专著的话，王老师不是现在这样的状态，因为写作是梳理自己情绪的一个非常好的方式，归根结底的本质是：你写着写着，读——

【投影展示】

> 写作升华负能量的本质是
> 你升华了你的活法
> 你的写法
> 归根结底
> 还是你的活法

师：（欣赏深情地望着学生说）好文字都来自你怎么活。我特别喜欢那几个男孩子，虽然他们的朗读不是一流的，发言的水平也不是一流的，但是他们的状态非常好；我也喜欢这些女孩子，我喜欢你们课堂上的沉淀优雅，有条不紊地表达。你们都活得很好，一个好城市，一个好学校，一个好班级，让你们活得很宁静，同时又不缺乏热情，活法是最重要的东西。

师： 我说的负能量，其实什么都不是事儿。"我们永远都不知道人生的下一颗巧克力是什么味道。"这是一句名言，但是它不全对，有一颗巧克力的味道我们是知道的，人生最大的痛苦其实是什么？

生：（一女生真诚回答）不知道。

师： 你们都没有想到那一步。人生最大的痛苦是：有一天我们所有的人只

能面对一个结局？

生：（几个男生异口同声回答）成功。

（在座教师大笑）

师：错。所有的成功都会被雨打风吹去，跟皇位一样，所有人的结果都是怎样呢——死路一条，只有这一个秘密不是秘密，人生最大的痛苦是这个秘密提前了，要提前面对死亡。

师：其他都不是事儿，但是死亡真的是件大事儿。如果你能把死亡都变成正能量的话，你这辈子就完满了。最后给大家介绍一个作品。

【投影展示】

　　《滚蛋吧！肿瘤君》的图片

师：这部电影你们看过吗？

生：（异口同声地说）没有。

师：你们学习太好了，不看电影。电影一定要看啊，孩子们。

师：（娓娓介绍）熊顿 29 岁的时候得了肿瘤，她还没有结婚，生活的画卷刚在她的面前展开，但她不得不面对死亡，后来熊顿被送到北京肿瘤医院，她用一种方式来记录自己的死亡。因为她是个画家，于是她就用漫画的方式记录自己最后的岁月，然后她的漫画作品给予了无数人生的希望，后来熊顿的故事改编为电影，搬上了屏幕……今天我们用熊顿的这部电影特别感人的片段来结尾。来，看之前，我们读一读这些对我们写作对我们生活很有帮助的台词：

【投影展示】

　　1. 人不能因为害怕失去，就不去拥有。死，只是一个结果，怎么活着才是最重要的。

　　2. 经历过，爱过，坚强过，战胜过自己，有过这些过程，才算没有白活过呢。

　　3. 哪怕是冲动，也就是后悔一阵子，但要是活得太怂呢，就会后悔一辈子。

　　4. 反正开心不开心，都是活一天，那就大摇大摆地活呗。

　　5. 上帝为什么安排我们生病，就是提醒我们，要珍惜，抓紧有限的时间，躁起来。

6. 要记住，爱与被爱是这个世界上最重要的事情。

7. 世间不如意十之八九，能与人说的又只有二三，剩下的你就，让他们滚蛋吧！

生：（兴趣盎然地）齐读。

师：好，我们来看看熊顿是怎么样度过自己生命当中的最后的时光。

师：播放电影视频片段。（熊顿最后的时光，大约五分钟）

【投影展示】

听一场摇滚，和耳朵一起一醉方休；

喝一圈烈酒，让酒腻子们闻风丧胆；

开一场 cosplay party，二次元万岁；

摸一下大蜥蜴，我熊胆威风凌厉；

吃三斤驴打滚，翻滚吧肠胃；

飙一把摩托车，成为风驰电掣的女王；

见一下微博红人，感受马伯庸亲王的慈祥；

至少学会一样乐器，为喜欢的人弹；

种一次昙花，守望着它盛开；

做一桌丰盛的晚餐给爸妈，哪怕色不香，味不美；

来一次夜钓，吸取月光静静的能量；

仰望喀纳斯的星空，寻找属于我的星座；

沐浴漠河的极光，感受它的神秘；

去山顶看一次日出，然后大喊滚蛋吧，肿瘤君。

……

（在座全体师生聚精会神观看）

师：好了，孩子们。其实电影作品跟写作是一样的，著名作家王安忆说她为什么要写作——

【投影展示】

我的写作，便是想要把我的工作，我的生活，我的欢乐悲哀，我的

279

我，变得更博大，更博大。

——中国当代作家王安忆

（生齐读）

师：当你变得博大，你有足够的能耐，你的负能量就像一把盐融化在你生命里的大海里。写作和负能量的关系是呼唤我们一种健康的状态。同学们学习是艰苦的，人生是艰苦的，但是我们需要有这样的状态——

【投影展示】

像蚂蚁一样劳作

像蝴蝶一样生活

像奴隶一样劳作

像诗人一样体验

（生齐读）

师：写作是什么？

【投影展示】

用文字打败时间

用文字创造正能量

师：写作能够打败时间，写作能够创造正能量，写作归根结底的目的是：

【投影展示】

写作

让我们爱上

生命中的一切

写作

让我们爱上自己

师：（语重心长地说）生活中的一切体验都可以有，不管是正能量还是负能量，我们有能耐通过我们的"活"都把它们变成美好。

师： 好，下课！

生：（起立）老师再见！（自发鼓掌）

（在座教师掌声四起，意犹未尽）

【忠玉悟课】 写作与负能量的关系认识过程到底怎么呢？从一部电影、一些艺术现象到一个人的一首词，我悟到了王君老师写作教学设计的匠心。王君老师说不教学生写作技巧，可是处处皆是技巧。一部电影给老师的启示其实是引导学生学会积累写作素材：生命中的所有体验都弥足珍贵。一切都可以用来写作。学会真情表达：每一种情感都很重要。缺少了任何一个，我们的人格发展都是不完整的。我们要格外珍爱。一些艺术现象给老师的启示其实是引导学生用心观察，善于联想与想象，培养诗心。要有诗人和艺术家的眼光与情怀。一个人给老师的启示由人到文，又由文到人：苏东坡的写法就是他的活法。"优秀的写作者就是那善于拨亮灯草的人，生活在他的眼里没有不明亮的。""语言的美，都表现出好性情，所谓的好性情，乃是心灵真正的尽善尽美。"由宏观到微观，从思想情怀到语言表达，越来越精微。

王君老师教写作，所谓的写作技巧已经到了踏雪无痕的境界。写作技能训练也是在与每一个生命的对话中完成，朗读、口头表达与写作思维提升，自然和谐，浑然天成。我们看到的是一位追求情怀的老师，她视写作为生命，课堂的状态也是她生活的状态，课堂的追求也是她生活的追求。写作升华负能量的本质是写法升华了活法。这个活法一种如子瞻，笑对挫折与打击；一种如熊顿，勇敢直面死亡；一如王君自己：写作就是不断地修炼，修炼成一个好我，一个更博大的我。

【修影悟课】 忠玉对王君老师写作课的感悟是深刻的，同时我更加感受到这堂课不仅是在教学生写作文，更是在教老师们如何教学生写作文，教的是思想不是方法，教的不是方法却有法可依，有法可循，有法可练，这就是境界，这就是修炼。

【春霞悟课】 每次听君姐上课，灵魂都会上一个台阶。因为她根本不是在上课，她明明是在教生活！她的课堂可以带着你开心地大笑，她的课堂可以带着你眼泪一把鼻涕一把地痛哭。而不管哭还是笑后，你都会感觉痛快，感觉从此要洗心革面好好工作！好好爱自己！好好珍惜当下！一堂写作课，明明是说写"负能量"，却一步一步告诉我们写作可以帮助我们摆脱负能量。一波三

281

折，柳暗花明。"负能量"的课，结果却是满满的正能量。特级教师，特别之十：实实在在的好啊！

从情绪到情怀，化有痕为无痕
——聊聊王君老师的写作课

王君老师的《写作与负能量》这节写作课，用她自己的话来说是这几年教学写作的一些想法，看似简单，实则蕴含着王老师几十年修炼写作教学的深厚内功，是师之大也的典范！

第一招——小情绪变成大情怀

人是有各种情绪的，所谓喜怒哀乐等。"通常把那种显然可辨、渐归消退的感情叫情绪。"面对人生难题时，小角色们的情绪表现在写作中，王君老师分成四档，第一档是哀怨呻吟型，第二档是控诉发泄型，第三档是调侃逗乐型，第四档是激昂奋争型。这四档是我们常见也常用的写作类型。但是王老师更推崇大侠风范的包容一切困难，用一种大侠心态面对人生的磨难，让诸多小情绪慢慢内化为一种大情怀——一种特有的心境。面对如山难题，我自岿然不动，然后朝山浅笑——你我都妩媚。面对如涛俗世，驾一叶扁舟，沧海寄余生。生之艰难死之难违，在有大情怀的大侠心里都不是事儿。一些人，一些事，一部电影，一首诗词，所谓一花一世界，一叶一菩提，有情怀的人都能汲取到生活的正能量，也能把负能量转化为正能量。而王君老师想要告诉这些即将升入初三孩子们的就是：人生需要大格局，能量才能互转换。

这样的写作课堂可是朝夕之功？我们的王君老师也是一步步从人生的小情绪慢慢修炼出大情怀的。记得几年前我听王老师上作文课，那堂课气氛沉闷，孩子们基本不按老师的引导前行，于是王老师的语气不自觉地表现出一些小情绪。但是，这次依然出现"皇帝""成功"等不着边际的回答时，王君老师每次都"哈哈"大笑，不但不批评、不说教，而且在后来的小结中还真诚夸奖这个孩子是"打不死的小强，真实而可爱"。师之大也，是心胸之大，是情怀之大，说法就是活法，活法就是教法。王君老师教的不仅仅是那些学生，我辈又何尝不是时刻在受教呢。王君老师这节课，壮也！

第二招——化有痕为无痕

王君老师也说过"做人而言，过度自由比过度规范可怕；作文而言，过度规范比过度自由可怕。规范和自由的中间地带，叫语感，它无法教，只能悟。"如何让学生悟出来呢？王君老师的第二招出现了，化有痕为无痕。这节课可以说"以无痕的教学，追求有痕的语文知识教学目标，从而促进学生的'语识'向'语感'转化，提高学生的语文素养"。这节写作课，王老师几乎没教什么技法，但是技巧又无处不在，都融在了教学细节中。

1. 融在素材丰富的例文里。我们产生负能量时会用各种发泄的方式，不必说遣词造句的绝妙，表情达意的巧妙，不同文体的美妙，也不必说那些让人莞尔一笑的网络神段和泪洒衣襟的影视片段的奇妙，单是王君老师个人的人生体验和苏轼的人生故事，就无不在告诉着我们写作的奥妙：写作没有那么难，它甚至是我们对自己的救赎。

2. 融在学生的朗读中。古语云：熟读唐诗三百首，不会作诗也会吟。作文课上，通过朗读，文质兼美的作品也会给我们的写作带来诸多思考。尤其是有指导的朗读。这节课上王君老师反复指导朗读十余次，仅仅是为了读得好听吗？当然不是。高尔基说过，作为一种感人的力量，语言的真正美，产生于言辞的准确、明晰和动听。语言动听不动听，美不美（包括有没有整齐匀称美、音节美、回环美等），必须回到有声语言上来欣赏它才能作出判断。思想的表达，不仅在于词语的选择，还在于语调的变化。通过朗读的训练，语词的选择，思想的传递，也能潜移默化地影响学生的写作。

3. 融在口头表达上。口头回答也是一种写作训练。王君老师没有放过每一次口头回答的指导。比如，对于学生不知所云的回答，王老师给出充分的示范：先要说什么，再说什么，最后怎么小结。对于模棱两可的万能帖式的回答，老师切中要害，及时指出，重新要求。学生自然越说越好，这种有理有据式的口头作文，对于学生以后议论文的写作何尝不是一种指导。王君老师这种恰当时机的渗入指导是何其巧妙呀！

苏霍姆林斯基说："教育者的教育意图越是隐蔽，就越是能为教育的对象所接受，就越能转化成教育对象自己的内心要求。"真正的高手，常常用无招融有招，化有招为无招。王君老师的这节课，巧也！

从情绪到情怀，是经线，何其壮也；化有痕为无痕，是纬线，何其巧也。这节作文课，可谓是巧妇织出华美锦，大侠亮出无为招。

（陆艳　江苏省丹阳市华南实验学校）